KLAUS TOLKSDORF

Mitwirkungsverbot für den befangenen Staatsanwalt

Münsterische Beiträge zur Rechtswissenschaft

Herausgegeben im Auftrag der Rechtswissenschaftlichen Fakultät
der Westfälischen Wilhelms-Universität in Münster durch die Professoren
Dr. Hans-Uwe Erichsen Dr. Helmut Kollhosser Dr. Jürgen Welp

Band 38

Mitwirkungsverbot für den befangenen Staatsanwalt

Von

Klaus Tolksdorf

Duncker & Humblot · Berlin

CIP-Titelaufnahme der Deutschen Bibliothek

Tolksdorf, Klaus:
Mitwirkungsverbot für den befangenen Staatsanwalt / von Klaus Tolksdorf. — Berlin: Duncker u. Humblot, 1989
(Münsterische Beiträge zur Rechtswissenschaft; Bd. 38)
Zugl.: Münster (Westfalen), Univ., Diss., 1988
ISBN 3-428-06661-8
NE: GT

D 6

Satz: Klaus-Dieter Voigt, Berlin 61
Druck: Werner Hildebrand, Berlin 65
Printed in Germany

ISSN 0935-5383
ISBN 3-428-06661-8

Inhaltsverzeichnis

A. Einleitung 11

B. Überblick über den Stand der Diskussion 20

I. Zum Ablehnungsrecht 20

1. Formlose Ablehnung 20

2. Formelle Ablehnung 22

a) Die ein Ablehnungsrecht verneinende Literatur 22

b) Die Befürworter eines formellen Ablehnungsrechts 24

aa) Formelles Ablehnungsrecht gemäß §§ 23 ff. EGGVG 24

bb) Formelles Ablehnungsrecht analog § 24 StPO 25

α) Frisch 25

β) Kuhlmann 26

γ) Schairer 27

II. Rechtsfolgen der Mitwirkung eines ausgeschlossenen oder befangenen Staatsanwalts 27

1. Unwirksamkeit oder Fehlerhaftigkeit der Amtshandlungen 28

2. Revisibilität des Urteils 29

a) Kein absoluter Revisionsgrund 29

b) Relative Revisionsgründe 30

aa) Mitwirkung eines ausgeschlossenen Staatsanwalts 30

bb) Mitwirkung eines befangenen, aber nicht ausgeschlossenen Staatsanwalts 30

α) Ablehnende Stimmen 30

β) Bejahende Stimmen 32

3. Zu den befangenheitsbegründenden Umständen und den einzelnen Ausschlußtatbeständen 36

a) Besorgnis der Befangenheit 36

b) Ausschlußgründe 37

C. Rechtsgrundlagen eines verfahrensrechtlichen Mitwirkungsverbots gegenüber dem befangenen Staatsanwalt . . . 42

I. Gesetzliche und andere Rechtsgrundlagen eines verfahrensrechtlichen Mitwirkungsverbots – mit Ausnahme der Analogie . . . 45

1. Gesetzlich geregeltes Mitwirkungsverbot . . . 45
a) Aufgrund bundesgesetzlicher Vorschriften . . . 45
b) Aufgrund landesgesetzlicher Vorschriften . . . 46
2. Ableitung eines Mitwirkungsverbots aus der Rechtsprechung zum Zeugen-Staatsanwalt . . . 49
3. Ableitung eines Mitwirkungsverbots aus der Struktur des Strafprozesses und der Stellung der Staatsanwaltschaft . . . 51
4. Ableitung eines Mitwirkungsverbots aus übergeordneten Verfahrensgrundsätzen wie dem Anspruch auf „fair trial" . . . 51
5. Ableitung eines Mitwirkungsverbots aus § 160 Abs. 2 StPO . . . 52

II. Die analoge Anwendung vorhandener gesetzlicher Befangenheitsregelungen als Rechtsgrundlage eines Mitwirkungsverbots gegenüber dem befangenen Staatsanwalt . . . 53

1. Existenz eines allgemeinen verfahrensrechtlichen Mitwirkungsverbots für befangene Amtsträger und seine Übertragbarkeit auf den Staatsanwalt . . . 55
a) Mitwirkungsverbot für den ausgeschlossenen Staatsanwalt . . . 55
b) Mitwirkungsverbot für den einfach befangenen Staatsanwalt . . . 57
aa) Die Frage nach dem Mitwirkungsverbot überhaupt . . . 57
bb) Der Beginn des Mitwirkungsverbots . . . 60
α) Die Rechtslage beim befangenen Verwaltungsbeamten . . . 61
β) Die Rechtslage beim befangenen Richter . . . 63
(1) Der Ablehnungsbeschluß als Voraussetzung des Mitwirkungsverbots . . . 63
(2) Das Ablehnungsgesuch als Voraussetzung des Mitwirkungsverbots . . . 66
(3) Die Besorgnis der Befangenheit als alleinige Voraussetzung des Mitwirkungsverbots . . . 71
c) Zwischenergebnis . . . 73
2. Analogiefähigkeit gesetzlicher Kataloge von Ausschlußgründen . . . 73
a) Rechtsanaloge Übernahme der Differenzierung zwischen ausgeschlossenen und einfach befangenen Amtsträgern . . . 74
b) Gesetzesanalogie . . . 78

III. Zwischenfazit . . . 85

D. Gründe für Besorgnis der Befangenheit . . . 86

I. Befangenheit des Staatsanwalts in den Fällen der §§ 22, 23 StPO . . . 87

1. Die Fälle des § 22 Ziff. 1 - 3 StPO . . . 87

2. Befangenheit des als Zeugen oder Sachverständigen vernommenen Staatsanwalts, § 22 Ziff. 5 StPO . . . 88

3. Befangenheit wegen früherer Befassung mit dem Verfahrensgegenstand . . . 89

a) Vorbefassung in der Rolle eines objektiven Sachwalters . . . 89

aa) Befangenheit des in anderer staatsanwaltlicher Funktion vorbefaßten Staatsanwalts . . . 90

α) Befangenheit des Sitzungsvertreters, der die Ermittlungen geleitet und die Anklage gefertigt hat . . . 90

β) Befangenheit des Staatsanwalts in der Rechtsmittelinstanz, der den abschließenden Antrag in der 1. Instanz vertreten hat . . . 92

γ) Befangenheit des Staatsanwalts im Wiederaufnahmeverfahren, der im ursprünglichen Verfahren mit der Sache befaßt war . . . 93

δ) Befangenheit des Staatsanwalts, der mit einem Rechtsmittel gegen eine von ihm selber getroffene Entscheidung befaßt wird . . . 94

ε) Befangenheit des Staatsanwalts, der in derselben Sache als Polizeibeamter tätig war . . . 95

bb) Befangenheit des Staatsanwalts, der als Richter mit der Sache vorbefaßt war . . . 96

α) Vorbefassung in der Rolle des erkennenden Richters . . . 96

β) Vorbefassung in der Rolle des Ermittlungs- oder Eröffnungsrichters . . . 96

b) Die Vorbefassung in der Rolle des einseitigen Sachwalters . . . 99

4. Zusammenfassung . . . 99

II. Befangenheit des Staatsanwalts in den Fällen, die den Ausschlußtatbeständen der §§ 22, 23 StPO vergleichbar sind . . . 100

1. Allgemeine Vorüberlegungen . . . 100

2. Zu den einzelnen Fällen . . . 100

a) Befangenheit aufgrund ausschlußähnlicher persönlicher Beziehungen . . . 100

aa) Eigenschaft als Beschuldigter . . . 100

bb) Eigenschaft als mittelbarer Verletzter der Tat . . . 101

cc) Persönliche Beziehungen zum Beschuldigten oder Verletzten 101 α) Beziehungen, die durch Zuneigung geprägt sind 102

β) Beziehungen, die durch Abneigung geprägt sind 102

γ) Berufliche und gesellschaftliche Beziehungen 102

b) Befangenheit des Staatsanwalts wegen privater oder dienstlicher Kenntnis vom Verfahrensgegenstand 105

c) Befangenheit des Staatsanwalts wegen ausschlußähnlicher Vorbefassung 107

d) Sonstige Fälle 108

III. Das Verhalten des Staatsanwalts als Ausdruck von Befangenheit 110

1. Fallgruppen 111

a) Vorzeitige endgültige Festlegung als Ausdruck von Befangenheit 111

b) Rechtsverletzungen als Ausdruck von Befangenheit 111

2. Grundsätzliche Fragen des Beurteilungsmaßstabs 111

a) Objektive oder subjektive Betrachtung 112

b) Verhalten anderer Staatsanwälte oder des betreffenden Staatsanwalts in entsprechenden Situationen als Maßstab 112

c) Unterschiedliche Anforderungen für die Annahme von Befangenheit von Staatsanwalt und Richter 113

E. Das Mitwirkungsverbot im einzelnen – Inhalt und Verfahren – 116

I. Inhalt und Umfang des Mitwirkungsverbots wegen Befangenheit 116

II. Staatsanwaltschaftsinternes Verfahren 121

III. Formelles Ablehnungsrecht 123

1. Formelles gerichtliches Ablehnungsverfahren 123

2. Formelles rein staatsanwaltschaftliches Ablehnungsverfahren 125

IV. Rügepräklusion 125

F. Rechtsfolgen der verfahrensrechtlich unzulässigen Mitwirkung des befangenen Staatsanwalts 128

I. Anfechtbarkeit gerichtlicher Entscheidungen 128

1. Revision 128

a) Gesetzesverletzung im Sinne der §§ 337, 338 StPO 129

b) Das Beruhen des Urteils auf der verfahrensfehlerhaften Mitwirkung des befangenen Staatsanwalts 130

aa) Kein absoluter Revisionsgrund gemäß § 338 StPO 130

bb) Relativer Revisionsgrund gemäß § 337 StPO 130

2. Berufung 132

II. Bedeutung der Befangenheit des Staatsanwalts für seine eigenen Entscheidungen und Prozeßhandlungen 133

G. Schlußbetrachtung 136

Literaturverzeichnis 137

A. Einleitung

Es ist eine von niemandem bezweifelte Selbstverständlichkeit, daß die richterliche Tätigkeit nur von einem unbeteiligten Dritten ausgeübt werden kann. Die Vorstellung, daß ein Richter dem Verfahrensgegenstand und den Betroffenen mit der für eine objektive Beurteilung erforderlichen Neutralität und Distanz gegenüberstehen muß, ist schon mit den Begriffen „Richter“ und „Gericht“ untrennbar verbunden[1]. Das Bundesverfassungsgericht sieht deshalb in Artikel 101 Abs. 1 S. 2 Grundgesetz neben dem Recht auf den gesetzlichen Richter auch das Recht auf einen unbefangenen Richter als verfassungsrechtlich verankert an[2]; der einfache Gesetzgeber habe daher Vorsorge dafür zu treffen, daß im Einzelfall ein Richter, der nicht die Gewähr der Unparteilichkeit biete, von der Ausübung seines Amtes ausgeschlossen sei oder abgelehnt werden könne[3]. Diesem verfassungsrechtlichen Gebot entsprechend finden sich für sämtliche Bereiche richterlicher Tätigkeit Ausschluß- und Ablehnungsregelungen[4], die allerdings mit Rücksicht auf die Besonderheiten der jeweiligen Verfahren in den Einzelheiten unterschiedlich ausgestaltet sind[5].

Für nichtrichterliche Amtsträger galt das Unbefangenheitsprinzip – jedenfalls aufgrund ausdrücklicher gesetzlicher Regelungen[6] – bis in die jüngere

---

[1] BVerfG NJW 1954, S. 833; NJW 1956, S. 137, 138, NJW 1967, S. 1123.

[2] BVerfG NJW 1967, S. 1123 betr. den damaligen (verfassungswidrigen) § 6 Abs. 2 Satz 2 FGG. Bedenken gegen die verfassungsrechtliche Absicherung des Unbefangenheitsprinzips in Art. 101 GG – Voraussetzung dafür, daß seine Verletzung mit der Verfassungsbeschwerde geprüft werden kann – bei Bettermann, AÖR 94, S. 263ff., 269f.; abgesehen von den Bedenken gegen die Verankerung in Art. 101 GG teilt indes auch Bettermann die Auffassung, daß es sich bei der Unbefangenheit um ein Wesensmerkmal der Rechtsprechung handele; insgesamt zu der Frage der verfassungsrechtlichen Absicherung des Unbefangenheitsprinzips für Richter die umfassende Darstellung bei Riedel, S. 216ff., dessen Ansicht, das Unbefangenheitsprinzip lasse sich weder aus Art. 92 noch aus Art. 97, wohl aber aus dem Attribut „gesetzlich“ in Art. 101 ableiten, allerdings kaum überzeugen kann.

[3] BVerfG NJW 1967, S. 1123, 1124.

[4] §§ 22ff. StPO; §§ 41ff. ZPO; §§ 46 Abs. 2 S. 1, 49 ArbGG; § 54 VwGO; § 51 FGO; § 60 SGG; § 18 BVerfGG, § 6 FGG; § 41a PatG; § 51 BDO; §§ 61, 63 DRiG; ferner für die Tätigkeit des Rechtspflegers, soweit ihm richterliche Geschäfte übertragen sind: § 10 RPflG.

[5] Z.B. §§ 26a, 27 StPO – § 45 ZPO; ferner § 28 Abs. 2 StPO – 46 Abs. 2 ZPO; solche Differenzierungen werden durch Art. 101 Abs. 1 S. 2 GG nicht ausgeschlossen; BVerfG NJW 1967, S. 1123, 1124.

[6] Auch ohne ausdrückliche gesetzliche Grundlage ist die Geltung des Unbefangenheitsprinzips auf dem Gebiete der Verwaltung in Literatur und Rechtsprechung stets bejaht worden; vgl. statt aller Dagtoglou, S. 72 m. zahlr. weiteren Nachweisen.

Vergangenheit nur partiell. Ausschluß- und Befangenheitsvorschriften enthielten unter anderem die Gemeindeordnungen[7], die Reichsabgabenordnung[8] und das Ordnungswidrigkeitengesetz von 1952[9]. Auch § 59 Bundesbeamtengesetz und die entsprechenden Bestimmungen der Landesbeamtengesetze[10] werden in diesem Zusammenhang häufig zitiert[11]. Diese Befangenheitsregelungen weichen von denen für Richter durchweg sehr erheblich ab und weisen auch untereinander zum Teil nur wenige Gemeinsamkeiten auf.

Seit dem Inkrafttreten der Verwaltungsverfahrensgesetze des Bundes und der Länder sowie der Abgabenordnung im Jahre 1977 – ferner der verfahrensrechtlichen Vorschriften des Sozialgesetzbuchs im Jahre 1981 – ist das Handlungsverbot für befangene Amtsträger auf gesetzliche Grundlagen gestellt, die nahezu alle Bereiche öffentlicher Verwaltung erfassen[12]. Nach den genannten Verfahrensgesetzen dürfen Verwaltungs- bzw. Finanzbeamte in bestimmten Fällen persönlicher Beteiligung oder sachlicher Vorbefassung in einem Verwaltungsverfahren nicht tätig werden[13]; das Mitwirkungsverbot ist ersichtlich in Anlehnung an die Ausschlußvorschriften für Richter konzipiert. Ein formelles Ablehnungsrecht wegen Besorgnis der Befangenheit, wie es die gerichtlichen Verfahrensordnungen für den Richter vorsehen, räumen die Verwaltungsverfahrensgesetze dem Betroffenen nicht ein[14]; insofern beschränken sie sich – jedenfalls grundsätzlich[15] – darauf, den Beamten zur Unterrichtung seines Vorgesetzten zu verpflichten und ihm aufzugeben, sich auf dessen Anordnung der weiteren Tätigkeit zu enthalten.

Angesichts der mit dem Inkrafttreten der Verwaltungsverfahrensgesetze vollzogenen Ausdehnung des Befangenheitsprinzips in personeller Hinsicht fällt auf, daß es für Staatsanwälte an entsprechenden Normierungen fehlt. Weder die Strafprozeßordnung noch das Gerichtsverfassungsgesetz enthalten Vorschriften über den befangenen Staatsanwalt. Die Zurückhaltung des

---

7 So z.B. die GONW in § 23 für ehrenamtlich Tätige und in § 30 für Ratsmitglieder; weitere Nachweise bzgl. anderer Gemeindeordnungen bei Kirchhof, S. 378 Fn. 52.

8 §§ 67ff. RAO.

9 §§ 49, 50 OwiG; in seiner heute geltenden Fassung sieht das OwiG Ausschluß- und Ablehnungsgründe nicht mehr vor.

10 Z.B. § 62 LBGNW.

11 Auch in der Diskussion um den „befangenen Staatsanwalt" so u.a. bei Kuhlmann, S. 12; OLG Stuttgart NJW 1974, S. 1394.

12 Zum Anwendungsbereich der genannten Gesetze vgl. §§ 1, 2 VwVfG des Bundes (und die entsprechenden Vorschriften der VwVfGe der Länder) sowie § 1 AO und § 1 SGB X Art. 1.

13 § 20 VwVfG; § 82 AO; § 16 SGB X Art. 1.

14 § 21 VwVfG; § 83 AO; § 17 SGB X Art. 1.

15 Anders nur für Mitglieder von Ausschüssen, für die es ein formelles Ablehnungsrecht gibt; vgl. § 71 Abs. 3 VwVfG sowie § 84 AO, eine Vorschrift, die im Verwaltungsverfahren für Steuersachen allerdings gegenstandslos ist, s. Söhn in Hübschmann / Hepp / Spitaler Rdnr. 3 zu § 84.

Gesetzgebers gegenüber einer gesetzlichen Verankerung des Unbefangenheitsprinzips für Staatsanwälte ist aus zwei Gründen schwer verständlich.

Zum einen hat er nicht nur für Richter und Schöffen die Unbefangenheit sicherzustellen versucht (§§ 22, 31 StPO) – also für die Funktionsträger, deren Unparteilichkeit und Distanz unverzichtbare, heute sogar verfassungsrechtlich abgesicherte Wesensmerkmale ihrer Rolle sind –, sondern auch für andere Gerichtspersonen, so für den Protokollführer (§ 31 StPO), für Sachverständige (§ 74 StPO) und für Dolmetscher (§ 191 GVG). Dies ist um so erstaunlicher, als diese Personen – gemessen an den Aufgaben des Staatsanwalts und seinen Möglichkeiten, den Gang des Verfahrens und seinen Ausgang zu beeinflussen – eher untergeordnete Aufgaben wahrnehmen.

Zum anderen hätte der Gesetzgeber von Strafprozeßordnung und Gerichtsverfassungsgesetz auch nicht etwa Neuland betreten müssen, wenn er für den Staatsanwalt gleichermaßen Befangenheitsvorschriften aufgenommen hätte. Schon in den partikularrechtlichen Vorläufern der Strafprozeßordnung finden sich nämlich Bestimmungen, die das Unbefangenheitsprinzip auch für den Staatsanwalt festschreiben – allerdings mit einem anderen Inhalt als für Richter[16].

Einige dieser Gesetze ordnen an, daß der Staatsanwalt aus denselben Gründen und mit derselben Konsequenz – nämlich der Anfechtbarkeit der unter seiner Mitwirkung ergangenen gerichtlichen Entscheidung mit der Nichtigkeitsbeschwerde – ausgeschlossen („unfähig") sei wie der Richter[17]. Die formelle Ablehnung des Staatsanwalts wegen Befangenheit oder wegen Vorliegens eines Ausschlußgrundes erklären die Prozeßordnungen dagegen durchweg ausdrücklich für unzulässig[18]. Zum Teil bestimmen sie gleichzeitig, daß sich der Staatsanwalt in jedem[19] oder in einzelnen Fällen von Befangenheit[20] oder jedenfalls in denen des Richterausschlusses[21] jeder weiteren Amtstätig-

---

16 Zusammenfassend zum befangenen Staatsanwalt in den Partikulargesetzen Zachariae, S. 347; Planck, S. 43.

17 So die StPO für Sachsen Weimar usw. von 1850, Art. 72; die Königl. Sächsische StPO von 1855, Art. 67, 68; zu diesen Regelungen Schletter, S. 47 (§ 57); nach Planck (S. 43, Anm. 6) ebenso die StPO für Thüringen, Art. 72.

18 So die in der Anm. wie vor aufgeführten Prozeßordnungen; ferner Baden (1845), § 32 (ebenso der Entwurf 1862); Braunschweig (1849), § 22 Abs. 1 S. 1; Hannover (1853), § 19 Abs. 7; Kurhessen (1848), § 31 S. 1; Oesterreich (1850), § 86 (ebenso die Oesterr. StPO von 1873; Art. 75, 76); schließlich der Entwurf Preußen (1865), § 40.

19 Oesterreich (1850), § 86.

20 Baden, § 31. In diesem Zusammenhang müssen auch die Regelungen der Braunschw. StPO (§ 22 Abs. 1 Satz 2) und der Kurhess. StPO (§ 31 Satz 2) genannt werden, die aber schon beim Richter die Ablehnung nur in einigen enumerativ aufgezählten Fällen von Befangenheit zulassen.

21 So der Preuß. Entwurf, § 40; ferner die Oesterr. StPO von 1873, Art. 75, 76; ebenso zur Württ. StPO, die auf den befangenen Staatsanwalt nicht eingeht, Knapp, S. 142, der die Ausschlußregeln für Richter insoweit analog anwenden will.

keit zu enthalten und dem Vorgesetzten Anzeige zu erstatten habe. Zum Teil räumen sie dem Betroffenen – statt einer formellen Ablehnungsbefugnis – ausdrücklich das Recht ein, sich mit einem Gesuch um Beauftragung eines anderen, unbefangenen Staatsanwalts an den vorgesetzten Beamten oder den Justizminister zu wenden[22].

Die Versagung eines formellen Ablehnungsrechts gegenüber dem befangenen Staatsanwalt in den Partikulargesetzen wurde zumeist damit begründet, daß der Staatsanwalt Partei sei, nur im Interesse des verletzten Staates eintrete und man von seinem Gegner nicht abgelehnt werden könne. Als weiteres Argument wurde angeführt, daß ein Bedürfnis nach einem Ablehnungsrecht nicht bestehe, weil der Staatsanwalt auf die Untersuchung nicht unmittelbar einwirke, vielmehr nur seine Anträge bei dem über sie entscheidenden Gericht zu stellen habe[23]. Bisweilen wurde indes auch schon unter der Geltung der Partikulargesetze die Forderung erhoben, der Gesetzgeber solle die Ablehnung des Staatsanwalts wie die des Richters zulassen[24].

Fragt man danach, warum der Gesetzgeber der Strafprozeßordnung weder die Forderung nach einem formellen Ablehnungsrecht erfüllte noch entsprechend den ihm bekannten partikularrechtlichen Regelungen wenigstens Ausschlußgründe für den Staatsanwalt anerkannte, so stößt man in den Motiven auf folgende Begründung:[25]

> „Schließlich bleibt zu diesem Abschnitt (Ausschluß und Ablehnung von Gerichtspersonen) noch zu bemerken, daß es überflüssig erschien, besondere Vorschriften hinsichtlich der Beamten der Staatsanwaltschaft zu geben. Zwar ist die letztere keineswegs bloß Partei, sie hat vielmehr auch eine Reihe von Amtsverrichtungen wahrzunehmen, welche zweifellos keine Parteihandlungen darstellen. Allein die Organisa-

---

[22] Baden, § 32; Braunschweig, § 22 Abs. 2; Hannover, § 19 Abs. 7 Halbsatz 2 (nach § 24 der Dienstanweisungen für Staatsanwälte soll der Vorgesetzte bei seiner Entscheidung die Vorschriften über die Richterablehnung des § 32 analog anwenden; für die Hann. StPO gilt das in Anm. 20 zur Braunschw. und Kurh. StPO Gesagte); ebenso für die Sächs. StPO und die Württ. StPO, die beide das informelle Ablehnungsrecht nicht ausdrücklich zulassen, Schletter, S. 46 bzw. Knapp, S. 142. Die Österr. StPO bestimmt hingegen ausdrücklich, daß das Verfahren durch Befangenheitsrügen gegenüber dem Staatsanwalt nicht aufgehalten werden dürfe.

[23] Vgl. Schletter, S. 46; Mittenbacher-Neumayer, S. 208, so auch Zachariae, S. 347, der die Versagung eines Ablehnungsrechts aber für inkonsequent hält, „wo der französische Gesichtspunkt der öffentlichen, theilweise mit richterlichen Functionen ausgestatteten, Behörden adoptiert ist"; in demselben Sinne Planck, S. 43.

[24] Vgl. Ullmann, S. 291; besonders deutlich die Kritik von Mittermaier, S. 324: „Wir halten diese Gründe für schwach; denn der Staatsanwalt soll nicht als Feind des Angeklagten, sondern als Beamter handeln, der das öffentliche Interesse verfolgt. Wie kann Vertrauen zur Verhandlung begründet sein, wie kann man erwarten, daß der Beamte der Staatsbehörde, der über Beobachtung der Gesetze wachen soll, von dem soviel in Bezug auf Beschleunigung und den Gang der Untersuchung abhängt, seine Pflichten treu erfüllen wird, wenn sich z. B. ergibt, daß der Staatsanwalt der größte Feind des Angeklagten ist. Man sollte daher die Rekusation hier nicht ausschließen."

[25] Hahn, S. 93.

tion der Staatsanwaltschaft gestattet, daß in den Fällen, wo die Ersetzung eines staatsanwaltschaftlichen Beamten durch einen anderen geboten oder wünschenswert erscheint, dieselbe auf Antrag des Beschuldigten oder jenes Beamten selbst oder auch von Amts wegen durch die vorgesetzte Behörde bewirkt werden kann, ohne daß es eines förmlichen Verfahrens bedarf."

Die Einstellung der Motive zum befangenen Staatsanwalt und die Regelung der Strafprozeßordnung sind schon bald auf heftige Kritik gestoßen. So hält Geyer den Motiven bereits im Jahre ihrer Veröffentlichung entgegen:[26] „Besser wäre es gewesen, statt dieser immerhin unbestimmten und *nicht im Gesetz selbst* ausgesprochenen *nicht unter eine gesetzliche Sanction* gestellten Verpflichtung (des Staatsanwalts zur Anzeige eines etwaigen Befangenheitsgrundes) die Ausschließung ähnlich wie in der österreichischen Strafproceßordnung analog der Ausschließung der Richter zu regeln, noch besser aber und allein folgerichtig bei der Stellung der Staatsanwaltschaft in unserem Proceß, Ausschließung *und Ablehnung* derselben wie bei den Richtern zuzulassen." Bemerkenswert erscheint auch die Kritik, die sich 1927 bei Gerland findet[27]: „Diese Ausführungen (der Motive) treffen nicht das Entscheidende. Denn nicht darauf kommt es an, ob seitens der vorgesetzten Behörde eingegriffen werden kann, falls sich die Notwendigkeit dazu ergibt, sondern darauf, ob die Prozeßbeteiligten, namentlich der Beschuldigte, die Möglichkeit haben, ein Eingreifen herbeizuführen. Das aber haben sie nicht, und es kann infolgedessen der Beschuldigte zwar sich mit dem Antrag auf Ersetzen des amtierenden Staatsanwalts durch einen anderen an die zuständige vorgesetzte Behörde wenden; wie diese sich aber zu dem Ersuchen stellt, ist völlig in ihr freies Ermessen gestellt."

Die Forderung, das Unbefangenheitsprinzip durch Einführung von Ablehnungsrechten oder jedenfalls eines Katalogs von Ausschlußgründen auch für den Staatsanwalt gesetzlich abzusichern, ist zwar bislang – zumindest in den bundesrechtlichen Vorschriften von Strafprozeßordnung und Gerichtsverfassungsgesetz – noch nicht erfüllt. Sie hat aber immerhin Eingang in die Bemühungen um die Reform der Strafprozeßordnung gefunden.

Erstmals niedergeschlagen hat sie sich in dem Entwurf einer Strafverfahrensordnung 1936[28]. Dieser – im übrigen deutlich nationalsozialistisch geprägte[29] – Entwurf, dem die Stärkung der Staatsanwaltschaft ein wesentliches Anliegen war[30], nimmt die Tradition der deutschen Partikulargesetze wieder auf. In

---

[26] Geyer, S. 421.

[27] Gerland, S. 111.

[28] Entwurf vom 27. Februar 1936.

[29] Den Verfassern erschienen die StPO und die früheren Reformentwürfe unbrauchbar, weil in hohem Maße „von liberalistischen Gedankengängen durchsetzt" (S. 5 des Entwurfs); vgl. ferner die Leitgedanken betr. Richter und Staatsanwalt, S. 6 des Entwurfs.

[30] S. 6, 7 des Entwurfs.

§ 126 sieht er für bestimmte Fälle qualifizierter Befangenheit des Staatsanwalts dessen Ausschluß vor. Über das Vorliegen dieser Gründe soll nach § 126 Abs. 4 der Vorgesetzte des Staatsanwalts entscheiden. Eine Ablehnung des Staatsanwalts wegen Befangenheit ist ausdrücklich ausgeschlossen (§ 126 Abs. 5).

Eine dem § 126 E 1936 in der Grundkonzeption entsprechende – nur den Kreis der Ausschließungsgründe anders konturierende – Vorschrift findet sich in § 132 des drei Jahre später verfaßten Entwurfs einer Strafverfahrensordnung 1939[31] wieder.

Nach 1945 haben sich mit den Fragen des befangenen Staatsanwalts als erste die Landesgesetzgeber Niedersachsens und Baden-Württembergs in ihren Ausführungsgesetzen zum Gerichtsverfassungsgesetz befaßt[32]. § 7 NdsAGGVG und § 11 BWAGGVG nennen in Anlehnung an § 22 Ziffer 1 bis 4 StPO einen Katalog von qualifizierten Befangenheitsgründen, bei deren Vorliegen der Staatsanwalt ausgeschlossen ist und keine Amtshandlungen mehr vornehmen darf. Für den Fall einfacher Besorgnis der Befangenheit sieht das BWAGGVG keine Regelung vor. § 7 NdsAGGVG knüpft insofern an die Tradition der partikulargesetzlichen Regelungen an und bestimmt – damit auch in Übereinstimmung mit der Regelung der Verwaltungsverfahrensgesetze (§ 21 VwVfG) –, daß der Staatsanwalt seinen Vorgesetzten benachrichtigen muß und sich jeder weiteren Amtshandlung zu enthalten hat. Diese landesrechtlichen Vorschriften, auf deren Bedeutung noch einzugehen sein wird[33], haben die Forderung nach einer bundesgesetzlichen Regelung nicht verklingen lassen.

Die Reformbedürftigkeit des geltenden Befangenheitsrechts für Staatsanwälte wird auch von dem Referenten-Entwurf eines Gesetzes zur Änderung des Rechts der Staatsanwaltschaft (STAÄG) bejaht[34]. Soweit es den Ausschluß des Staatsanwalts anbelangt, stimmt der Entwurf in seinem in Art. 7 I 7 vorgeschlagenen § 145a GVG mit den früheren Entwürfen und den landesgesetzlichen Regelungen im wesentlichen überein. Lediglich der Katalog der Ausschlußgründe ist erweitert worden (§ 145a Abs. 1 und 2 GVG). Abweichend von seinen Vorgängern verpflichtet der Entwurf in § 145a Abs. 3, der abgesehen von geringfügigen Präzisierungen dem § 7 Abs. 2 NdsAGGVG entspricht, den befangenen – aber nicht ausgeschlossenen – Staatsanwalt dazu,

---

31 Entwurf einer Strafverfahrensordnung und einer Friedensrichter- und Schiedsmannsordnung (zusammengestellt nach den Vorschlägen der Unterkommission der Großen Strafprozeßkommission) vom 14. Februar 1939.

32 NdsGVBl. vom 5. April 1963, S. 225, abgedruckt bei Kissel, S. 1524ff., 1525; BWGBl. vom 30. Dezember 1975, S. 869, abgedruckt bei Kissel, S. 1486ff., 1488.

33 S.u. C I. 1. b).

34 Abgedruckt bei LR-Schäfer (23. Aufl.), § 145 GVG, Rdnr. 9; Bedenken gegen die vorgeschlagenen Regelungen bei LR-Schäfer, a.a.O., Rdnr. 10, und Schultz, S. 133.

seinen Vorgesetzten zu informieren und in der Sache keine weiteren Amtshandlungen vorzunehmen. Neu ist ferner, daß der Entwurf auch auf die Rechtsfolgen der Mitwirkung eines befangenen oder ausgeschlossenen Staatsanwalts eingeht: Nach § 145a Abs. 4 GVG wird die Wirksamkeit der unter Verstoß gegen Befangenheitsvorschriften vorgenommenen staatsanwaltschaftlichen Amtshandlungen von diesem Fehler nicht berührt.

Anders als in der Reformdiskussion, in der er seit dem Inkrafttreten der StPO durchgehend ein Thema war, warf der befangene Staatsanwalt in der Rechtsprechung lange Zeit keine Probleme auf. Bis zum Ende der 60er Jahre hatte die Gerichte lediglich die Sonderfrage beschäftigt, ob der in der Hauptverhandlung als Zeuge vernommene Staatsanwalt auch nach seiner Vernehmung als Sitzungsvertreter auftreten könne[35]. Das strafprozessuale Schrifttum fand auch diesen Teilaspekt kaum der Beachtung wert[36]. Die älteren Auflagen der Kommentare und Lehrbücher begnügten sich, soweit sie überhaupt auf die Befangenheit des Staatsanwalts eingingen[37], durchweg mit dem lapidaren Hinweis, die §§ 22ff. StPO seien auf den Staatsanwalt nicht anwendbar und dieser könne folglich nicht wegen Befangenheit abgelehnt werden[38]. Zur Begründung dieser Ansicht konnten sie sich auf das Bundesverfassungsgericht berufen, das in einem Beschluß beiläufig geäußert hatte, der Untersuchungsrichter unterliege als unabhängiger Richter – „anders als der Staatsanwalt" – den Vorschriften der §§ 22ff. StPO über die Richterablehnung[39].

Daß dem Thema über einen Zeitraum von fast einem Jahrhundert in der Rechtsprechung so wenig Bedeutung zukam, muß eigentlich verwundern: Darf doch als sicher angenommen werden, daß Staatsanwälte nicht seltener im Sinne der von § 22 StPO beschriebenen Voraussetzungen persönlich beteiligt sind als Richter; und liegt es doch nahe, insbesondere wenn man sich die Aufgaben des Staatsanwalts vergegenwärtigt, daß er dem Betroffenen häufiger voreingenommen und befangen erscheinen wird. Über die Gründe für die geringere Relevanz des Themas in der Gerichtspraxis lassen sich verschiedene Vermutungen anstellen. Denkbar erscheint es, daß das verbreitete Bild von dem schneidigen, einseitig auf Überführung des Verdächtigen fixierten Staatsanwalt einen etwa Betroffenen möglicherweise schon daran hinderte, an einem befangenen Staatsanwalt überhaupt Anstoß zu nehmen. Dafür, daß

---

35 RGSt 29, 236; BGHSt 14, 265; 21, 85.

36 Ausführlicher Hanack, JR 1967, S. 229.

37 Bei Kern-Roxin, Strafverfahrensrecht, 9. Aufl. 1969, und Peters, Strafprozeß, 2. Aufl. 1966, wird das Problem nicht einmal erwähnt.

38 Schwarz, StPO, 22. Aufl. 1960, vor § 22, Anm. 1 A, der ausdrücklich betont, daß es für den Staatsanwalt keine prozeßrechtliche (wohl eine dienstrechtliche) Verpflichtung gebe, Amtshandlungen in den ihn berührenden Fällen zu unterlassen; Henkel, S. 135; von Hippel, S. 239, der allerdings (Fn. 6) eine gesetzliche Sicherstellung der Unparteilichkeit des Staatsanwalts für dringend erforderlich hält.

39 BVerfGE 25, 336, 345.

auch derjenige, der sich durch die Befangenheit eines Staatsanwalts belastet fühlte, nicht die Gerichte anrief, sind zwei Erklärungen denkbar. Jedenfalls in gewissem Umfang dürften sich – wie trotz Fehlens irgendwelcher Zahlen zu vermuten ist – die Befangenheitsprobleme entsprechend den Erwartungen der Motive tatsächlich innerhalb der Staatsanwaltschaft erledigt haben. Im übrigen ist es sicher nicht falsch anzunehmen, daß die Betroffenen und ihre Verteidiger die Anrufung der Gerichte als aussichtslos ansahen, was angesichts des Fehlens gesetzlicher Regelungen und der ablehnenden Haltung der Kommentare auch durchaus verständlich ist.

Diesen Gedanken, die notwendigerweise bloße Spekulationen bleiben müssen, weiter nachzugehen, erscheint um so müßiger, als sich seit dem Ende der 60er Jahre eine deutliche Wandlung vollzogen hat.

Im Jahre 1969 wurde das OLG Hamm als erstes Oberlandesgericht mit der Frage konfrontiert, ob ein Beschuldigter einen gerichtlich durchsetzbaren Rechtsanspruch darauf habe, daß ein befangener Staatsanwalt bei der Führung des Ermittlungsverfahrens durch einen anderen ersetzt werde. Das Gericht verneinte die Frage[40]. Zu demselben Ergebnis gelangte 1974 das OLG Karlsruhe[41]. In demselben Jahr hatte das OLG Stuttgart darüber zu entscheiden, ob ein Staatsanwalt, der als Richter erster Instanz das Urteil erlassen hat, in der Hauptverhandlung vor dem Berufungsgericht als Sitzungsvertreter der Staatsanwaltschaft auftreten könne. Es sah die Mitwirkung des früheren Richters als unzulässig an und entschied, sie stelle einen Verfahrensverstoß dar, der mit der Revision gerügt werden könne[42]. Einige Jahre später mußte sich auch der Bundesgerichtshof mit dem befangenen Staatsanwalt befassen. In einer – insoweit unveröffentlichten – Entscheidung[43] aus dem Jahre 1977 hat der BGH die Anwendung der §§ 22ff. StPO auf den Staatsanwalt mit Rücksicht auf dessen – verglichen mit dem Richter – grundsätzlich andere Stellung im Strafverfahren abgelehnt. Gegen dieses Urteil hat der Verurteilte Verfassungsbeschwerde eingelegt. Abweichend von der schon wiedergegebenen beiläufigen Bemerkung in BVerfGE 25, 336, 345 hat sich das BVerfG in dem diese Verfassungsbeschwerde zurückweisenden Beschluß in der Sache nicht festgelegt: Es könne dahingestellt bleiben, ob der „Anspruch auf ein faires Verfahren auch das Recht umfasse, einen befangenen Staatsanwalt abzulehnen"; denn jedenfalls schlössen die vom Beschwerdeführer für die Befangenheit des Staatsanwalts vorgetragenen Gründe dessen Mitwirkung nicht aus[44]. Mit derselben Begründung hat der BGH in einer weiteren Entscheidung aus dem Jahre 1979 die auf die Mitwirkung eines befangenen Staatsanwalts

[40] OLG Ham NJW 1969, S. 808.

[41] OLG Karlsruhe MDR 1974, S. 423.

[42] OLG Stuttgart NJW 1974, S. 1394 mit Anm. Fuchs.

[43] 4 StR 665/76 – Urteil vom 17.3.1977; den Inhalt des Urteils teilt Bruns JR 1979, S. 28, mit.

[44] BVerfG JR 1979, S. 28 mit Anm. Bruns.

gestützte Revision verworfen. Gleichzeitig hat der BGH angedeutet, daß nach seiner Auffassung Rechtssätze über die Ablehnbarkeit von Staatsanwälten sich allenfalls aus „allgemeinen Erwägungen über die Struktur des Strafprozesses und die Stellung des Staatsanwalts oder aus übergeordneten Verfahrensgrundsätzen wie etwa dem des Art. 6 I 1 MRK (Anspruch auf „fair trial") herleiten ließen[45]." Diese Andeutung wird in einem Urteil aus dem Jahre 1983[46] wiederholt. Von einer abschließenden Stellungnahme hat der BGH auch in dieser – soweit ersichtlich jüngsten – Entscheidung zum Thema abgesehen.

Die Beschäftigung der Gerichte mit den Fragen des befangenen Staatsanwalts hat auch das Interesse des Schrifttums geweckt. Die mit der Entscheidung des OLG Hamm eingeleitete Diskussion, an der sich fortlaufend neue Autoren beteiligen[47], kann noch nicht als abgeschlossen gelten. Abgesehen von der weitgehend übereinstimmenden Forderung nach einer baldmöglichen gesetzlichen Regelung[48] ist bislang über keine der diskutierten Fragen Einigkeit erzielt worden.

Der Stand der Diskussion in der Literatur wie auch der Umstand, daß die Rechtsprechung noch nicht oder nicht mehr festgelegt ist, lassen eine Beschäftigung mit dem Thema des befangenen Staatsanwaltes lohnenswert erscheinen, dies um so mehr, als seine praktische Bedeutung in den nächsten Jahren eher zu-, denn abnehmen dürfte. Diese Entwicklung ist schon deswegen wahrscheinlich, weil – nicht zuletzt als Folge der Stärkung der Stellung der Staatsanwaltschaft im Ersten Gesetz zur Reform des Strafverfahrens von 1975 – auch eine kritischere Einstellung ihr gegenüber zu beobachten ist: War die Befangenheit eines Staatsanwalts angesichts seiner verhältnismäßig geringen Macht vor 1975 vielleicht noch zu ertragen, so ist sie es jetzt, da der Staatsanwalt zum Teil nahezu eine richterähnliche Stellung innehat und seinen Entscheidungen für den Beschuldigten erhebliches Gewicht zukommt, nicht mehr.

---

[45] BGH NJW 1980, S. 845, 846.

[46] BGH NJW 1984, S. 1907, 1908 mit zust. Anm. von Gössel, NStZ 1984, S. 420; in den Eingangsinstanzen haben sich inzwischen auch noch das OLG Schleswig OLGStE (neu), GVG § 145, Nr. 1, das LG Köln, NStZ 1985, S. 230, und das LG Mönchengladbach, JR 1987, S. 304, mit Fragen der Befangenheit des Staatsanwalts befaßt.

[47] Vgl. Koffka, ZStW 84, S. 666ff., 670ff.; Wendisch, Festschr. f. Schäfer, S. 243ff.; Bruns, Geb.gabe f. Grützner, S. 43ff.; ders. JR, 1979, S. 28ff.; ders. JR 1980, S. 397ff.; Buckert, NJW 1970, S. 847ff.; Fuchs, NJW 1974, S. 1396f.; Kuhlmann, DRiZ, 1976, S. 11ff.; Frisch, Festschr. f. Bruns, S. 385ff.; Schlüchter, S. 60ff.; Joos, NJW 1981, S. 100f.; Arloth, NJW 1983, S. 207ff.; Schairer, Der befangene Staatsanwalt, Berlin 1983; Schedel, Ausschließung und Ablehnung des befangenen oder befangen erscheinenden Staatsanwalts, Diss. 1984; Krey, JA 1985, S. 511ff.; Bohnert, S. 105ff.; Kintzi, S. 899f.

[48] Gegen eine Reform des geltenden Rechts sprechen sich, soweit ersichtlich, nur KK-Schoreit, § 145 GVG, Rdnr. 8, der eine sinnlose Gleichmacherei befürchtet, LR-Schäfer (23. Aufl.), § 145 GVG, Rdnr. 10, und Schultz, S. 133, aus.

B. Überblick über den Stand der Diskussion

Im folgenden sei zunächst ein Überblick über den Stand der Diskussion zum Thema des befangenen Staatsanwalts gegeben. Dabei erscheint es zweckmäßig, die Darstellung in drei größere Abschnitte zu unterteilen. Schon bei einer ersten Sichtung der Literatur und Rechtsprechung zeigt sich nämlich, daß es im wesentlichen drei Fragen bzw. Fragenkomplexe sind, auf die sich die Diskussionsbeiträge schwerpunktmäßig konzentrieren. Zunächst wird erörtert, ob dem Betroffenen ein Recht zusteht, einen befangenen oder befangen erscheinenden Staatsanwalt im laufenden Verfahren abzulehnen (dazu unter I). Gegenstand des zweiten Fragenkreises ist das Problem, welche Konsequenzen die Mitwirkung eines befangenen oder ausgeschlossenen Staatsanwalts für seine eigenen Entscheidungen und die des Gerichts hat, insbesondere, ob das gerichtliche Urteil wegen dieser Mitwirkung erfolgreich mit der Revision angefochten werden kann (dazu unter II). Breiten Raum nimmt schließlich die Diskussion darüber ein, welche Umstände beim Staatsanwalt die Besorgnis der Befangenheit rechtfertigen können, bzw. in welchen Fällen ein Staatsanwalt ausgeschlossen ist (dazu unter III).

I. Zum Ablehnungsrecht

Bei der Frage, ob es ein Recht gibt, einen befangenen oder befangen erscheinenden Staatsanwalt abzulehnen, muß unterschieden werden zwischen dem Recht zur Ablehnung in einem formlosen Ablehnungsverfahren und dem Recht auf Ablehnung in einem formellen Verfahren.

1. Formlose Ablehnung

Weitgehende Einigkeit besteht über das Recht des Betroffenen, die Befangenheit des Staatsanwalts in einem staatsanwaltschaftsinternen formlosen Verfahren geltend zu machen und in diesem die Ersetzung des befangenen Staatsanwalts durch einen unbefangenen Vertreter zu verlangen[1].

Der Betroffene soll dieses Antragsrecht in jedem Verfahrensabschnitt – auch in der Hauptverhandlung – haben[2]. Nach allgemeiner Auffassung soll er

[1] Unstreitig; ausdrücklich erwähnt bei OLG Hamm NJW 1969, S. 808; LR-Wendisch, Vor § 22, Rdnr. 9; Bruns, Geb.gabe f. Grützner, S. 50; Wendisch, S. 260; Eb. Schmidt, Bd. II, Vorb. § 22, Rdnr. 3; Buckert, NJW 1970, S. 848; Frisch, Festschr. f. Bruns, S. 392; Dahs, Handbuch, Rdnr. 158.

den Antrag bei dem Vorgesetzten des Staatsanwalts stellen[3]. Eine zeitliche Limitierung, wie sie etwa das – allerdings förmliche – Richterablehnungsverfahren der §§ 24ff. StPO vorsieht, wird von niemandem für erforderlich gehalten und vereinzelt sogar ausdrücklich abgelehnt[4]. Soweit der Antrag keinen Erfolg hat, bleibt dem Betroffenen die Möglichkeit, eine ihm günstige Entscheidung über die Dienstaufsichtsbeschwerde zu erreichen[5].

Das Recht auf Ablehnung in einem formlosen Verfahren wird von einem Teil des Schrifttums neben dem Betroffenen auch dem Gericht eingeräumt[6]; die Antragsbefugnis des Gerichts wird zur Vermeidung unnötiger Revisionen für erforderlich gehalten; dem Gericht könne es nicht zugemutet werden, eine Hauptverhandlung durchzuführen, die auf Rüge hin wiederholt werden muß[7]. Nach Fuchs ist der Vorsitzende sogar verpflichtet, auf eine Ersetzung des befangenen Staatsanwalts hinzuwirken[8].

Was die Entscheidung des Vorgesetzten in dem formlosen Ablehnungsverfahren anbelangt, scheint die Literatur heute übereinstimmend von seiner Ersetzungspflicht auszugehen[9]. Die Ansicht, es stehe in seinem Ermessen, ob er den als befangen abgelehnten Staatsanwalt durch einen anderen ersetzen wolle[10], wird so gut wie nicht mehr vertreten. Der Schein der Einigkeit trügt indes. Bei näherer Betrachtung wird die Ersetzungspflicht nämlich teils als

---

[2] Ausdrücklich Wendisch, Festschr. f. Schäfer, S. 266.

[3] Zum Teil wird auch vertreten, daß ein Antrag an das Gericht in eine Bitte um Weiterleitung an den Vorgesetzten umzudeuten sei, Krey, JA 1985, S. 516f.; nach KMR-Paulus, 7. Aufl., Stand 1979, Vorb. § 22, Rdnr. 24, mußte das Gericht den Antrag des Betroffenen an den Dienstvorgesetzten weiterleiten, wenn dieser begründet erschien; anderenfalls sollte es ihn als unzulässig verwerfen können.

[4] Bruns, Geb.gabe f. Grützner, S. 46, 50.

[5] KMR-Paulus, Vorb. § 22, Rdnr. 24; LR-Wendisch, Vor § 22, Rdnr. 15; Wendisch, Festschr. f. Schäfer, S. 260; Schairer, S. 145; anschaulich zu den Mängeln und zur Aussichtslosigkeit dieses Verfahrens: Bruns, Festschr. f. Maurach, S. 483; Dahs, Handbuch, Rdnr. 158; Dahs, DRiZ 1971, S. 84; Weiland, JuS 1986, S. 295; LG Mönchengladbach JR 1987, S. 304.

[6] Kleinknecht / Meyer, Vor § 22, Rdnr. 4; LR-Wendisch, Vor § 22, Rdnr. 14; Wendisch, Festschr. f. Schäfer, S. 266; ähnlich – allerdings mit Einschränkungen bezüglich der Form – Krey, JA 1985, S. 516, 517; a. A. LG Köln, NStZ 1985, S. 230ff., 232, das nur ein Recht des Gerichts zur Information des Vorgesetzten annimmt, wegen § 150 GVG aber jeden Versuch der Einflußnahme für unzulässig hält; dagg. – zu Recht – Wendisch, NStZ 1985, S. 233.

[7] LR-Wendisch, Vor § 22, Rdnr. 13; Wendisch, Festschr. f. Schäfer, S. 266.

[8] Fuchs, NJW 1974, S. 1396; ebenso KMR-Paulus („Hinwirkungspflicht"), Vorb. § 22, Rdnr. 24; Bohnert, S. 114, und jetzt LG Mönchengladbach JR 1987, S. 304, 305.

[9] KMR-Paulus, Vorb. § 22, Rdnr. 17; LR-Wendisch, Vor § 22, Rdnr. 9; Bruns, Geb.gabe f. Grützner, S. 45, 50; Schairer, S. 144; Krey, JA 1985, S. 514; Wendisch, Festschr. f. Schäfer, S. 260; Schlüchter, Rdnr. 66.2 (S. 65); Kuhlmann, DRiZ 1976, S. 14; Frisch, Festschr. f. Bruns, S. 392; Buckert, NJW 1970, S. 847; Roxin, S. 50.

[10] v. Hippel, S. 239; Gerland, S. 111; für den Fall einfacher Befangenheit auch heute noch Kleinknecht / Meyer, Vor § 22, Rdnr. 7, und Bottke, StV 1986, S. 123.

Amtspflicht oder Dienstpflicht ausgewiesen[11], wobei dann unklar bleibt, welche verfahrensrechtlichen Konsequenzen die pflichtwidrig unterlassene Ablösung des Staatsanwalts hat. Teils wird sie aber auch als Rechtspflicht – mit der Folge der Revisibilität des Urteils im Falle eines Verstoßes[12] – deklariert.

2. Formelle Ablehnung

Bezüglich der Frage, ob der Betroffene im geltenden Recht ein förmliches Ablehnungsrecht hat, gehen die Auffassungen auseinander. Unter förmlichem Ablehnungsrecht wird dabei das Recht verstanden, die das Ablehnungsbegehren zurückweisende Entscheidung des Vorgesetzten in einem formellen gerichtlichen[13] oder in einem formellen staatsanwaltschaftlichen[14] Verfahren überprüfen zu lassen und ggfs. die Ersetzung des befangenen Staatsanwalts in diesem Verfahren zu erzwingen. Übereinstimmung besteht nur in einem Punkt, nämlich darüber, daß der StPO und dem GVG unmittelbar jedenfalls kein förmliches Ablehnungsrecht entnommen werden kann. Im übrigen ist die grundsätzliche Frage, ob das geltende Recht überhaupt ein förmliches Ablehnungsrecht kennt, ebenso kontrovers wie die weitere, welchen Regeln das Ablehnungsverfahren ggfs. zu folgen habe.

a) Die ein Ablehnungsrecht verneinende Literatur

Die noch herrschende Ansicht lehnt im geltenden Recht ein formelles Recht ab[15], zum Teil mit dem Ausdruck des Bedauerns und dem gleichzeitigen Ruf nach dem Gesetzgeber[16], zum Teil aber auch unter Hinweis darauf, daß der gesetzgeberische Verzicht auf ein formelles Ablehnungsrecht sachgerecht sei und Zustimmung verdiene[17].

---

[11] u.a. Kleinknecht / Meyer, Vor § 22, Rdnr. 3; KMR-Paulus, Vorb. § 22, Rdnr. 17; Bruns, Geb.gabe f. Grützner, S. 46.

[12] s.u. B II. 2.

[13] So der übliche Sprachgebrauch.

[14] Frisch, Festschr. f. Bruns, S. 411; Schairer, S. 159ff.

[15] BGH NJW 1980, S. 846; OLG Hamm NJW 1969, S. 808; OLG Karlsruhe MDR 1974, S. 423; OLG Schleswig, OLGStE (neu) GVG § 145 Nr. 1; LG Köln NStZ 1985, S. 230; LG Mönchengladbach JR 1987, S. 304; LR-Wendisch, Vor § 22, Rdnr. 10; LR-Dünnebier (23. Aufl.), Vor § 22, Rdnr. 12; LR-Schäfer (23. Aufl.), GVG § 145, Rdnr. 6; KK-Pfeiffer, § 24, Rdnr. 13; Kleinknecht / Meyer, Vor § 22, Rdnr. 5 und EGGVG § 23, Rdnr. 15; Kissel, § 145, Rdnr. 8; Schedel, S. 199; Krey, JA 1985, S. 515; Peters, S. 162; Koffka, ZStW 84, S. 672; Blomeyer, GA 1970, S. 166; Gerland, S. 111, 112; Wendisch, Festschr. f. Schäfer, S. 263; Schweichel, ZRP 1970, S. 173; Schlüchter, Rdnr. 66.1 (S. 61); Kuhlmann, DRiZ 1976, S. 14; v. Hippel, S. 239; für das Hauptverfahren auch Bohnert, S. 115, und Frisch, Festschr. f. Bruns, S. 409.

[16] Schedel, S. 201; v. Hippel, S. 239.

[17] OLG Schleswig OLGStE (neu), GVG § 145 Nr. 1; KK-Pfeiffer, § 24, Rdnr. 13.

Im wesentlichen sind es fünf Argumente, die einem Ablehnungsrecht generell entgegengehalten werden.

Erstens wird geltend gemacht, ein formelles Ablehnungsrecht scheide deshalb aus, weil es, wie der Blick auf die §§ 24ff. StPO zeige, ohne detaillierte Form- und Fristregelungen nicht sinnvoll denkbar sei. Die Form- und Fristfrage zu regeln, sei der Rechtsprechung aber nicht erlaubt, weil sie mit einem Regelungsversuch in die Kompetenz des Gesetzgebers eingreife[18].

Der zweite Einwand knüpft an die unterschiedliche Stellung von Richter und Staatsanwalt an und hält bei letzterem die Anerkennung eines formellen Ablehnungsrechts für nicht sachgerecht, weil der Staatsanwalt im Gegensatz zum Richter frühzeitig Stellung zu nehmen habe und daher unvermeidbar Anlaß geben müsse, seine Unbefangenheit in Zweifel zu ziehen[19].

Das dritte Argument stützt sich auf § 150 GVG: Mit der Unabhängigkeit der Staatsanwaltschaft von den Gerichten und der Gleichordnung der beiden Organe der Rechtspflege sei es unvereinbar, den Gerichten das Recht zuzugestehen, eine für die Staatsanwaltschaft verbindliche Entscheidung über die Ersetzung des als befangen abgelehnten Staatsanwalts durch einen anderen zu treffen; eine solche Kompetenz des Gerichts bedürfe einer ausdrücklichen gesetzlichen Anerkennung[20].

Am weitesten verbreitet dürfte das vierte Bedenken gegen ein formelles Ablehnungsrecht sein. Es resultiert aus der Furcht vor den praktischen Konsequenzen. Räume man dem Betroffenen ein formelles Ablehnungsrecht ein, so sei zu besorgen, daß die Ermittlungstätigkeit der Staatsanwaltschaft nachhaltig behindert werde. Namentlich wegen der mit einem solchen Recht unvermeidlich verbundenen Mißbrauchsmöglichkeiten würden unvertretbare Verfahrensverzögerungen die Folge sein; ein formelles Ablehnungsverfahren sei daher – ein Einwand, der auch de lege ferenda beachtet werden will – als völlig unpraktikabel abzulehnen[21].

Das letzte – fünfte – Argument bezweifelt die Notwendigkeit eines formellen Ablehnungsverfahrens im geltenden Recht. Insofern können zwei Ansätze unterschieden werden: Das Fehlen eines formellen Ablehnungsrechts wäre – so wird zum Teil argumentiert – nur dann bedenklich, wenn der Betroffene infolgedessen rechtsschutzlos wäre. Dies sei aber nicht der Fall; er könne –

---

[18] Koffka, ZStW 84, S. 672; ähnlich Krey, JA 1985, S. 515.

[19] Schweichel, ZRP 1970, S. 173.

[20] Schedel, S. 201; Krey, JA 1985, S. 515; Wendisch, Festschr. f. Schäfer, S. 264.

[21] OLG Hamm NJW 1969, S. 809; OLG Karlsruhe MDR 1974, S. 423; KK-Pfeiffer, § 24, Rdnr. 13; Schweichel, ZRP 1970, S. 173; Blomeyer, GA 1970, S. 166, 167; Schlüchter, Rdnr. 66.1 (S. 61); Kuhlmann, DRiZ 1976, S. 14; Kissel, § 145, Rdnr. 8; Arloth, NJW 1983, S. 209; Wendisch, Festschr. f. Schäfer, S. 266; Weiland, Jus 1986, S. 295; Bedenken auch bei Jescheck, ZStW 84, S. 838, der allerdings gleichwohl die Annahme eines Ablehnungsgesuchs begrüßt.

falls der am Verfahren beteiligte Staatsanwalt befangen sei oder die Besorgnis der Befangenheit bestehe – das etwa gegen ihn ergangene Urteil mit der Revision anfechten. Mit der Möglichkeit der Urteilsanfechtung wegen Mitwirkung eines befangenen Staatsanwalts sei den Rechtsschutzinteressen des Betroffenen ausreichend Rechnung getragen[22]. Zum anderen wird versucht – vermutlich in Anlehnung an die Richterregelung – eine Verbindung zwischen dem Prinzip eines gesetzlichen Amtswalters und der Notwendigkeit eines formellen Ablehnungsverfahrens herzustellen. Eines förmlichen Ablehnungsrechts bedürfte es nur, wenn es den gesetzlichen Staatsanwalt gäbe. Im geltenden Recht, dem der gesetzliche Staatsanwalt fremd sei, genüge es aber, wenn der Vorgesetzte den abgelehnten Beamten im Fall begründeter Besorgnis der Befangenheit durch einen anderen ersetzen könne, wozu er gemäß § 145 GVG befugt sei[23].

b) Die Befürworter eines formellen Ablehnungsrechts

Diejenigen, die im geltenden Recht von der Existenz eines formellen Ablehnungsrechts ausgehen, begründen dieses Ergebnis in unterschiedlicher Weise.

aa) Formelles Ablehnungsrecht gemäß §§ 23ff. EGGVG

Überwiegend wird die Notwendigkeit eines formellen Ablehnungsrechts aus Art. 19 Abs. 4 GG abgeleitet und dem Betroffenen zugestanden, gegen die das Ablehnungsbegehren zurückweisende Entscheidung des Vorgesetzten den für die Anfechtung von Justizverwaltungsakten in den §§ 23ff. EGGVG vorgesehenen Rechtsweg zu beschreiten[24].

Die Gegner eines formellen Ablehnungsrechts halten – abgesehen von ihren bereits dargestellten grundsätzlichen Bedenken – speziell dieser Konstruktion zweierlei entgegen[25]:

---

22 Krey, JA 1985, S. 516; Schlüchter, Rdnr. 66.1 (S. 61); Wendisch, Festschr. f. Schäfer, S. 266.

23 So schon die Motive, Hahn, S. 93; KMR-Sax (6. Aufl.), Vorb. § 22, Anm. 3.

24 Buckert, NJW 1970, S. 848; Roxin, S. 50; Bruns, Geb.gabe f. Grützner, S. 51 (offengelassen in Festschr. f. Maurach, S. 483); Dähn, JA 1970, S. 367; Dahs, Rdnr. 158; anscheinend auch Bottke, StV 1986, S. 123.

25 Gegen die Anwendung der §§ 23ff. EGGVG außer den in Fußnoten 26 und 27 Genannten insbesondere Kissel, § 145, Rdnr. 8; Weiland, JuS 1986, S. 295; Arloth, NJW 1983, S. 209, und Bohnert, S. 108, 109 – die beiden letzteren auch unter Hinweis auf unüberwindbare Schwierigkeiten, die sich – etwa wenn nach Abschluß des Hauptverfahrens das Verfahren vor dem OLG erfolgreich beendet wird – aus der Konkurrenz von Hauptverfahren und Verfahren nach den §§ 23ff. EGGVG ergeben.

Zunächst sei die Entscheidung des Vorgesetzten, mit der die Ersetzung des Staatsanwalts abgelehnt werde, kein Justizverwaltungsakt. Es handele sich vielmehr um eine Prozeßhandlung, die von der Staatsanwaltschaft im Verfahren vorgenommen werde. Solche Prozeßhandlungen stellten keine Justizverwaltungsakte dar, weil sie sachlich dem Bereich der Rechtsprechung, nicht dem der Justizverwaltung zugerechnet werden müßten[26].

Sodann könnten die §§ 23ff. EGGVG aber auch deswegen nicht zum Zuge kommen, weil der Betroffene durch die Entscheidung des Vorgesetzten nicht in seinen Rechten verletzt werde, § 24 Abs. 1 EGGVG. Die Normen der StPO und des GVG gewährten den Betroffenen nämlich nur die von ihnen anerkannten Einzelrechte; ein Anspruch auf einen unbefangenen Staatsanwalt sei aber nicht anerkannt. Er lasse sich weder aus den §§ 22ff. StPO herleiten, die den Staatsanwalt nicht beträfen, noch aus § 145 GVG, weil diese Vorschrift nicht den Schutz des Betroffenen bezwecke, sondern nur die Ersetzungsbefugnisse des Vorgesetzten begründe[27].

bb) Formelles Ablehnungsrecht analog § 24 StPO

Für eine analoge Anwendung von § 24 StPO sprechen sich – mit unterschiedlichen Konsequenzen – Frisch, Kuhlmann und Schairer aus.

α) Frisch

Nach Ansicht von Frisch[28] läßt sich das Ablehnungsrecht im Wege gesetzesimmanenter Rechtsfortbildung begründen. In Betracht komme lediglich eine analoge Anwendung der Richterablehnungsvorschriften; denn aus dem Kreis aller staatlichen Funktionäre sei es praktisch allein der Richter, der in einem förmlichen Verfahren abgelehnt werden könne. Dementsprechend sei der Betroffene zur formellen Ablehnung des Staatsanwalts im geltenden Recht nur insoweit befugt, als dieser bei einer an den Funktionen orientierten Betrachtungsweise dem Richter vergleichbar sei[29]. Dementsprechend sei zu differenzieren:

---

26 OLG Hamm NJW 1969, S. 809; Wendisch, Festschr. f. Schäfer, S. 260ff., 263; Schairer, S. 147; LR-Wendisch, Vor § 22, Rdnr. 10; offengelassen von KMR-Paulus, Vorb. § 22, Rdnr. 24; die Befürworter eines formellen Ablehnungsrechts gemäß §§ 23ff. EGGVG begnügen sich demgegenüber zumeist mit dem vagen Hinweis, die Ablehnung der Auswechselung könne sehr wohl als Justizverwaltungsakt angesehen werden (so z.B. Roxin, S. 50).

27 OLG Hamm NJW 1969, S. 809; OLG Karlsruhe MDR 1974, S. 423; KMR-Paulus, Vorb. § 22, Rdnr. 24; Wendisch, S. 260, 263; LR-Wendisch, Vor § 22, Rdnr. 10; LR-Schäfer (23. Aufl.), § 145 GVG, Rdnr. 6; Schairer, S. 149; für die Annahme einer Rechtsverletzung mit ausführlicherer Begründung nur Buckert, NJW 1970, S. 848.

28 Frisch, Festschr. f. Bruns, S. 407ff.

29 Frisch, Festschr. f. Bruns, S. 408, 409.

In der Hauptverhandlung als dem eigentlichen Kernstück des Strafverfahrens stehe dem Richter mit seinen umfassenden Kompetenzen und seiner Entscheidungsmacht ein Staatsanwalt gegenüber, dessen Möglichkeiten sich auf mehr oder weniger unverbindliche vorbereitende Betätigungen beschränkten; er könne nur durch Anträge, Anregungen und Fragen Einfluß auf den Ausgang des Verfahrens nehmen. Die Funktionen von Staatsanwalt und Richter seien daher in diesem Verfahrensabschnitt so ungleichartig, daß sich für jenen ein formelles Ablehnungsrecht im Wege gesetzesimmanenter Rechtsfortbildung nicht begründen lasse[30].

Anders lägen die Dinge im Ermittlungsverfahren. In diesem Verfahrensabschnitt sei – wie Frisch im einzelnen näher darlegt – die funktionale Gleichschaltung des Staatsanwaltes mit dem Richter so deutlich, daß ein Ablehnungsrecht gegenüber dem befangenen Staatsanwalt ernsthaft nicht mehr in Zweifel gezogen werden könne[31]. Zuständig für die Entscheidung über das Ablehnungsbegehren solle das Gericht sein, bei dem die Staatsanwaltschaft organisiert sei, in der Regel also „eine Beschlußkammer des Landgerichts“[32].

β) Kuhlmann

Kuhlmann[33] hält es für widersinnig, den Betroffenen ausschließlich auf die nachträgliche Anfechtung der gerichtlichen Entscheidung mit den Mitteln der Revision zu verweisen. Deswegen müsse das erkennende Gericht über das Ablehnungsbegehren des Betroffenen analog § 24 StPO entscheiden dürfen. Anders als Frisch will Kuhlmann das formelle Ablehnungsrecht anscheinend also nicht im Ermittlungs-, sondern im Hauptverfahren zulassen[34]. Das Besondere an dieser Entscheidung des Gerichts sieht Kuhlmann darin – und insofern zeigt sich ein weiterer wesentlicher Unterschied zu der Auffassung von Frisch –, daß ihr keine verbindliche Wirkung zukommen soll. Dies sei aber auch – meint Kuhlmann – nicht schädlich; die Staatsanwaltschaft würde sich nämlich der gerichtlichen Entscheidung auch dann beugen, wenn diese nicht verbindlich sei[35].

---

30 Frisch, Festschr. f. Bruns, S. 409.

31 Frisch, Festschr. f. Bruns, S. 409, 410.

32 Frisch, Festschr. f. Bruns, S. 413. Was eine „Beschlußkammer“ ist, erklärt Frisch nicht. Auf die Form- und Fristenfragen, die sein Vorschlag aufwirft, geht er nicht näher ein.

33 Kuhlmann, DRiZ 1976, S. 14.

34 Kuhlmann, DRiZ, S. 14; ebenso Rüping, S. 109, und Arloth, NJW 1983, S. 210; in der Sache zustimmend anscheinend auch Joos, NJW 1981, S. 101, der aber nicht von formellem Ablehnungsrecht sprechen will.

35 Kuhlmann, DRiZ 1976, S. 14. Welchen Nutzen ein förmliches Verfahren hat, wenn an seinem Ende nur eine unverbindliche Entscheidung steht, bleibt allerdings zweifelhaft.

γ) Schairer

Nach Schairer ist zwar die Annahme eines formellen gerichtlichen Ablehnungsverfahrens mit Rücksicht auf die sich aus § 150 GVG ergebende eindeutige Wertung im geltenden Recht ausgeschlossen[36]. Er hält aber in analoger Anwendung der §§ 24ff. StPO sowohl im Ermittlungsverfahren[37] als auch in der Hauptverhandlung[38] ein formelles staatsanwaltschaftliches Ablehnungsverfahren für gegeben.

Im Ermittlungsverfahren stehe das Ablehnungsrecht nur dem Beschuldigten zu. Es sei beim Vorgesetzten des abgelehnten Staatsanwalts anzubringen[39]. Gegen dessen zurückweisende Entscheidung sei die sofortige Beschwerde an den Generalstaatsanwalt zulässig[40]. Im Interesse der Funktionsfähigkeit des Strafverfahrens gelte dies allerdings nur in Ermittlungsverfahren, die schwerwiegende Vorwürfe zum Gegenstand hätten[41].

In der Hauptverhandlung stehe das formelle Ablehnungsrecht nicht nur den Betroffenen, sondern entsprechend § 24 Abs. 3 StPO auch dem Gericht zu. In analoger Anwendung der §§ 25, 26a StPO sei der „abgelehnte" Staatsanwalt befugt, die Ablehnung aus den Gründen des § 26a Abs. 1 Nr. 1 - 3 als unzulässig zu verwerfen[42]. Anders als bei der Richterablehnung sei auch in der Hauptverhandlung gegen die das Ablehnungsgesuch zurückweisende Entscheidung des Vorgesetzten die sofortige Beschwerde gegeben, dies – wie im Ermittlungsverfahren – freilich nur in Verfahren wegen schwerwiegender Vorwürfe[43].

II. Rechtsfolgen der Mitwirkung eines ausgeschlossenen oder befangenen Staatsanwalts

Bezüglich der Konsequenzen, die sich aus der Mitwirkung eines ausgeschlossenen oder befangenen Staatsanwalts ergeben, konzentriert sich das Interesse in Literatur und Rechtsprechung auf zwei Fragen: Zum einen darauf, ob die Amtshandlungen des befangenen Staatsanwalts unwirksam sind; zum anderen darauf, ob ein Urteil wegen der Mitwirkung eines befangenen oder ausgeschlossenen Staatsanwalts angefochten werden kann.

---

[36] Schairer, S. 153f.

[37] Schairer, S. 159ff.

[38] Schairer, S. 168ff.

[39] Schairer, S. 165.

[40] Schairer, S. 166.

[41] Der Beschuldigte müsse in Untersuchungshaft genommen sein oder es müsse mit einer empfindlich hohen Strafe zu rechnen sein; diese Einschränkung lasse sich aus dem Rechtsgedanken des § 140 Abs. 1 und 3 StPO herleiten, Schairer, S. 166f.

[42] Schairer, S. 171.

[43] Schairer, S. 173.

1. Unwirksamkeit oder Fehlerhaftigkeit der Amtshandlungen

Der Umstand, daß ein Staatsanwalt ausgeschlossen oder befangen ist, läßt nach allgemeiner Überzeugung die Wirksamkeit der von ihm vorgenommenen Amtshandlungen grundsätzlich unberührt[44]. Dieser Rechtssatz hat – wie schon dargestellt wurde[45] – sogar ausdrücklich Eingang in den Referentenentwurf eines Gesetzes zur Änderung des Rechts der Staatsanwalt gefunden[46].

Schairer[47] möchte aus dem in § 44 Abs. 1 VwVfG niedergelegten allgemeinen Grundsatz ableiten, daß die Amtshandlung des Staatsanwalts doch ausnahmsweise unwirksam sei, wenn er offensichtlich befangen handele. Diese Auffassung dürfte aber jedenfalls[48] mit § 44 Abs. 3 Ziff. 2 VwVfG nicht in Einklang zu bringen sein. Danach sind Verwaltungsakte nicht einmal dann nichtig, wenn der handelnde Verwaltungsbeamte gemäß § 20 Abs. 1 Satz 1 Nr. 2 - 6 VwVfG ausgeschlossen ist; in diesen Fällen ist seine Befangenheit aber stets offensichtlich.

Gelegentlich findet sich in der Literatur auch der Hinweis, daß die Amtshandlungen des befangenen Staatsanwalts fehlerhaft[49] und – soweit sie auf der Befangenheit beruhen – anfechtbar[50] seien. Welche Konsequenzen sich aus der Fehlerhaftigkeit bzw. Anfechtbarkeit ergeben, hat für einzelne Amtshandlungen Schairer untersucht. Er gelangt im wesentlichen zu folgenden Ergebnissen:

Gegen Zwangsmaßnahmen des befangenen Staatsanwalts könne der Betroffene nachträglich die richterliche Entscheidung beantragen, die dann die Rechtswidrigkeit der Maßnahme ausspreche[51]. Ordnungs- und Zwangsmittel gegen einen ausgebliebenen Zeugen müßten vom angerufenen Gericht aufgehoben werden, wenn die Ladung von einem befangenen Staatsanwalt verfügt worden sei; in diesem Fall sei nämlich die Ladungsfrist nicht gewahrt[52]. Niederschriften über die Vernehmung durch einen befangenen

---

[44] BayObLG GA 1983, S. 327f.; KMR-Paulus, Vorb. § 22, Rdnr. 20; LR-Schäfer (23. Aufl.), § 145 GVG, Rdnr. 10; Bruns, Geb.gabe f. Grützner, S. 42; Kuhlmann, DRiZ 1976, S. 13.

[45] s. o. A und dort Anm. 34.

[46] § 145a Abs. 4 GVG des Referenten-Entwurfs.

[47] Schairer, S. 176.

[48] Zur Rechtslage im Verwaltungsrecht vgl. Knack / Clausen, § 21, Rdnr. 5; Ule / Laubinger, S. 72; Meyer / Borgs, Vor § 20, Rdnr. 9. Die Frage, inwieweit sich aus § 44 VwVfG überhaupt die Nichtigkeit von strafprozessualen Prozeßhandlungen ableiten läßt, kann daher dahin gestellt bleiben.

[49] LR-Wendisch, Vor § 22, Rdnr. 11 – anders noch LR-Dünnebier (21. Aufl.), Vor §§ 22, Anm. 3; Kuhlmann, DRiZ 1976, S. 13; Schairer, S. 176.

[50] Schairer, S. 176, 177.

[51] Schairer, S. 177.

[52] Schairer, S. 178.

Staatsanwalt dürften in der Hauptverhandlung nicht verlesen werden[53]. Die fehlerhafte „befangene" Anklage werde durch den Filter des Eröffnungs- und Hauptverfahrens geheilt[54]. Die fehlerhafte Einstellung des Verfahrens gemäß § 170 Abs. 2 StPO könne, wenn infolge der Befangenheit der hinreichende Tatverdacht zu Unrecht verneint worden sei, im Klageerzwingungsverfahren überprüft werden[55].

2. Revisibilität des Urteils

Mehr Beachtung wird in der Literatur der Frage geschenkt, ob das gerichtliche Urteil wegen Mitwirkung eines als befangen disqualifizierten Staatsanwalts in der Hauptverhandlung anfechtbar ist[56]. Auch die Rechtsprechung hat sich – wie schon dargestellt – mit diesem Problem in verschiedenen Fallgestaltungen befaßt[57]. Nicht anders als das formelle Ablehnungsrecht wird auch die Revisibilität von Urteilen äußerst kontrovers diskutiert.

a) Kein absoluter Revisionsgrund

Als gesichert kann noch gelten, daß die Mitwirkung eines ausgeschlossenen oder befangenen Staatsanwalts keinen absoluten Revisionsgrund im Sinne des § 338 StPO darstellt[58]. Die abweichende Auffassung wird insofern nur von Kissel vertreten. Für den Fall der Teilnahme eines ausgeschlossenen Staatsanwalts an der Hauptverhandlung nimmt Kissel einen absoluten Revisionsgrund gemäß § 338 Ziff. 5 StPO an[59].

---

[53] Schairer, S. 177.

[54] Schairer, S. 180.

[55] Schairer, S. 181; das bedeutet, daß es auf die Befangenheit des Staatsanwalts, der die Einstellung verfügt, letztlich nicht ankommt, falls nämlich die Einstellung zu Unrecht erfolgt, weil hinreichender Tatverdacht besteht, ist das Klageerzwingungsverfahren unabhängig von der Befangenheit des Staatsanwalts erfolgreich.

[56] KMR-Paulus, Vorb. § 22, Rdnr. 25; KK-Pfeiffer, § 22, Rdnr. 16 und § 24, Rdnr. 13; LR-Wendisch, Vor § 22, Rdnr. 11f.; Kleinknecht / Meyer, Vor § 22, Rdnr. 6f.; Kissel, § 145, Rdnr. 7; Koffka, ZStW 84, S. 672; Bohnert, S. 105ff.; Krey, S. 516f.; Schlüchter, Rdnr. 66.1 (S. 62ff.); Fuchs, NJW 1974, S. 1396; Schairer, S. 181ff.

[57] BGH Urteil vom 17.3.1977 – 4 StR 665/76 (unveröffentlicht, mitgeteilt von Bruns, JR 1979, S. 28); BGH NJW 1980, S. 845; NStZ 1984, S. 419; OLG Stuttgart NJW 1974, S. 1394.

[58] NJW 1980, S. 845; Kleinknecht / Meyer, Vor § 22, Rdnr. 6; Schairer, S. 181; Krey, JA 1985, S. 516; Arloth, NJW 1983, S. 210.

[59] Kissel, § 145, Rdnr. 7.

b) Relative Revisionsgründe

aa) Mitwirkung eines ausgeschlossenen Staatsanwalts

Einigkeit besteht heute auch noch darüber, daß die Teilnahme eines ausgeschlossenen Staatsanwalts in der Hauptverhandlung einen revisiblen Verfahrensfehler darstelle[60], der, wenn das Urteil auf ihm beruhe – was regelmäßig nicht auszuschließen[61] sei – gemäß § 337 StPO zu dessen Aufhebung führen könne.

Bei der Entwicklung dieser Auffassung hat die Rechtsprechung zum Zeugen-Staatsanwalt[62] eine erhebliche Rolle gespielt. Könne nämlich – so wird argumentiert – ein Urteil keinen Bestand haben, wenn der als Zeuge vernommene Staatsanwalt nicht aus dem Verfahren ausscheide, dann sei nicht einzusehen, warum etwas anderes gelten solle, wenn ein Staatsanwalt in der Hauptverhandlung tätig werde, bei dem zwar nicht die Voraussetzungen des § 22 Ziff. 5 StPO, wohl aber ein anderer Grund vorliege, der beim Richter zum Ausschluß führe[63].

bb) Mitwirkung eines befangenen, aber nicht ausgeschlossenen Staatsanwalts

Ob auch die Mitwirkung eines befangenen, aber nicht ausgeschlossenen Staatsanwalts die Revisibilität begründet, ist heftig umstritten.

α) Ablehnende Stimmen

Für eine Beschränkung der Revisibilität auf den Fall der Teilnahme eines ausgeschlossenen Staatsanwalts an der Hauptverhandlung sprechen sich Kissel, Koffka, Krey, Meyer und der BGH aus – der aber in seinen neueren Entscheidungen zu erkennen gibt, daß er in dieser Ansicht, zu der er immer noch

---

60 BGH NJW 1980, S. 845; OLG Stuttgart NJW 1974, S. 1395; KMR-Paulus, Vorb. § 22, Rdnr. 25; KK-Pfeiffer, § 22, Rdnr. 16; Kleinknecht / Meyer, Vor § 22, Rdnr. 6; LR-Wendisch, Vor § 22, Rdnr. 11f.; Bottke, StV 1986, S. 123; Wendisch, Festschr. f. Schäfer, S. 265; Krey, JA 1985, S. 516; Arloth, NJW 1983, S. 210; Bruns, Geb.gabe f. Grützner, S. 46; ders., JR 1980, S. 400; Frisch, S. 413; Joos, NJW 1981, S. 101; gegen die Revisibilität des Urteils wegen Mitwirkung eines ausgeschlossenen (wie auch eines befangenen) Staatsanwalts anscheinend Dahs, Handbuch, Rdnr. 158 (ohne Begründung), und früher: Eb. Schmidt, Bd. II, Vorb. zum 3. Abschn., Rdnr. 3; KMR-Sax (6. Aufl.), Vorb. § 22, Anm. 3; LR-Dünnebier (21. Aufl.), Vor § 22, Anm. 3b.

61 So ausdrücklich Krey, JA 1985, S. 516; KMR-Paulus, Vorb. § 22, Rdnr. 26; KK-Pfeiffer, § 22, Rdnr. 16; Schairer, S. 182; Arloth, NJW 1985, S. 418.

62 s. u. B II. 3. b).

63 Koffka, ZStW 84, S. 672; LR-Wendisch, Vor § 22, Rdnr. 12; OLG Stuttgart NJW 1974, S. 1394; Bottke, StV 1986, S. 123; Bruns, JR 1987, S. 306.

neige, nicht mehr festgelegt sei[64]. Der BGH begründet die fehlende Revisibilität damit, daß die geltende Strafprozeßordnung für die Ablehnung eines Staatsanwalts wegen Befangenheit keine rechtliche Grundlage biete und auch den §§ 141 - 151 GVG Rechtssätze über die Ablehnung von Staatsanwälten nicht entnommen werden könnten[65].

Meyer beruft sich darauf, daß es für die angebliche Befangenheit des Staatsanwalts keine hinreichenden Beurteilungsmaßstäbe gebe und die Ablösung des Staatsanwalts im richterlich nicht nachprüfbaren Ermessen des Dienstvorgesetzten stehe[66].

Koffka[67], Kissel[68] und Krey[69] begründen ihre Ansicht damit, daß die Revisibilität des Urteils wegen Mitwirkung eines einfach befangenen, aber nicht ausgeschlossenen Staatsanwalts ohne ein vorgeschaltetes, förmliches und fristgebundenes Ablehnungsverfahren nicht angenommen werden könne. Wollte man dem Angeklagten erlauben, die Befangenheit des Staatsanwalts erstmals in der Revisionsinstanz geltend zu machen, so würde man ihn insoweit erheblich günstiger stellen, als es die StPO für den Fall vorsehe, daß er einem befangenen Richter gegenüberstehe. Das demnach erforderliche Ablehnungsverfahren mit seinen notwendigen Präklusionswirkungen könne – aus den dargestellten Gründen[70] – nicht durch die Rechtsprechung geschaffen werden.

Auf einen Ausschluß der Revisibilität des Urteils wegen Mitwirkung eines befangenen Staatsanwalts dürfte im Ergebnis auch die Ansicht von Bohnert hinauslaufen. Er geht davon aus, daß die Revision nur auf Verfahrensfehler des Gerichts gestützt werden könne, nicht aber auf fehlerhaftes Verhalten anderer Beteiligter oder Institutionen[71]. Im Falle der Mitwirkung eines befangenen Sitzungsvertreters liege der Rechtsfehler in dem Unterlassen der Selbstanzeige oder in der fehlerhaften Zuweisung bzw. der unterlassenen Ablösung

---

[64] BGH NJW 1980, S. 845; NStZ 1984, S. 419.

[65] BGH Urteil vom 17.3.1977 – 4 StR 665/76 (unveröffentlicht); BGH NJW 1980, S. 845; die obergerichtlichen Entscheidungen, die der Bundesgerichtshof in dieser Entscheidung für seine Auffassung in Anspruch nimmt, sind nicht einschlägig. Die zitierten BGH- und RG-Urteile befassen sich ausschließlich mit der Frage, ob die weitere Teilnahme eines als Zeugen vernommenen Staatsanwalts einen Revisionsgrund darstelle, nehmen aber nicht dazu Stellung, ob dies auch für andere Ausschlußgründe oder weitergehend für jeden Befangenheitsgrund gelte. Dem OLG Stuttgart, das der BGH ebenfalls zitiert, geht es, wie der Zusammenhang der Entscheidungsgründe unmißverständlich erkennen läßt, ausschließlich darum, die Beschränkung der Revisibilität auf den Fall der Teilnahme des Zeugen-Staatsanwalts als unhaltbar zu widerlegen; zwischen Ausschluß- und Befangenheitsgründen zu unterscheiden und die Relevanz dieser Unterscheidung zu begründen, ist nicht sein Anliegen.

[66] Kleinknecht / Meyer, Vor § 22, Rdnr. 7 – allerdings wenig überzeugend.

[67] Koffka, ZStW 84, S. 672.

[68] Kissel, § 145, Rdnr. 8.

[69] Krey, JA 1985, S. 517.

[70] s. o. B I. 2a).

[71] Bohnert, S. 112.

des befangenen Beamten durch den Ersten Staatsanwalt[72]. Da die Entscheidung nach § 145 GVG aber außerhalb des Verfahrens ergehe und Fehler insoweit externe Fehler seien, könne die Teilnahme eines befangenen Staatsanwalts nicht der Überprüfung durch die Revision unterliegen[73].

Allerdings müsse das Gericht von sich aus alles unternehmen, um eine etwaige rechtswidrige Einflußnahme auf seine Entscheidung zu verhindern. Dementsprechend liege ein Revisionsgrund vor, wenn das Gericht es unterlasse, auf die Ablösung des befangenen Sitzungsvertreters hinzuwirken[74].

β) Bejahende Stimmen

Die heute überwiegende Ansicht hält es demgegenüber für richtig, daß – jedenfalls im Grundsatz – auch die Teilnahme eines einfach befangenen Staatsanwalts an der Hauptverhandlung mit der Revision gerügt werden können muß[75]. Zur Begründung wird zumeist darauf hingewiesen, daß zwischen Ausschlußgründen und Ablehnungsgründen in der Sache kein Unterschied bestehe; wenn aber für die Teilnahme des ausgeschlossenen Staatsanwalts die Revisibilität des Urteils anerkannt sei, könne für die Mitwirkung des einfach befangenen Staatsanwalts nichts anderes gelten[76]. Zusätzlich wird gelegentlich die Parallele zum Zeugen-Staatsanwalt betont; die Gründe, die die Rechtsprechung dazu veranlaßt hätten, die weitere Anklagevertretung durch den als Zeugen vernommenen Staatsanwalt als relativen Revisionsgrund anzuerkennen, würden auf jeden als befangen zu besorgenden Staatsanwalt zutreffen und folglich auch seine Mitwirkung als revisiblen Verfahrensfehler erscheinen lassen[77].

Auf den dargestellten Einwand Koffkas, die für die Annahme eines revisiblen Verfahrensfehlers wegen Mitwirkung eines befangenen Staatsanwalts notwendige Anerkennung eines frist- und formgebundenen Ablehnungsrechts sprenge die Kompetenz der Rechtsprechung[78], geht insbesondere Frisch ein. Er hält Koffka entgegen, sie übersehe, daß die Rechtsprechung auch sonst – jedenfalls bei Vorhandensein entsprechender Modellvorschriften, wie sie die StPO hier mit den §§ 24ff. zur Verfügung stelle – derartige Aufgaben zu lösen vermocht habe. Darüber hinaus sei der Rechtsprechung die Überwindung

72 Bohnert, S. 110.

73 Bohnert, S. 114.

74 Bohnert, S. 114.

75 LR-Wendisch, Vor § 22, Rdnr. 13; KMR-Paulus, Vorb. § 22, Rdnr. 25; Roxin, S. 50; Schairer, S. 182; Schlüchter, Rdnr. 66.1 (S. 62); Bruns, Geb.gabe f. Grützner, S. 46f.; ders., JR 1987, S. 306; Wendisch, Festschr. f. Schäfer, S. 266; Joos, NJW 1981, S. 101; Frisch, Festschr. f. Bruns, S. 414, Fn. 127.

76 Schairer, S. 182.

77 Roxin, S. 50; Schairer, S. 182.

78 Koffka, ZStW 84, S. 672.

dieser Schwierigkeiten im Garantiebereich von Art. 19 Abs. 4 GG schon vom Grundgesetz her aufgegeben[79].

Schon die bisherige Wiedergabe des Diskussionsstandes und insbesondere der unterschiedlichen Auffassungen von Frisch und Koffka läßt unschwer erkennen, wo die eigentlichen Probleme für diejenigen liegen, die grundsätzlich auch die Mitwirkung des einfach befangenen Staatsanwalts als revisiblen Verfahrensfehler ansehen wollen: Bedarf es für den ausgeschlossenen Staatsanwalt mit Rücksicht auf dieParallelregelung in § 338 Ziff. 2 StPO keiner näheren Begründung dafür, daß seine Mitwirkung ohne weitere Voraussetzungen einen revisiblen Verfahrensfehler begründet, so drängt sich für den einfach befangenen Staatsanwalt in Anbetracht der Modellregelung für Richter in den §§ 24ff., 338 Ziff. 3 StPO die Frage auf, welche zusätzlichen Bedingungen vorliegen müssen, damit die Befangenheit erfolgreich mit der Revision gerügt werden kann. Ist die Mitwirkung des einfach befangenen Staatsanwalts erst nach erfolgreicher Durchführung eines Ablehnungsverfahrens mit revisionsrechtlicher Erheblichkeit verboten? Wie muß dieses Ablehnungsverfahren aussehen: Muß die von dem Betroffenen gerügte Besorgnis der Befangenheit durch eine gerichtliche Entscheidung festgestellt werden, oder kommt es nur auf eine staatsanwaltschaftliche Entscheidung an? Ist im Fall eines erfolgreichen Ablehnungsbegehrens nur die weitere Beteiligung des Staatsanwalts am Verfahren fehlerhaft, oder wirkt der dem Ablehnungsgesuch stattgebende Beschluß der zuständigen Stelle auf den Zeitpunkt der Entstehung des Besorgnisgrundes zurück? Wenn ein Ablehnungsverfahren mit einem für den Betroffenen positiven Beschluß nicht erforderlich ist, muß dann der Betroffene – um die Revisionsrüge nicht zu verlieren – die Besorgnis der Befangenheit in der Form eines Ablehnungsgesuchs geltend machen? Gibt es für dieses Ablehnungsgesuch Fristen, deren Versäumung zum Verlust des Ablehnungsrechts und zur Abschneidung der entsprechenden Revisionsrüge führt? Oder ist vielleicht auch für die Erhaltung der Revisionsrüge ausreichend, daß – wie es in der Diskussion um das informelle Ablehnungsrecht erörtert wird – das Gericht einen Ersetzungsantrag stellt? Als letzte Möglichkeit: Muß die Revision nicht vielleicht – auch ohne daß irgendwelche formellen Bedingungen wie ein (rechtzeitiges) Ablehnungsgesuch oder ein dem Gesuch stattgebender Beschluß hinzukommen müßten – einfach darauf gestützt werden können, daß materiell die Befangenheit des Staatsanwalts zu besorgen ist oder war?

Zu diesen Fragen, von deren Beantwortung der Wert des Bekenntnisses für die Revisibilität des Urteils auch wegen Mitwirkung eines einfach befangenen Staatsanwalts maßgeblich abhängt, finden sich in der Diskussion nur selten eindeutige Aussagen.

---

[79] Frisch, Festschr. f. Bruns, S. 413.

Unmißverständlich ist die Stellungnahme von Schairer. Nach ihr kann der Revisionsführer die Mitwirkung eines befangenen Staatsanwalts in der Hauptverhandlung nur rügen, wenn er diesen in der Hauptverhandlung abgelehnt hat; ein Mitwirkungsverbot für den befangenen Staatsanwalt und damit ein Verfahrensfehler entstehe nämlich erst mit der Anbringung des Ablehnungsgesuchs[80].

In dieselbe Richtung gehen die Überlegungen von Joos, der darauf abstellt, daß die Ablehnungsgründe nicht von Amts wegen zu beachten, sondern zur Disposition des Betroffenen gestellt seien, so daß ihre Berücksichtigung ein entsprechendes Gesuch voraussetze[81].

Die übrigen Autoren, die die Revisibilität auch wegen der Mitwirkung eines einfach befangenen Staatsanwalts annehmen wollen, lassen entweder überhaupt nicht oder jedenfalls nicht mit Sicherheit erkennen, ob sie für eine erfolgreiche Revision weitere Voraussetzungen – insbesondere eine (rechtzeitige) Ablehnungsrüge – verlangen wollen oder nicht. Bei einigen von ihnen legt der Zusammenhang ihrer Ausführungen die Vermutung nahe, daß sie dazu neigen, auf die materielle Seite – die Besorgnis der Befangenheit also – abzustellen und die Revisionsrüge auch dann zu gewähren, wenn der Angeklagte in der ersten Instanz kein Ablehnungsgesuch gestellt hat:

In diesem Sinne wird man zunächst Schlüchter zu verstehen haben. Sie stellt fest, daß ein revisibler Verfahrensfehler vorliege, wenn ein voreingenommener Staatsanwalt am Verfahren teilnehme; Voreingenommenheit sei dabei dann anzunehmen, wenn ein Ausschlußgrund vorliege oder Besorgnis der Befangenheit bestehe[82].

Als weiterer Vertreter dieser Ansicht könnte auch Wendisch einzuordnen sein. Dafür spricht zum einen seine Feststellung, daß Amtshandlungen des Staatsanwalts, in dessen Person Gründe vorliegen, die beim Richter zum Ausschluß führen *oder* dem Beschuldigten Anlaß geben könnten, seine Befangenheit zu besorgen, fehlerhaft seien[83]. Ein weiteres Indiz ist seine Überlegung, daß dem Gericht ein eigenes Ablehnungsrecht eingeräumt werden müsse, damit es die Möglichkeit habe, von sich aus Revisionen zu vermeiden[84]. Dieses gerichtliche Ablehnungsrecht wäre – jedenfalls zum Zwecke der Vermeidung von Revisionen aus Gründen, die außerhalb des gerichtlichen Einflußbereichs liegen – überflüssig, wenn die Revision ohnehin nur möglich wäre, nachdem der Beschuldigte selber ein Ablehnungsgesuch gestellt hat. Dagegen und damit für die Annahme, daß Wendisch umgekehrt die rechtzei-

---

80 Schairer, S. 183; im Ergebnis ebenso Schedel, S. 115.

81 Joos, NJW 1981, S. 101.

82 Schlüchter, Rdnr. 66.1 (S. 62) und 66.2 (S. 65).

83 LR-Wendisch, Vor § 22, Rdnr. 11.

84 LR-Wendisch, Vor § 22, Rdnr. 13.

tige Rüge als Voraussetzung der Revisibilität verlangt, spricht indessen die Begründung, die er für die Fehlerhaftigkeit des Verfahrens wegen Mitwirkung des befangenen Staatsanwalts anführt. Wendisch zieht nämlich die §§ 22ff. StPO analog heran[85], und diese Vorschriften setzen – nach derzeit unbestrittener Auffassung – für die Fehlerhaftigkeit des Verfahrens wegen Teilnahme eines befangenen Richters zumindest voraus, daß die Befangenheit geltend gemacht worden ist[86].

Auslegungsfähig ist auch die Auffassung von Fuchs zur Erforderlichkeit weiterer formeller Voraussetzungen für die Revisibilität. In seiner Anmerkung zu der Entscheidung des OLG Stuttgart stellt er fest, daß der Angeklagte weder die Ablehnungsrüge noch die Revisionsrüge verloren habe; die Ablehnungsrüge nicht, weil die §§ 22ff. StPO auf den Staatsanwalt nicht anwendbar seien, und die Revisionsrüge nicht, weil für den Staatsanwalt nicht § 338 Ziff. 3 StPO maßgeblich sei, der die Revision wegen Teilnahme eines befangenen, aber nicht ausgeschlossenen Richters im Fall des nicht rechtzeitigen Ablehnungsgesuchs ausschließe, sondern § 337 StPO[87]. Danach müßte Fuchs eigentlich meinen, daß schon die bloße Mitwirkung eines befangenen Staatsanwalts – wie auch die eines befangenen Richters – einen Verfahrensfehler begründe, mit dessen Geltendmachung der Betroffene – insofern anders als beim Richter – auch im Falle verspäteter Rüge nicht präkludiert sei. Die weiteren Ausführungen von Fuchs lassen aber auch eine andere Deutung zu. Um darzutun, daß der Angeklagte in dem besprochenen Fall die Revisionsrüge nicht verloren habe, betont er nämlich gleichzeitig, daß es sich bei dem Sitzungsvertreter in der Berufungsverhandlung nicht um einen einfach befangenen, sondern um einen ausgeschlossenen Staatsanwalt gehandelt habe[88]. Dieses Argument ist sinnvoll nur unter der Prämisse, daß beim einfach befangenen Staatsanwalt eine Präklusion der Revisionsrüge wegen verspäteter Anbringung des Ablehnungsgesuchs denkbar ist.

Eine eindeutige Antwort auf die angedeuteten Fragen läßt sich schließlich auch der Darstellung von Frisch nicht entnehmen. Er meint – ohne sich damit, wie das folgende wörtliche Zitat hinreichend deutlich erkennen läßt, festzulegen –, daß die Mitwirkung des befangenen, nicht ausgeschlossenen Staatsanwalts „zumindest ab Geltendmachung“ unzulässig sei[89]. Ob neben der materiellen Besorgnis der Befangenheit als formelle Voraussetzung für eine erfolgversprechende Revision ein Ablehnungsgesuch erforderlich ist, läßt diese

---

85 LR-Wendisch, Vor § 22, Rdnr. 11.

86 LR-Wendisch, Vor § 22, Rdnr. 3f.; nach KK-Pfeiffer, § 22, Rdnr. 1, KMR-Paulus, Vorb. § 22, Rdnr. 12, Kleinknecht / Meyer, Vor § 22, Rdnr. 1, und Schorn, GA 1963, S. 258, führt im Falle einfacher Befangenheit erst die gerichtliche Entscheidung zum Ausscheiden des Richters.

87 Fuchs, NJW 1974, S. 1396.

88 Fuchs, NJW 1974, S. 1396.

89 Frisch, Festschr. f. Bruns, S. 405.

Formulierung offen. Immerhin aber wird deutlich, daß Frisch – abweichend von § 27 StPO – jedenfalls keinen Ausschluß der Revisibilität im Fall nicht sofortiger Rüge annehmen will. Dies läßt sich auch daraus schließen, daß er in anderem Zusammenhang als Ablehnungsgesuch eine form- und fristlose Anregung an das Gericht genügen lassen will, das – veranlaßt durch diese Anregung – „sich an den Vorgesetzten der Staatsanwaltschaft mit der Bitte um Ablösung wenden wird“[90].

3. Zu den befangenheitsbegründenden Umständen und den einzelnen Ausschlußtatbeständen

Die dritte Frage, mit der sich nahezu alle vorhandenen Stellungnahmen in der Literatur zum Thema des befangenen Staatsanwalts beschäftigen, geht dahin, welche Umstände die Besorgnis der Befangenheit begründen und in welchen Fällen der Staatsanwalt als ausgeschlossen anzusehen ist.

a) Besorgnis der Befangenheit

Die Frage nach der Besorgnis der Befangenheit des Staatsanwalts wird in der Literatur durchweg recht knapp behandelt. In der Regel begnügt man sich damit, einige die Besorgnis der Befangenheit begründende Umstände beispielhaft aufzuzählen. So soll Besorgnis der Befangenheit etwa anzunehmen sein, wenn der Staatsanwalt mit dem Verletzten oder Beschuldigten eng befreundet oder tief verfeindet ist oder wenn sein Verhalten in handgreiflicher Weise seine Verpflichtung zur Objektivität aus § 160 Abs. 2 StPO verletzt[91]. Für die Entscheidung, ob im Einzelfall Besorgnis der Befangenheit begründet sei, wird empfohlen, auf die Rechtsprechung zur Befangenheit des Richters als Richtlinie zurückzugreifen. Allerdings dürfe dies nur mit Vorsicht geschehen, denn wegen der unterschiedlichen verfahrensrechtlichen Stellung von Richter und Staatsanwalt müsse bei der Prüfung, ob gegenüber einem Staatsanwalt die Besorgnis der Befangenheit besteht, ein strengerer Maßstab angelegt werden[92]. Schlüchter hält insofern eine differenzierende Betrachtung für geboten. Während in der *Sache* kein Unterschied bestehe und auch beim Staatsanwalt keinerlei Abstriche gemacht werden dürften von der Forderung, daß er beim Ermitteln wie auch beim Schlußvortrag ebensoviel Gewicht auf die Entlastung

---

[90] Frisch, Festschr. f. Bruns, S. 413.

[91] Bruns, Geb.gabe f. Grützner, S. 47, 50; ders., Festschr. f. Maurach, S. 399; Frisch, Festschr. f. Bruns, S. 405 f.; Dahs, Handbuch, Rdnr. 158.

[92] BVerfG JR 1979, S. 28; LG Mönchengladbach JR 1987, S. 304, 305; Kleinknecht / Meyer, Vor § 22, Rdnr. 4; KMR-Paulus, Vorb. § 22, Rdnr. 12; Frisch. Festschr. f. Bruns, S. 405 f.; Bruns, Geb.gabe f. Grützner, S. 47; ders., JR 1980, S. 399; ders., JR 1979, S. 32; Kuhlmann, DRiZ 1976, S. 16; Grünwald, S. 38, Fn. 28; Wendisch, Festschr. f. Schäfer, S. 259; Arloth, NJW 1985, S. 418.

wie auf die Belastung zu legen habe, sei in der *Form* seine Rolle als anklagender, mithin als belastend auftretender Interaktionspartner zu berücksichtigen[93].

b) Ausschlußgründe

Breiteren Raum nimmt in der Diskussion die Abgrenzung von Ausschlußgründen und Ablehnungsgründen ein – verständlich, wenn man sich den Stand der Meinungen zur Revisibilität des Urteils wegen Mitwirkung eines befangenen Staatsanwalts in Erinnerung ruft.

Gemeinsamer Ausgangspunkt all derer, die sich darum bemühen, den für den Staatsanwalt maßgeblichen Katalog von Ausschlußtatbeständen zusammenzustellen, ist die Annahme, daß ein Staatsanwalt in den Fällen nicht mitwirken dürfe, in denen ein Richter kraft Gesetzes von der Ausübung seines Amtes ausgeschlossen wäre[94]. Allerdings – auch hierüber herrscht Einigkeit – dürften die Ausschlußtatbestände der §§ 22, 23 StPO nicht ausnahmslos und nicht ohne Modifizierung auf den Staatsanwalt übertragen werden. Vielmehr seien die verfahrensrechtliche Stellung des Staatsanwalts und die unterschiedlichen Aufgaben von Richter und Staatsanwalt zu berücksichtigen[95]. Im einzelnen werden folgende Ansichten vertreten:

Unstreitig soll zunächst § 22 Ziff. 1 - 3 StPO ohne Einschränkungen auf den Staatsanwalt angewandt werden können. Ein Staatsanwalt wird dementsprechend als ausgeschlossen angesehen, wenn er mit anderen Verfahrensbeteiligten in einer von § 22 Ziff. 1 - 3 StPO erfaßten Weise durch enge verwandtschaftliche oder verwandtschaftsähnliche Beziehungen verbunden ist[96].

Hinsichtlich der Übertragbarkeit der Ausschlußtatbestände der §§ 22 Ziff. 4 und 5 und 23 Abs. 1 und 2 StPO kann nur noch in Teilbereichen Einigkeit festgestellt werden.

Dies gilt zunächst für den als Zeugen oder Sachverständigen vernommenen Staatsanwalt. Dieser ist nach im wesentlichen übereinstimmender Ansicht im Anschluß an seine Vernehmung von der weiteren Mitwirkung im Verfahren als Sitzungsvertreter der Staatsanwaltschaft ausgeschlossen[97]. Allerdings wird

---

93 Schlüchter, Rdnr. 66.2 (S. 64).

94 BGH NJW 1980, S. 845; Frisch, Festschr. f. Bruns, S. 399; Bruns, Geb.gabe f. Grützner, S. 45; Wendisch, Festschr. f. Schäfer, S. 251; Rüping, S. 109; vom Ansatz her abweichend Krey, JA 1985, S. 513, der den Kreis der Ausschlußgründe in Rechtsanalogie zu den §§ 22f. StPO, 20 VwVfG und 138a, b StPO bestimmt, und Schairer, S. 61, der die Ausschlußgründe der §§ 22 Nr. 1 - 3 StPO im Wege der Rechtsanalogie zu § 20 Abs. 1 Satz 1 Nr. 1, Satz 2 und Abs. 5 Nr. 1 und 8 VwVfG erweitert.

95 Schedel, S. 164 f.; Schairer, S. 61.

96 Schedel, S. 165ff.; KMR-Paulus, Vorb. § 22, Rdnr. 19; Schlüchter, Rdnr. 66.1 (S. 63); Schairer, S. 61ff., 64ff.; Kuhlmann, DRiZ 1976, S. 15; Bruns, Geb.gabe f. Grützner, S. 45; Koffka, ZStW 84, S. 671; Wendisch, Festschr. f. Schäfer, S. 258; Frisch, Festschr. f. Bruns, S. 399; Krey, JA 1985, S. 514.

§ 22 Ziff. 5 StPO nicht einschränkungslos und so, wie er für Richter verstanden wird, auf den Staatsanwalt übertragen. Während nämlich der Richter nach dem klaren und unmißverständlichen Wortlaut des Gesetzes unabhängig vom Gegenstand seiner Aussage ausgeschlossen ist, soll nach der – in der Literatur überwiegend begrüßten[98] – Rechtsprechung des BGH diese Regel für den als Zeugen vernommenen Staatsanwalt nicht starr und ausnahmslos gelten[99]. Danach ist ein Ausschlußgrund dann nicht gegeben, wenn der Staatsanwalt über rein technische, mit seiner Tätigkeit als Sachbearbeiter notwendig verbundene Vorgänge vernommen worden ist. Dasselbe gilt, wenn sichergestellt ist, daß sich die Tätigkeit des Staatsanwalts nach seiner Vernehmung nur auf Gegenstände bezieht, die mit dem Gegenstand seiner Aussage in keinem Zusammenhang stehen und die deshalb einer gesonderten Betrachtung und Würdigung zugänglich sind.

Übereinstimmend beurteilt werden auch die Fälle der Vortätigkeit des Staatsanwalts in der Rolle eines einseitigen Sachwalters. Ist der Staatsanwalt in demselben Verfahren zuvor als Rechtsanwalt des Verletzten oder als Verteidiger des Beschuldigten tätig gewesen, so darf er nach unbestrittener Auffassung in diesem Verfahren als Staatsanwalt nicht mehr tätig werden[100]. Die Ausschlußgründe des § 22 Ziff. 4, 3. und 4. Fall StPO werden also auf den Staatsanwalt entsprechend angewandt.

Was nun die Vortätigkeit des Staatsanwalts in der Rolle eines objektiven Sachwalters anbelangt – also insbesondere die Vortätigkeit als Richter oder Staatsanwalt –, besteht nur noch über die Beurteilung einer Konstellation Einigkeit:

Als Sitzungsvertreter nicht ausgeschlossen ist nach übereinstimmender Auffassung der Staatsanwalt, der die Ermittlungen geführt hat. Dies wird aus der Parallele zum Ermittlungsrichter bzw. Eröffnungsrichter abgeleitet, der wegen dieser Tätigkeit im weiteren Verfahren als erkennender Richter nicht ausgeschlossen ist[101]. § 22 Ziff. 4 Fall 1 StPO findet also – so wie er für den Richter formuliert ist – auf den Staatsanwalt keine Anwendung.

---

97 RGSt 29, 236, 237; BGHSt 14, 265; 21, 85, 88; KK-Pelchen, Vor § 48, Rdnr. 11; Kleinknecht / Meyer, Vor § 48 Rdnr. 17; Wendisch, Festschr. f. Schäfer, S. 255; Krey, JA 1985, S. 518; Schlüchter, Rdnr. 66.1 (S. 63); Roxin, S. 157; Dose, NJW 1978, S. 352; Schairer, S. 91; LR-Meyer, Vor § 48, Rdnr. 25 f.; KMR-Paulus, Vorb. § 48, Rdnr. 36 – Schairer, Meyer und Paulus mit dem Hinweis auf eine an der angegebenen Stelle (GA 1977, S. 254) nicht abgedruckte Abhandlung von Schorn.

98 Die in Anm. 97 Genannten; a. A. (für generellen Ausschluß) insbesondere Hanack, JR 1967, S. 229, 230; Roxin, S. 157; Schlüchter, Rdnr. 66.1 (S. 63).

99 BGHSt 14, 265, 268; 21, 85, 88.

100 KMR-Paulus, Vorb. § 22, Rdnr. 20; Krey, JA 1985, S. 514; Schedel, S. 168; Schlüchter, Rdnr. 66.1 (S. 63); Schairer, S. 67, 70.

101 Schlüchter, Rdnr. 66.1 (S. 63); Schairer, S. 70ff., 72; Krey, JA 1985, S. 514; Wendisch, Festschr. f. Schäfer, S. 253; ferner Frisch, Festschr. f. Bruns, S. 402, und Kuhlmann, DRiZ 1976, S. 15.

Für alle anderen Fälle einer Vorbefassung in der Rolle eines objektiven Sachwalters ist streitig, ob der Staatsanwalt als ausgeschlossen zu gelten hat.

Dies gilt zunächst für den Staatsanwalt, der in derselben Sache zuvor als Polizeibeamter tätig war. Die ganz überwiegende Ansicht in der Literatur verneint einen Ausschlußgrund unter Hinweis auf die Vergleichbarkeit der Tätigkeit des ermittelnden Polizeibeamten mit der des ermittelnden Staatsanwalts. Da letzterer – wie ausgeführt – als Sitzungsvertreter in der Hauptverhandlung nicht ausgeschlossen sei, sei nicht einzusehen, warum der frühere Polizeibeamte an der Mitwirkung in der Rolle des Staatsanwalts gehindert sein solle[102]. Bruns[103] vertritt die Gegenposition, offenbar gestützt auf § 7 NdsAGGVG, der in Abs. 1b einen entsprechenden Ausschlußtatbestand vorsieht.

Umstritten ist auch, wie es mit dem Ausschluß des Staatsanwalts der 1. Instanz für das weitere Verfahren steht. Frisch[104] plädiert dafür, den erstinstanzlichen Staatsanwalt, der den abschließenden Antrag gestellt hat, in den folgenden Instanzen als ausgeschlossen anzusehen. Da er sich ein abschließendes Urteil habe bilden müssen, sei dieser Staatsanwalt so festgelegt, daß die Erwartung einer erneuten offenen Stellungnahme eine psychologische Überforderung darstelle. Demgegenüber spricht sich Wendisch gegen die Annahme eines Ausschlusses in diesen Fällen aus[105]. Nach seiner Ansicht kann die instanzabschließende gerichtliche Entscheidung, die den erkennenden Richter nach § 23 Abs. 1 StPO für die nächsten Instanzen ausschließt, mit Schlußwort und Schlußantrag des Staatsanwalts nicht verglichen werden, weil diese Amtshandlungen gerade keine eigene endgültige Festlegung verlangten, sondern nur auf die Herbeiführung einer fremden Entscheidung gerichtet seien. Bestätigt sieht er sich in seinen Überlegungen dadurch, daß die dem Landgericht zugeordnete Staatsanwaltschaft auch Aufgaben beim Amtsgericht wahrnimmt, so daß bei Berufungen gegen amtsgerichtliche Urteile nur das Gericht wechselt, während auf seiten der Staatsanwaltschaft dieselbe Behörde tätig wird. Damit sei gesetzlich die Möglichkeit angelegt, daß auch der Dezernent nicht wechsele. Auch Wendisch erkennt aber an, daß ein Wechsel des Staatsanwalts aus Gründen der Objektivität wünschenswert sei und läßt ausdrücklich offen, ob die Mitwirkung in erster Instanz die Besorgnis der Befangenheit des Staatsanwalts für die Rechtsmittelinstanz begründen kann[106]. Eine differenzierende Lösung schlägt Schairer vor. Er meint, daß der Staatsanwalt der Vorinstanz, der zugunsten des Angeklagten ein Rechtsmittel

---

102 Frisch, Festschr. f. Bruns, S. 401; Wendisch, Festschr. f. Schäfer, S. 254; Kuhlmann, DRiZ 1976, S. 15; Schairer, S. 83; Krey, JA 1985, S. 514; Schlüchter, Rdnr. 66.1 (S. 63); anscheinend auch Schedel, S. 169.

103 Bruns, Geb.gabe f. Grützner, S. 45.

104 Frisch, Festschr. f. Bruns, S. 400.

105 Wendisch, Festschr. f. Schäfer, S. 257; ebenso – ohne Begründung – Krey, JA 1985, S. 514; Kissel, § 145, Rdnr. 7, und Schlüchter, Rdnr. 66.1 (S. 63).

106 Wendisch, Festschr. f. Schäfer, S. 257.

eingelegt habe, nicht ausgeschlossen sei; in allen anderen Fällen liege aber ein Ausschlußgrund vor[107].

In Parallele zu dem zuvor dargestellten Meinungsstreit wird darüber diskutiert, ob der Staatsanwalt, der die Anklage erhoben oder als Sitzungsvertreter an einer der Hauptverhandlungen gegen den rechtskräftig Verurteilten teilgenommen hat, in dem von diesem beantragten Wiederaufnahmeverfahren ausgeschlossen ist. Schairer nimmt in diesen Konstellationen einen Ausschlußgrund an[108]. Wendisch, der auch für diesen Fall einen Ausschluß des Staatsanwalts verneint, hält immerhin seine Auswechslung für dringend geboten[109]. Gegen den Ausschluß spricht sich entschieden Oppe[110] aus.

Mit unterschiedlichen Ergebnissen wird schließlich erörtert, ob die Vortätigkeit als Richter den späteren Staatsanwalt in derselben Sache ausschließt. Insoweit wird in der Regel zwischen der Vorbefassung in der Rolle des Ermittlungs- oder Eröffnungsrichters und in der des entscheidenden Richters unterschieden:

Für den Staatsanwalt, der in derselben Sache schon als Ermittlungs- bzw. Eröffnungsrichter tätig war, wird überwiegend angenommen, daß er wegen dieser Tätigkeit nicht ausgeschlossen sei[111]. Gestützt wird diese Auffassung darauf, daß diese Art der Vorbefassung nicht einmal zum Ausschluß von späterer Tätigkeit als entscheidender Richter führe. Wendisch[112] begründet den Nichtausschluß des früheren Ermittlungs- bzw. Eröffnungsrichters als Staatsanwalt zusätzlich damit, daß auch die Vortätigkeit des ermittelnden Staatsanwalts im gesamten vorbereitenden Verfahren kein Hinderungsgrund für ein weiteres Tätigwerden in der Hauptverhandlung sei; dann könne auch die Tätigkeit als Ermittlungsrichter, der nur für einzelne Handlungen im Rahmen dieses Verfahrens zuständig sei, nicht den Ausschluß zur Folge haben. Die Gegenthese vertritt Schairer[113]. In Übereinstimmung mit seiner Ansicht ordnet das NdsAGGVG an, daß, wer als Richter – d.h. auch als Eröffnungs- oder Ermittlungsrichter – tätig war, im weiteren Verlauf des Verfahrens als Staatsanwalt generell ausgeschlossen ist, eine Regelung, der Frisch[114] vorwirft,

---

107 Schairer, S. 73ff., 76f.

108 Schairer, S. 78ff., 82 – mit Hinweis darauf, daß der Staatsanwalt allerdings nicht ausgeschlossen sei, wenn er den Wiederaufnahmeantrag zugunsten des Verurteilten gestellt habe; für Ausschluß – aber anscheinend ohne Ausnahme – Frisch, Festschr. f. Bruns, S. 400.

109 Wendisch, Festschr. f. Schäfer, S. 258; ebenso Krey, JA 1985, S. 514.

110 Oppe, DRiZ 1971, S. 23; gegen Oppe nachdrücklich Dahs, DRiZ 1971, S. 83ff., und Frisch, Festschr. f. Bruns, S. 400, Fn. 60.

111 Frisch, Festschr. f. Bruns, S. 400, 401; Wendisch, Festschr. f. Schäfer, S. 256; KMR-Paulus, Vorb. § 22, Rdnr. 20; Schedel, S. 170; Krey, JA 1985, S. 514.

112 Wendisch, Festschr. f. Schäfer, S. 256.

113 Schairer, S. 84ff.

114 Frisch, Festschr. f. Bruns, S. 400 Fn. 61.

sie beruhe offenbar auf einer schlichten formalen Umkehrung des § 22 Nr. 4 StPO.

Anders als der Ermittlungs- bzw. Eröffnungsrichter soll der entscheidende Richter nach nahezu einhellig vertretener Ansicht im weiteren Verfahren – in der Rechtsmittelinstanz also – als Staatsanwalt ausgeschlossen sein und nicht mehr auftreten dürfen[115]. In einer solchen Konstellation, die der schon dargestellten Entscheidung des OLG Stuttgart[116] zugrunde gelegen hat, befinde sich der Staatsanwalt in derselben psychischen Situation wie der Rechtsmittelrichter, der an der durch das Rechtsmittel angefochtenen Entscheidung mitgewirkt habe. Auch bei ihm könne nicht ausgeschlossen werden, daß er vielleicht nicht in der Lage sei, sich von seiner früheren, auf Endgültigkeit zielenden Entscheidung zu lösen und der Rechtsmittelverhandlung unvoreingenommen als Staatsanwalt zu folgen. Da schon der Anschein einer möglichen inneren Bindung an die eigene angefochtene Entscheidung genüge, um den Richter von der Tätigkeit als Rechtsmittelrichter auszuschließen, müsse von einem Ausschluß auch des Staatsanwalts ausgegangen werden.

---

[115] Frisch, Festschr. f. Bruns, S. 400; Wendisch, Festschr. f. Schäfer, S. 256; KMR-Paulus, Vorb. § 22, Rdnr. 20; Kissel, § 145, Rdnr. 7; Schairer, S. 84; Krey, JA 1985, S. 514.

[116] OLG Stuttgart NJW 1974, S. 1394.

C. Rechtsgrundlagen eines verfahrensrechtlichen Mitwirkungsverbots gegenüber dem befangenen Staatsanwalt

Der Überblick über den Stand der Diskussion hat erkennen lassen, daß das Thema des befangenen Staatsanwalts durchweg von den Reaktionsmöglichkeiten der Betroffenen her angegangen wird. Nur im Rahmen der Frage nach dem formellen bzw. formlosen Ablehnungsrecht und nach der Revisibilität des Urteils wird zuweilen – dann aber regelmäßig auch nur beiläufig – erklärt, daß dem befangenen Staatsanwalt die Mitwirkung am Verfahren verboten sei[1]. Im folgenden soll abweichend von dieser üblichen – für die gerichtliche Praxis verständlichen – Betrachtungsweise als erstes untersucht werden, ob und unter welchen Voraussetzungen im Einzelfall die Mitwirkung eines befangenen Staatsanwalts einen Verfahrensfehler darstellt. Dafür sprechen verschiedene Gründe:

Zum einen ist die Frage des Mitwirkungsverbots schon für sich – unabhängig von den Reaktionsmöglichkeiten des Betroffenen im Falle eines Verstoßes – einer gesonderten Betrachtung wert. Jeder Staatsanwalt, der Zweifel hegt, ob er in seiner Sache befangen ist, jeder vorgesetzte Beamte, der sich mit dem Ablehnungsantrag eines Beteiligten oder einer Selbstanzeige eines Staatsanwalts zu befassen hat, muß sich Klarheit verschaffen, ob die tatsächliche oder auch nur zu besorgende Befangenheit der Mitwirkung des Staatsanwalts entgegensteht oder nicht. Ist ihm daran gelegen, daß das Verfahren fehlerfrei ablaufe, dann wird er ein etwaiges Mitwirkungsverbot auch dann beachten, wenn ein Verstoß sanktionslos bleibt.

Zum anderen handelt es sich bei den Fragen der Revisibilität und der Ablehnung im Verfahren um Folgeprobleme, die sinnvoll erst behandelt werden können, wenn die Grundfrage eindeutig entschieden ist, ob die Mitwirkung des befangenen Staatsanwalts verfahrensrechtlich verboten ist und auf welche Rechtsgrundlage dieses Verbot gestützt werden kann. Sollte sich die Beteiligung eines befangenen Staatsanwalts am Verfahren – mit Rücksicht auf die Stellung und die Aufgaben der Staatsanwaltschaft – als verfahrensrechtlich unbedenklich erweisen, dann würde sich die Annahme eines formellen Ablehnungsrechts schon aus diesem Grunde erübrigen; dasselbe gälte für eine entsprechende Revisionsrüge.

---

[1] So – besonders deutlich betreffend den befangenen Staatsanwalt – : Arloth, NJW 1983, S. 207; Bruns, Geb.gabe f. Grützner, S. 47ff.; Kuhlmann, DRiZ 1976, S. 11ff. Frisch, Festschr. f. Bruns, S. 392; Fuchs, NJW 1974, S. 1396; Joos, NJW 1981, S. 100; anders: Schairer, S. 21ff.; Krey, JA 1985, S. 511ff.

Die Frage, ob einem befangenen Staatsanwalt die Mitwirkung am Verfahren verboten ist, bedarf der Präzisierung.

Zunächst: Es soll nicht darum gehen, ob es im Interesse des Ansehens der Justiz und speziell der Staatsanwaltschaft wünschenswert erscheint, daß sich ein befangener Staatsanwalt der Diensttätigkeit enthalte. Untersucht werden soll auch nicht, ob dem Staatsanwalt im Falle seiner Befangenheit die Mitwirkung dienstrechtlich verboten ist. Vielmehr soll lediglich geprüft werden, ob eine *spezifisch prozeßrechtliche Pflicht* zur Enthaltung anzuerkennen ist. Die Frage lautet also mit anderen Worten: Existiert ein Rechtssatz, der – für das Strafverfahren und mit prozessualer Verbindlichkeit – unmittelbar besagt oder aus dem abgeleitet werden muß, daß ein Staatsanwalt unbefangen zu sein hat oder – andernfalls – nicht mitwirken darf?

Stellt man die Frage so, dann liegt auf der Hand, daß § 59 Bundesbeamtengesetz bzw. die entsprechenden Vorschriften der Landesbeamtengesetze, Bestimmungen also, die in der Literatur zum befangenen Staatsanwalt häufig zitiert werden[2], für die Untersuchung von vorneherein außer Betracht bleiben können. Aus rein dienstrechtlichen Vorschriften läßt sich ein verfahrensrechtliches Mitwirkungsverbot nicht ableiten.

Sodann: Entgegen dem Eindruck, den die Fragestellung erwecken könnte, soll Thema nicht die tatsächlich vorhandene Befangenheit sein; vielmehr soll untersucht werden, ob die *Besorgnis der Befangenheit* die weitere Mitwirkung des Staatsanwalts unzulässig werden läßt[3].

Für diesen Zuschnitt der Fragestellung sprechen die den Richter betreffenden Befangenheitsregelungen in StPO und ZPO. Sowohl die §§ 24ff. StPO als auch die §§ 42ff. ZPO setzen für die Ablehnung des Richters lediglich voraus, daß Umstände vorliegen, die geeignet sind, Mißtrauen in seine Unparteilichkeit zu rechtfertigen. Hinter dieser Regelung steckt ein doppelter Sinn: Zum einen ist es im konkreten Fall kaum jemals möglich, jenen inneren Zustand fehlender Distanz und Objektivität, der die Befangenheit charakterisiert, nachzuweisen[4]. Zum anderen bezweckt das Befangenheitsprinzip nicht etwa nur, daß die Rechtsprechung im Einzelfall objektiv unparteiisch ist, sondern auch, daß sie von der Allgemeinheit und den unmittelbar Betroffenen als objektiv unparteiisch empfunden werden kann, daß sie also auch nach außen den Eindruck von Unparteilichkeit vermittelt[5].

---

[2] s. o. Anm. 11 zu Teil A.

[3] Ebenso wohl – allerdings zumeist unausgesprochen – alle Abhandlungen zum Thema der Befangenheit des Staatsanwalts; ausdrücklich: Schlüchter, Rdnr. 66.2 (S. 64), und Schairer, S. 104, der (S. 22) aus diesem Grund von einem präventiven Handlungsverbot sprechen will, was mißverständlich sein könnte.

[4] Schlüchter, Rdnr. 66.2 (S. 64).

[5] Hahn, S. 82; BGHSt 14, 219, 221; 28, 262, 265; KMR-Paulus, Vorb. § 22, Rdnr. 2; Kopp, § 20, Rdnr. 2; Knack / Clausen, § 20, Rdnr. 2.

Aus denselben Gründen knüpft auch das Verwaltungsverfahrensgesetz die von ihm vorgesehenen Rechtsfolgen nicht an die tatsächliche Befangenheit des Verwaltungsbeamten, sondern an die Besorgnis seiner Befangenheit. § 21 Satz 1 VwVfG verpflichtet den Beamten zur Unterrichtung seines Vorgesetzten, wenn ein Grund vorliegt, „der geeignet ist, Mißtrauen gegen eine unparteiliche Amtsausübung zu rechtfertigen". Schon dann hat der Vorgesetzte dem betreffenden Beamten die Mitwirkung zu verbieten.

Einer Begründung, warum auch für den Staatsanwalt auf die Besorgnis der Befangenheit abzustellen ist, bedarf es überhaupt nur im Hinblick auf die (ältere) Rechtsprechung zum befangenen Verwaltungsbeamten. Vor Inkrafttreten des Verwaltungsverfahrensgesetzes haben das Bundesverwaltungsgericht[6] und ihm folgend das Oberverwaltungsgericht Hamburg[7] in Entscheidungen, die sich mit der Befangenheit von Prüfern befassen, die Ansicht vertreten, anders als beim Richter könne beim Verwaltungsbeamten nur die tatsächlich bestehende Befangenheit, nicht aber die bloße Besorgnis zur Fehlerhaftigkeit einer Entscheidung führen. Zur Begründung hat das Bundesverwaltungsgericht im wesentlichen ausgeführt, daß es im Prüfungsrecht keine Vorschriften gebe, die, wie die §§ 42ff. ZPO, 54 VwGO für den Richter, ein Recht zur Ablehnung des Prüfers sicherstellten[8]. Diese Begründung, die auf das Fehlen einer ausdrücklichen gesetzlichen Regelung für den Verwaltungsbeamten abstellt, trifft im geltenden Recht auch auf den Staatsanwalt zu. Gleichwohl erschiene es verfehlt, mit Rücksicht auf jene ältere Rechtsprechung ein Mitwirkungsverbot für den Staatsanwalt nur bei tatsächlicher Befangenheit in Betracht zu ziehen. Zum einen kann nämlich schon die Argumentation des Bundesverwaltungsgerichts nicht überzeugen. Sie verkennt, daß die materielle Frage, ob ein Mitwirkungsverbot erst bei Befangenheit oder schon bei Besorgnis der Befangenheit wirksam wird, von der Verfahrensfrage zu trennen ist, ob es ein vorbeugendes Ablehnungsrecht gibt. Dementsprechend kann auch aus dem Fehlen eines gesetzlichen (vorbeugenden) Ablehnungsrechts nicht gefolgert werden, daß die Besorgnis der Befangenheit verfahrensrechtlich irrelevant sei. Zum anderen ist jener Rechtsprechung seit dem Inkrafttreten des Verwaltungsverfahrensgesetzes aber auch die Grundlage entzogen[9].

Wenn im folgenden vom „befangenen" Staatsanwalt die Rede ist, so handelt es sich um eine sicher unpräzise, aber wegen der Kürze zweckmäßige Umschreibung für den Staatsanwalt, dessen Befangenheit zu besorgen ist – sei es, daß ein Ausschlußgrund, sei es, daß andere Befangenheitsgründe vorliegen.

---

[6] BVerwGE 29, 70; zustimmend Besche, DÖV 1972, S. 637; a. A. HessVGH, JZ 1971, S. 257, 258, und in der älteren Rechtsprechung: PrOVGE 84, 306.

[7] OVG Hamburg NJW 1970, S. 910.

[8] BVerwGE 29, 71.

[9] s. auch OVG Münster DÖV 1981, S. 587.

I. Gesetzliche und andere Rechtsgrundlagen eines verfahrensrechtlichen Mitwirkungsverbotes – mit Ausnahme der Analogie

1. Gesetzlich geregeltes Mitwirkungsverbot

a) Aufgrund bundesgesetzlicher Vorschriften

Zu Recht besteht Einigkeit darüber, daß es ein Bundesgesetz nicht gibt, das dem befangenen Staatsanwalt die Mitwirkung im Strafverfahren unmittelbar untersagt[10].

Ein Mitwirkungsverbot ist zunächst nicht in der StPO vorgesehen. Der dritte Abschnitt des 1. Buchs der StPO, „Ausschließung und Ablehnung von Gerichtspersonen", könnte sich zwar im Sinne des allgemeinen Sprachgebrauchs auch auf Staatsanwälte beziehen. Indem sie die „Gerichtspersonen" im einzelnen nennen, lassen die §§ 22 und 31 StPO jedoch keinen Zweifel offen, daß der Abschnitt nur die Ausschließung und Ablehnung von Richtern, Schöffen, Urkundsbeamten und anderen als Protokollführer zugezogenen Personen regelt.

Nichts anderes gilt für das Gerichtsverfassungsgesetz. Die §§ 141ff. GVG regeln zwar, wenn auch nur in den Grundzügen, die Organisation der Staatsanwaltschaft, ihren inneren Betrieb und ihr Verhältnis zu den Gerichten. Sie befassen sich aber in keiner Vorschrift mit dem Problem der Befangenheit.

Schließlich läßt sich ein Mitwirkungsverbot für den befangenen Staatsanwalt auch nicht unmittelbar auf die §§ 20, 21 VwVfG stützen. Dazu braucht der alte Grundsatzstreit, ob die Staatsanwaltschaft zur dritten Gewalt gehört, Teil der Exekutive ist oder eine Mischstellung einnimmt[11], hier nicht aufgenommen zu werden. Selbst wenn man nämlich die Staatsanwaltschaft der Exekutive zuordnete[12], also der Ansicht folgte, von der ausgehend der Gedanke an das Verwaltungsverfahrensgesetz am nächsten läge, wären die genannten Vorschriften unanwendbar. Das Strafverfahren ist kein Verwaltungsverfahren im Sinne des Verwaltungsverfahrensgesetzes. Für die Tätigkeit der Strafverfolgungsbehörden gilt das VwVfG – wie § 2 Abs. 2 Ziff. 2 ausdrücklich klarstellt – nicht.

---

[10] BVerfGE 25, 336, 345; RGSt 4, 266; BGH NJW 1980, S. 845; BGH NJW 1984, S. 1907; OLG Stuttgart NJW 1974, S. 1394; Krey, JA 1985, S. 511; LR-Wendisch, Vor § 22, Rdnr. 8; KMR-Paulus, Vorb. § 22, Rdnr. 17; Kleinknecht / Meyer, Vor § 22, Rdnr. 3; Kuhlmann, DRiZ 1976, S. 11; Wendisch, Festschr. f. Schäfer, S. 244, 245.

[11] Kissel, § 141, Rdnr. 8, 9 m.w.N.

[12] So neuerdings nachdrücklich Krey, JA 1985, S. 62 m.w.N.

b) Aufgrund landesgesetzlicher Vorschriften

Befangenheitsvorschriften für Staatsanwälte finden sich – wie schon erwähnt[13] – in zwei Landesgesetzen, in § 7 NdsAGGVG und in § 11 BWAGGVG. Beide Vorschriften untersagen – insoweit inhaltlich übereinstimmend – dem Staatsanwalt, Amtshandlungen vorzunehmen, wenn in seiner Person die Richterausschlußgründe des § 22 Nr. 1 - 3 StPO vorliegen oder er mit der Sache als Richter, Polizeibeamter, Anwalt des Verletzten oder als Verteidiger vorbefaßt war. Dem Staatsanwalt, der aus anderen Gründen befangen erscheint, legt § 7 Abs. 2 NdsAGGVG überdies die Verpflichtung auf, seinem Vorgesetzten die Befangenheitsgründe mitzuteilen und sich bis zu dessen Entscheidung jeder weiteren Mitwirkung zu enthalten. In § 11 BWAGGVG fehlt eine entsprechende Regelung.

Beide Vorschriften werden gelegentlich als allgemeine Richtlinien angesehen, denen über den Bereich der Länder Niedersachsen bzw. Baden-Württemberg hinaus auch in den anderen Bundesländern verbindliche Wirkung zukommen soll[14]. Ob die genannten Vorschriften tatsächlich geeignet sind, als allgemeine Richtlinien zu dienen, ist indes zweifelhaft[15]. Auf Bedenken muß es schon stoßen, wenn zwei Gesetze, die denselben Gegenstand jedenfalls teilweise unterschiedlich regeln, als Richtlinien angeboten werden, ohne daß für den unterschiedlich geregelten Fall mitgeteilt wird, welche Vorschrift maßgeblich sein soll. Ferner bleibt unklar, wem und mit welcher Wirkung § 7 NdsAGGVG und § 11 BWAGGVG als Richtlinien dienen sollen: dem Staatsanwalt bzw. seinem Vorgesetzten mit dienstrechtlicher Verbindlichkeit oder dem Gericht – insbesondere dem Rechtsmittelgericht, das sich mit der Frage befaßt, ob die Mitwirkung des befangenen Staatsanwalts verfahrensfehlerhaft ist – mit verfahrensrechtlicher Verbindlichkeit. Als Richtlinie für die Prüfung, ob das Strafverfahren wegen der Mitwirkung eines befangenen Staatsanwalts fehlerhaft ist, könnten § 7 NdsAGGVG und § 11 BWAGGVG nur dann herangezogen werden, wenn diese Vorschriften als *verfahrensrechtliche* Normen wirksam wären. Auch dies aber erscheint nicht unproblematisch. Einwände gegen die Wirksamkeit der landesrechtlichen Befangenheitsvorschriften als verfahrensrechtliche Bestimmungen drängen sich – worauf als erster Frisch[16] hingewiesen hat – unter dem Gesichtspunkt der Gesetzgebungszuständigkeit auf.

---

[13] s. o. Anm. 32 zu Teil A.

[14] Kleinknecht / Meyer (36. Aufl.), Vor § 22, Rdnr. 5 (anders seit der 37. Aufl.); OLG Stuttgart NJW 1974, S. 1395; Dahs, DRiZ 1971, S. 84; Kuhlmann, DRiZ 1976, S. 15; Roxin, S. 50.

[15] Ablehnend: Kleinknecht / Meyer, Vor § 22, Rdnr. 3; Frisch, Festschr. f. Bruns, S. 389; Wendisch, Festschr. f. Schäfer, S. 247; Krey, JA 1985, S. 512.

[16] Frisch, Festschr. f. Bruns, S. 389f.

Gemäß Art. 74 Nr. 1 GG gehört das gerichtliche Verfahren zu den Gebieten, auf die sich die konkurrierende Gesetzgebung erstreckt. Nach Art. 72 Abs. 1 GG wären die Länder Niedersachsen und Baden-Württemberg zum Erlaß verfahrensrechtlicher Mitwirkungsverbote für den befangenen Staatsanwalt daher nur dann zuständig, wenn der Bund sein Gesetzgebungsrecht insoweit nicht ausgeübt hätte. Gemäß §§ 3, 6 EGStPO hat der Bundesgesetzgeber den Gegenstand des Strafverfahrensrechts aber grundsätzlich abschließend geregelt. Die StPO stellt sich als ein sogenanntes kodifikatorisches Bundesgesetz dar, d.h. als ein Gesetz, das mit dem Anspruch auf erschöpfende Regelung des Sachgebietes auftritt[17].

Allein mit diesen Erwägungen läßt sich – entgegen der Ansicht von Frisch[18] – die Verfassungswidrigkeit der §§ 7 NdsAGGVG und 11 BWAGGVG indes nicht überzeugend begründen. Daß es sich bei der StPO um eine Kodifikation handelt, schließt die Gesetzgebungszuständigkeit der Länder auf dem Gebiet des Strafverfahrensrechts nämlich nicht zwingend aus. Eine Kodifikation muß dem geltend gemachten Anspruch, ein Sachgebiet erschöpfend zu regeln, in Wirklichkeit nicht notwendigerweise gerecht werden, mit anderen Worten: Sie kann Lücken aufweisen, wie dies Frisch[19] gerade auch im Hinblick auf das Fehlen von Befangenheitsvorschriften für den Staatsanwalt zu Recht[20] annimmt. Ist eine Kodifikation aber in diesem Sinne unvollständig, so hat der Bundesgesetzgeber im Bereich der Lücke von seinem Gesetzgebungsrecht grundsätzlich keinen Gebrauch gemacht; zu einer lückenausfüllenden Regelung sind die Landesgesetzgeber also auch nach Erlaß einer bundesgesetzlichen Kodifikation zuständig[21]. Diese Ergänzungszuständigkeit ist auch dann nicht ausgeschlossen, wenn der Bundesgesetzgeber – wie dies in § 6 EGStPO geschehen ist – eine ausdrückliche kodifikatorische Abgrenzungsnorm erlassen hat. Anderenfalls könnte der Bundesgesetzgeber durch eine in ein einfaches Gesetz aufgenommene Abgrenzungsnorm in das Wesen der konkurrierenden Gesetzgebung und die verfassungsrechtliche Zuständigkeitsverteilung der Art. 72, 74 GG eingreifen[22].

Eine die Ergänzungszuständigkeit der Landesgesetzgeber begründende Lücke liegt allerdings nicht vor, wenn sich diese im Wege der zulässigen Analogie oder der erlaubten Rechtsfortbildung schließen läßt[23]. Die Entscheidung

---

[17] Zum kodifikatorischen Gesetz Maunz in Maunz / Dürig, Art. 74, Rdnr. 36.

[18] Frisch, Festschr. f. Bruns, S. 389f.; ihm folgend Wendisch, Festschr. f. Schäfer, S. 247, und Arloth, NJW 1983, S. 208.

[19] s. o. B I. 2. b bb) α) und dort Anm. 28.

[20] s. dazu unten C. II.

[21] BVerfGE 56, 110, 118; Maunz in Maunz / Dürig, Art. 74, Rdnr. 37; ähnlich – allerdings anscheinend ein wenig zurückhaltender gegenüber der Ergänzungszuständigkeit des Landesgesetzgebers: Leibholz / Rinck / Hesselberger, Art. 72, Anm. 1.

[22] Maunz in Maunz / Dürig, Art. 74, Rdnr. 37.

[23] Maunz in Maunz / Dürig, Art. 74, Rdnr. 36.

darüber, ob § 7 NdsAGGVG und § 11 BWAGGVG mangels Kompetenz der Landesgesetzgeber unwirksam sind, hängt also davon ab, ob die Lücke, die das Fehlen von Regelungen für den befangenen Staatsanwalt in der StPO nach Ansicht von Frisch darstellt, im Wege der Analogie oder der Rechtsfortbildung geschlossen werden kann. Diese Frage ist – insofern muß das Ergebnis späterer Überlegungen vorweggenommen werden[24] – zu bejahen. Ohne daß es auf den Inhalt der durch Analogieschluß zu gewinnenden Regelung im einzelnen ankäme, steht danach jedenfalls fest, daß der Bundesgesetzgeber für die Frage, ob die Mitwirkung eines befangenen Staatsanwalts strafverfahrensrechtlich fehlerhaft ist, von seinem Gesetzgebungsrecht Gebrauch gemacht hat. Die genannten landesrechtlichen Vorschriften sind deshalb – im Ergebnis in Übereinstimmung mit der Ansicht von Frisch – jedenfalls als verfahrensrechtliche Regelungen unwirksam.

Mit der Feststellung, daß §§ 7 NdsAGGVG und 11 BWAGGVG, verstanden als *verfahrensrechtliche* Vorschriften, mangels Zuständigkeit der Landesgesetzgeber gegen das GG verstoßen würden, ist noch nicht zwingend gesagt, daß sie tatsächlich verfassungswidrig und deshalb nichtig sind. Beide Vorschriften können statt zum Verfahrensrecht (also zum Regelungsbereich der StPO) auch zum Gerichtsverfassungsrecht gehören. Wären sie Bestandteil des Gerichtsverfassungsrechts, so könnte für sie die Zuständigkeit der Landesgesetzgeber Niedersachsen und Baden-Württemberg begründet sein. Allerdings erstreckt sich die konkurrierende Gesetzgebungszuständigkeit auch auf das Gerichtsverfassungsrecht[25], und der Bundesgesetzgeber hat mit dem GVG auch in diesem Bereich von seinem Gesetzgebungsrecht Gebrauch gemacht. Das GVG ist aber deutlich fragmentarischer Natur[26]. Es läßt dem Landesgesetzgeber wesentlich breiteren Raum zum Tätigwerden als die StPO. Dies gilt jedenfalls für solche Gegenstände, die das GVG überhaupt nicht oder nur in groben Zügen, d.h. in der Art geregelt hat, daß es nur einen vom Landesgesetzgeber auszufüllenden Rahmen zur Verfügung stellt[27]. Eine solche rahmenschaffende Funktion kommt dem GVG insbesondere hinsichtlich seiner Bestimmungen über die Organisation der Staatsanwaltschaft zu[28]. Die notwendigen Ergänzungen haben die Landesgesetzgeber, ohne daß an ihrer Kompetenz je Zweifel laut geworden wären, vorgenommen, so beispielsweise, indem sie Vorschriften über die Amtsanwaltschaft und den örtlichen Sitzungsvertreter erlassen haben[29].

---

[24] s. u. C II. 1.c).

[25] Art. 74 Nr. 1 GG.

[26] s. im einzelnen näher BVerfGE 56, 111, 120ff.; ferner LR-Schäfer, (23. Aufl.), Vor § 1 GVG, Rdnr. 1.

[27] Maunz in Maunz / Dürig, Art. 74, Rdnr. 75; LR-Schäfer (23. Aufl.), Vor § 1 GVG, Rdnr. 1.

[28] LR-Schäfer (23. Aufl.), Vor § 141 GVG, Rdnr. 1.

Es ist daher zu untersuchen, ob die §§ 7 NdsAGGVG und 11 BWAGGVG als gerichtsverfassungsrechtliche Ergänzungsvorschriften anzusehen sind. Das ist aber – entgegen der insoweit möglicherweise irreführenden Bezeichnung der Gesetze als Ausführungsgesetze zum Gerichtsverfassungsgesetz – nicht der Fall. Die §§ 7 NdsAGGVG und 11 BWAGGVG regeln nicht den Aufbau und die Organisation der Staatsanwaltschaft. Fragen der Befangenheit können sich nur in einem *konkreten Verfahren* – wegen der Beziehungen eines bestimmten einzelnen Staatsanwalts zum Gegenstand oder den anderen Beteiligten dieses Verfahrens – stellen. Auch die Parallele zum befangenen Richter spricht gegen eine Qualifizierung als gerichtsverfassungsrechtliche Regelung: Die Befangenheitsvorschriften für den Richter der ordentlichen Gerichtsbarkeit finden sich in der StPO bzw. in der ZPO, nicht aber im GVG, das nur den grundsätzlichen Aufbau, die Organisation und die sachliche Zuständigkeit der Gerichte regelt.

Als Ergebnis kann danach festgehalten werden, daß die §§ 7 NdsAGGVG und 11 BWAGGVG nicht als gerichtsverfassungsrechtliche Vorschriften verstanden werden können, so daß auch unter diesem Gesichtspunkt eine Zuständigkeit der Landesgesetzgeber nicht begründet ist.

Eine ganz andere Frage ist die, ob die §§ 7 NdsAGGVG und 11 BWAGGVG im Wege verfassungskonformer Auslegung als dienstrechtliche Vorschriften zu interpretieren sind[30] und – so verstanden – möglicherweise keinen verfassungsrechtlichen Bedenken begegnen[31]. Diese Frage kann hier aber, weil Gegenstand der Untersuchung lediglich ein verfahrensrechtliches Mitwirkungsverbot ist, auf sich beruhen.

2. Ableitung eines Mitwirkungsverbots aus der Rechtsprechung zum Zeugen-Staatsanwalt

Die Überlegungen Dünnebiers[32] zur Revisibilität eines Urteils wegen Mitwirkung eines befangenen Staatsanwalts könnten den Versuch lohnend erscheinen lassen, ein Mitwirkungsverbot für den befangenen oder ausgeschlossenen Staatsanwalt aus den gesetzlichen Grundlagen der zum Zeugen-Staatsanwalt gesicherten Sätze abzuleiten. Dünnebier geht von der in Rechtsprechung und Literatur unbestrittenen Ansicht aus, daß es dem Staatsanwalt

---

29 Zu den landesgesetzlichen Regelungen s. die Übersicht bei Kissel, Vor § 141, Rdnr. 28; zur Verfassungsgemäßheit dieser Vorschriften BVerfGE 56, 111; früher schon Eb. Schmidt, Teil III, § 145 GVG, Rdnr. 5.

30 So Schairer, S. 26, der aus diesem Grunde die verfassungsrechtlichen Bedenken von Frisch für verfehlt hält.

31 Offengelassen von Frisch, Festschr. f. Bruns, S. 390, Fn. 23.

32 LR-Dünnebier (23. Aufl.), Vor § 22, Rdnr. 15; die Kommentierung ist von Wendisch in der 24. Auflage im wesentlichen unverändert übernommen worden.

grundsätzlich versagt sei, in der Hauptverhandlung als Sitzungsvertreter weiter aufzutreten, nachdem er in dieser als Zeuge vernommen worden sei[33]. Tue er dies gleichwohl und beruhe das Urteil auf dieser Gesetzesverletzung, so sei die Revision gemäß § 337 StPO begründet. Im Zuge seiner weiteren Erwägungen stellt Dünnebier fest, daß das Beruhen des Urteils auf dem Schlußvortrag des Staatsanwalts nie ausgeschlossen werden könne. Der Schlußvortrag sei aber nur von Wert und der von ihm ausgehende legale Einfluß nur dann von Mängeln frei und im Sinne des Gesetzes, wenn der Staatsanwalt unvoreingenommen sei. Sei der Staatsanwalt etwa der Vater des Angeklagten – ein von Dünnebier selber als theoretisch bezeichnetes Beispiel[34] – oder aus ähnlichen Gründen befangen, so könne das Urteil ebensowenig Bestand haben wie in dem Fall, in dem der als Zeuge vernommene Staatsanwalt als Anklagevertreter nicht ausgeschieden sei.

Schon diese kurze Wiedergabe der Ausführungen Dünnebiers läßt erkennen, daß in seiner Argumentation – eine Folge vermutlich der revisionsrechtlichen Fragestellung – Fragen des Verfahrensfehlers und des Beruhens nicht genügend getrennt werden. Läßt man die Ausführungen zum Beruhen außer Betracht, so lassen sich die Überlegungen Dünnebiers wie folgt zusammenfassen: Wenn die weitere Mitwirkung des als Zeugen vernommenen Staatsanwalts verfahrensrechtlich unzulässig ist und wenn Grund dafür die Befangenheit des Staatsanwalts ist – diesen von Dünnebier nicht ausdrücklich formulierten Gedanken muß man hinzudenken, damit die Argumentationskette geschlossen ist –, dann muß jedem befangenen Staatsanwalt die Beteiligung am Verfahren verfahrensrechtlich verboten sein.

Mit diesen Überlegungen läßt sich ein verfahrensrechtliches Mitwirkungsverbot wegen Befangenheit nicht befriedigend erklären.

Es ist durchaus nicht ausgeschlossen, die Rechtsprechung zum Zeugen-Staatsanwalt als Antwort auf ein Sonderproblem zu sehen. Das Mitwirkungsverbot für den als Zeugen vernommenen Staatsanwalt läßt sich – ohne daß damit eine generelle Aussage zum Erfordernis der Unbefangenheit des Staatsanwalts notwendig verbunden wäre – auch mit dem diese Konstellation prägenden besonderen Rollenkonflikt erklären. Versteht man die Rechtsprechung so, dann läßt sich aus ihr kein Argument für die Behandlung der allgemeinen Befangenheitsfragen gewinnen.

Auch wenn die Rechtsprechung aber den Grund für das Mitwirkungsverbot gegenüber dem Zeugen-Staatsanwalt in der Gefahr seiner Befangenheit sieht – wofür die Entscheidungsgründe der zitierten Urteile eher sprechen –, kann die Ableitung Dünnebiers nicht überzeugen. Ob es generell ein Mitwirkungsverbot für den befangenen Staatsanwalt gibt, ist gerade die Frage. Weder

---

[33] Nachweise oben Anm. 97 - 99 zu Teil B.

[34] LR-Dünnebier (23. Aufl.), Vor § 22, Rdnr. 16.

Dünnebier noch die Rechtsprechung zum Zeugen-Staatsanwalt geben aber an, auf welche Rechtsgrundlage ein solches Verbot zu stützen sei.

3. Ableitung eines Mitwirkungsverbots aus der Struktur des Strafprozesses und der Stellung der Staatsanwaltschaft

In seiner bereits erwähnten Entscheidung aus dem Jahre 1979[35] hat der BGH angedeutet, daß ein Mitwirkungsverbot aus allgemeinen Erwägungen über die Struktur des Strafprozesses und die Stellung der Staatsanwaltschaft hergeleitet werden könne. Dieser Hinweis ist, zumal der BGH nicht mitteilt, welche strukturbildenden Eigenarten des Strafprozesses er im Auge hat, entschieden zu vage. Mit seiner Hilfe läßt sich nicht einmal bezüglich der grundsätzlichen Frage, ob es ein Mitwirkungsverbot für den befangenen Staatsanwalt überhaupt gibt, irgendeine Antwort finden, geschweige denn bezüglich der weitergehenden Frage, unter welchen Voraussetzungen im einzelnen es entsteht.

4. Ableitung eines Mitwirkungsverbots aus übergeordneten Verfahrensgrundsätzen wie dem Anspruch auf „fair trial"

Als Rechtsgrundlage eines verfahrensrechtlichen Mitwirkungsverbots für den befangenen Staatsanwalt sind vom BGH[36] auch die übergeordneten Verfahrensgrundsätze wie etwa der des Art. 6 Abs. 1 Satz 1 MRK (Anspruch auf „fair trial") in Betracht gezogen worden. Dieser Ansatz führt aber letztlich ebenfalls nicht weiter.

Auch wenn die Bedeutung des Grundsatzes des „fair trial" unterschiedlich beurteilt wird[37] und die Ansichten über seine zutreffende theoretische Herleitung auseinandergehen[38], besteht heute doch Einigkeit darüber, daß das Recht auf ein faires Verfahren keine in allen Einzelheiten bestimmten Gebote und Verbote enthält[39]. Es zu konkretisieren, ist zunächst Aufgabe des Gesetz-

---

[35] BGH NJW 1980, S. 845.

[36] BGH NJW 1980, S. 845; vor dem BGH schon Kuhlmann, DRiZ 1976, S. 13f., und Wendisch, Festschr. f. Schäfer, S. 249f.; heute noch KMR-Paulus, Vorb. § 22, Rdnr. 17, und jüngst LG Mönchengladbach JR 1987, S. 304.

[37] Vgl. u. a. einerseits Heubel, der ihn für unnütz und gefährlich hält (S. 144), andererseits die positive Bewertung von Roxin, S. 60; im allgemeinen scheint heute eine zurückhaltendere Einschätzung vorzuherrschen als noch vor wenigen Jahren; vgl. etwa KK-Pfeiffer, Einl., Rdnr. 28; Schäfer, Einl. Kap. 6, Rdnr. 19, 19b.

[38] Art. 6 Abs. 1 Satz 1 MRK oder das Rechtsstaatsprinzip als Rechtsgrundlage? Dazu u. a.: Meyer, JR 1984, S. 173; KK-Pfeiffer, Einl., Rdnr. 28; LR-Schäfer, Einl. Kap. 6, Rdnr. 18 m. w. N.; ferner Heubel, S. 29ff.

[39] BVerfGE 63, 45, 61.; Meyer, JR 1984, S. 173; KK-Pfeiffer, Einl., Rdnr. 28; LR-Schäfer, Einl. Kap. 6, Rdnr. 19.

gebers. Der Rechtsanwender hat den Grundsatz des fairen Verfahrens insbesondere bei der Auslegung der Rechtssätze des geschriebenen Rechts als Auslegungsregel zu berücksichtigen[40]. Darüber hinaus gibt der Grundsatz des „fair trial" besonderen Anlaß zu der Suche nach Bestimmungen, die zur Lückenschließung herangezogen werden können, wenn sich im System der den Angeklagten gegen die übermächtige Staatsgewalt schützenden Verfahrensvorschriften eine Lücke feststellen läßt. Erst wenn sich danach ergibt, daß zwingende rechtsstaatliche Forderungen nicht gewahrt sind, können aus dem Gebot der Rechtsstaatlichkeit selbst konkrete Folgerungen für die Ausgestaltung des Verfahrens gezogen werden[41].

Ausgehend von diesen Funktionen des Grundsatzes des „fair trial" bedarf es keiner weiteren Begründung, daß er als selbständige Grundlage für die Ableitung eines verfahrensrechtlichen Mitwirkungsverbots ausscheidet[42] oder allenfalls bei Versagen aller anderen Möglichkeiten in Betracht kommen kann.

Die Funktionsbeschreibung weist aber gleichzeitig den Weg, der bei der weiteren Suche nach der Rechtsgrundlage für ein Mitwirkungsverbot zu beschreiten ist. Zu suchen ist zum einen nach Vorschriften, die im Lichte des Grundsatzes des „fair trial" grundsätzlich so ausgelegt werden können oder müssen, daß sie dem befangenen oder ausgeschlossenen Staatsanwalt die Mitwirkung am Verfahren verbieten. Finden sich solche Vorschriften nicht, bleibt an eine analoge Anwendung anderer Befangenheitsregelungen zu denken. Läßt sich auf diese Weise ein Mitwirkungsverbot begründen, so ist aber nicht – wie vom BGH in Erwägung gezogen – der Grundsatz des „fair trial" Rechtsgrundlage, sondern die in seinem Lichte ausgelegte Vorschrift des geltenden Strafverfahrensrechts bzw. die analog angewandten Befangenheitsvorschriften für andere Staatsorgane.

5. Ableitung eines Mitwirkungsverbots aus § 160 Abs. 2 StPO

Als Vorschrift des geltenden Verfahrensrechts, auf die ein verfahrensrechtliches Mitwirkungsverbot gestützt werden könnte, wenn man sie nach den Grundsätzen des „fair trial" auslegte, käme allenfalls § 160 Abs. 2 StPO in Betracht. Daraus, daß der Staatsanwalt nicht nur die zur Belastung, sondern auch die zur Entlastung dienenden Umstände zu ermitteln hat, läßt sich im Ergebnis indessen nicht ableiten, daß bei Besorgnis der Befangenheit oder beim Vorliegen von Ausschlußtatbeständen dem Staatsanwalt die Mitwirkung am Verfahren verboten sein muß. Zwei Gründe stehen dieser Auslegung von § 160 Abs. 2 StPO entgegen:

---

40 KK-Pfeiffer, Einl., Rdnr. 28; Heubel, S. 145.

41 BVerfGE 63, 45, 61.; Meyer, JR 1984, S. 173.

42 So auch Frisch, Festschr. f. Bruns, S. 391; Krey, JA 1985, S. 513; Heubel, S. 116.

Zunächst kann – worauf schon Frisch[43] zutreffend hingewiesen hat – aus der Verpflichtung zur Objektivität ein Mitwirkungsverbot nur für die wenigen Fälle abgeleitet werden, in denen der Staatsanwalt aufgrund der persönlichen Beziehungen zu einzelnen Beteiligten oder aufgrund der Vorbefassung in der Sache *tatsächlich* nicht mehr frei und wegen seiner tatsächlichen Befangenheit nicht in der Lage ist, objektiv zu handeln. Untersuchungsgegenstand[44] ist aber das Mitwirkungsverbot wegen bloßer (begründeter) Besorgnis der Befangenheit oder wegen Vorliegens von Ausschlußgründen.

Da die Auslegungsregel des „fair trial" den Schutz des Angeklagten bezweckt und nicht in ein Prinzip umgestaltet werden kann, das Verfolgungsinteressen dient, könnte zum anderen aus § 160 Abs. 2 StPO ein Mitwirkungsverbot nur für Fälle begründet werden, in denen aus der Sicht des Angeklagten Befangenheit des Staatsanwalts – zu seinen Ungunsten – zu besorgen ist. Diese Sicht wäre zu einseitig. Wenn die Befangenheit eines Staatsanwalts seine Mitwirkung ausschließen soll, so muß dies – wie ein Blick auf sämtliche vorhandenen Befangenheitsmodelle zeigt – in beiden Richtungen gelten. § 160 Abs. 2 StPO verpflichtet den Staatsanwalt nicht nur, die der Entlastung dienenden, sondern auch die den Beschuldigten überführenden Umstände zu ermitteln.

Im Ergebnis kann daher auf § 160 Abs. 2 – selbst wenn man im Hinblick auf den Grundsatz des „fair trial" eine nicht nur korrekte, sondern auch eine faire Handhabung dieser Vorschrift verlangt – ein Mitwirkungsverbot für den befangenen Staatsanwalt nicht gestützt werden[45].

II. Die analoge Anwendung vorhandener gesetzlicher Befangenheitsregelungen als Rechtsgrundlage eines Mitwirkungsverbots gegenüber dem befangenen Staatsanwalt

Es bleibt zu prüfen, ob ein verfahrensrechtliches Mitwirkungsverbot durch analoge Anwendung der Befangenheitsregelungen des geltenden Rechts begründet werden kann und wieweit Aussagen über dieses ggfs. so begründbare Verbot im Wege der Analogie abgeleitet werden können.

Dieser in der Literatur[46] schon mehrfach erörterte Lösungsansatz würde sich jedenfalls dann als erfolgreich erweisen, wenn es ein allgemeines verfah-

---

[43] Frisch, Festschr. f. Bruns, S. 390; ähnlich Wendisch, Festschr. f. Schäfer, S. 249.

[44] s. o. C vor I.

[45] Wendisch, Festschr. f. Schäfer, S. 248, 249; Frisch, Festschr. f. Bruns, S. 390; Schairer, S. 26, 27, nach dem – entgegen der Ansicht von Frisch und Wendisch – ein Handlungsverbot auch bei tatsächlicher Befangenheit nicht auf § 160 Abs. 2 StPO gestützt werden kann; betr. das Ablehnungsrecht ebenso: Schedel, S. 127, und Arloth, NJW 1983, S. 208.

[46] Ausführlicher: Frisch, Festschr. f. Bruns, S. 396ff., und Schairer, S. 30ff., die sich für eine analoge Anwendung der §§ 22ff. StPO aussprechen; ferner: Krey, JA 1985,

rensrechtliches Mitwirkungsverbot für befangene Amtsträger gäbe, dieses jedenfalls hinsichtlich seiner unmittelbaren Aussage für alle Amtsträger denselben Inhalt hätte und auf den Staatsanwalt übertragbar wäre. Dann brauchte insofern nicht entschieden zu werden, welches gesetzliche Modell auf den Staatsanwalt am besten paßt, vielmehr könnte das für alle Amtsträger gleichermaßen geltende Mitwirkungsverbot im Wege der Rechtsanalogie[47] auch auf den Staatsanwalt angewandt werden. Dementsprechend soll zunächst nach der Existenz eines allgemeinen verfahrensrechtlichen Mitwirkungsverbot für befangene Amtsträger, seinem genauen Inhalt und seiner Übertragbarkeit auf den Staatsanwalt gefragt werden (dazu unter 1.).

Die einhellige Ansicht zur Revisibilität entsprechender Urteile[48] legt die Annahme nahe, daß sich jedenfalls für einen Sonderfall ein Mitwirkungsverbot auf diesem Wege begründen läßt, nämlich für den Fall, daß in der Person eines Staatsanwalts Umstände vorliegen, die den Richter ausschließen. Der Kürze halber soll er als ausgeschlossener Staatsanwalt bezeichnet werden (dazu unter 1. a)).

Anschließend (unter 1. b)) soll dieselbe Frage für den einfach befangenen Staatsanwalt untersucht werden.

Die Verwendung der Ausdrücke „befangen" und „ausgeschlossen" ist methodisch allerdings nicht frei von Schwierigkeiten: Wann ein Amtswalter „ausgeschlossen" ist und welche weiteren Rechtsfolgen im Vergleich zur einfachen Befangenheit ein Ausschluß nach sich zieht, ist in den verschiedenen Verfahrensgesetzen unterschiedlich geregelt. Dadurch kann bei Verwendung des Ausdrucks eine Aussage als selbstverständlich einfließen, die nicht selbstverständlich ist: Daß nämlich auch bei Staatsanwälten (im Sinne von termini technici) zwischen „Ausschluß" und einfacher „Befangenheit" getrennt werden müsse und dürfe. Ob es im Wege der (Rechts- oder Gesetzes-)Analogie auch möglich ist, die Differenzierung zwischen Ausschluß- und Befangenheitsgründen für den Staatsanwalt zu übernehmen und den Kreis der Umstände festzulegen, die den Ausschluß des Staatsanwalts zur Folge haben, wird unter 2. behandelt.

S. 511ff., der eine analoge Anwendung der §§ 22ff. StPO ablehnt, aber bezüglich der Ausschließung des Staatsanwalts eine Rechtsanalogie zu den §§ 22f. StPO, 20 VwVfG befürwortet; ferner (aber weniger ausführlich) Rüping, S. 109 und (bezüglich des Ablehnungsrechts) Arloth, NJW 1983, S. 208ff.; ausdrücklich gegen eine analoge Anwendung anderer Befangenheitsvorschriften: KMR-Paulus, Vorb. § 22, Rdnr. 17.

[47] Zu den Voraussetzungen der Rechtsanalogie und dem Unterschied zwischen Rechts- und Gesetzesanalogie: Engisch, S. 151; Larenz, S. 368, der allerdings von Einzel- und Gesamtanalogie spricht, und Krey, Studien, S. 25.

[48] s. o. B II. 2. b) aa) und dort Anm. 60.

1. Existenz eines allgemeinen verfahrensrechtlichen Mitwirkungsverbots für befangene Amtsträger und seine Übertragbarkeit auf den Staatsanwalt

a) Mitwirkungsverbot für den ausgeschlossenen Staatsanwalt

Für den (der Kürze halber:) ausgeschlossenen Staatsanwalt läßt sich ein verfahrensrechtliches Mitwirkungsverbot mit den Mitteln der gesetzesimmanenten Rechtsfortbildung relativ einfach begründen.

Die erste Voraussetzung einer Analogie ist das Vorliegen einer Gesetzeslücke, – d.h. das Fehlen von Regelungen, das gemessen an dem gesetzlichen Regelungsplan als eine planwidrige Unvollständigkeit des Gesetzes erscheint[49]. Eine solche ist im Ergebnis zu bejahen.

Der Annahme einer solchen Lücke könnte allerdings der eingangs erwähnte Passus der Motive entgegenstehen, nach dem besondere Ausschluß- und Befangenheitsvorschriften für Staatsanwälte als überflüssig erachtet wurden, weil „bereits die Organisation der Staatsanwaltschaft“ es gestatte, „in Fällen, in denen die Ersetzung eines staatsanwaltlichen Beamten durch einen anderen geboten oder wünschenswert erscheint, dieselbe auf Antrag des Berechtigten oder jenes Beamten selbst oder auch von Amts wegen durch die vorgesetzte Behörde zu bewirken, ohne daß es eines förmlichen Verfahrens hierbei bedarf“[50].

Aus dieser Stelle der Motive kann indes nicht gefolgert werden, daß das Fehlen von Befangenheitsvorschriften für den Staatsanwalt Ausdruck einer plangemäßen Unvollständigkeit des Gesetzes sei. Richtig verstanden kann von einer gewollten Nichtgeltung der Ausschluß- oder Befangenheitsgründe – also des materiellen Befangenheitsrechts – schon deshalb keine Rede sein, weil die Motive selbst die Mitwirkung persönlich beteiligter, vorbefaßter oder befangen erscheinender Staatsanwälte nicht etwa für zulässig erklären, sondern im Gegenteil von einer wünschenswerten, sogar einer gebotenen Ersetzung sprechen. Was insofern – also hinsichtlich der Frage des Mitwirkungsverbots[51] – allein fehlt, ist eine rechtssatzmäßige Bekundung dessen, wovon der Gesetzgeber ausging, also der Annahme eines Mitwirkungsverbots[52].

Das Fehlen gesetzlicher Ausschlußgründe für den Staatsanwalt ist also kein Ausdruck einer negativen Aussage des Gesetzgebers gegenüber der Annahme eines Mitwirkungsverbots, aber nicht nur dies. Durch Vergleich mit den Vor-

---

[49] Engisch, S. 141; Larenz, S. 354ff., 358; Canaris, S. 31ff. Daß die bei der Lückenfeststellung anzustellenden Überlegungen oft auch schon zur Ausfüllung der Lücke führen und die beiden Schritte also nicht immer streng getrennt werden können, soll damit nicht geleugnet werden – dazu näher Canaris, S. 144ff.; Larenz, S. 385f.

[50] Hahn, S. 93.

[51] Zur Bedeutung der zitierten Aussage für das Ablehnungsrecht, s.u. E. III. 1.

[52] Frisch, Festschr. f. Bruns, S. 397.

schriften, die für andere Bereiche und andere Amtsträger das Befangenheitsprinzip ausgestalten, läßt sich darüber hinaus auch der für eine Analogie erforderliche positive Nachweis[53] erbringen, daß das Fehlen eines gesetzlichen Mitwirkungsverbots für den ausgeschlossenen Staatsanwalt im heutigen Recht eine planwidrige Unvollständigkeit, also eine Lücke, darstellt: Für sämtliche Bereiche staatlicher Tätigkeit – sei es für den gerichtlichen Bereich[54] oder den der Verwaltung[55] – sehen die gesetzlichen Regelungen vor, daß Personen, die mit Verfahrensbeteiligten verwandt oder verschwägert sind oder die in bestimmter Weise mit dem Verfahrensgegenstand vorbefaßt waren, von amtlichen Tätigkeiten in diesem Verfahren ausgeschlossen sind. „Ausschluß" bedeutet dabei, wie schon der Wortlaut der einschlägigen Bestimmungen hinreichend deutlich zum Ausdruck bringt, daß der betroffene Amtsträger – soll das Verfahren fehlerfrei sein – nicht weiter mitwirken darf[56]. Es kann in diesem Zusammenhang dahingestellt bleiben, daß die weiteren Folgen der Fehlerhaftigkeit des Verfahrens in den einzelnen Verfahrensregelungen unterschiedlich sind[57]. In diesem Zusammenhang interessiert nur, daß die Beteiligung eines ausgeschlossenen Amtsträgers – ungeachtet der weiteren Sanktionen – nach allen vorhandenen gesetzlichen Regelungen zu einem Verfahrensfehler führt. Die Übereinstimmung hinsichtlich dieser primären Rechtsfolge läßt, falls der sie tragende Grundgedanke auch für den Staatsanwalt Geltung beanspruchen kann, das Fehlen eines gesetzlichen Mitwirkungsverbots bei ihm als eine schließungsbedürftige Lücke erscheinen.

Der Grundgedanke der vorhandenen gesetzlichen Mitwirkungsverbote für ausgeschlossene Amtsträger – also der §§ 22, 23 StPO, 41 ZPO und 20 VwVfG, um nur die wichtigsten zu nennen – zielt letztlich in zwei Richtungen: Es soll zum einen das Amtshandeln von persönlichen Einflüssen freigehalten werden, ein Gedanke, der ohne weiteres auch auf den Staatsanwalt übertragbar ist. Zum anderen geht es darum, schon den bloßen Anschein der Parteilichkeit zu vermeiden, um der Allgemeinheit und den im Einzelfall Betroffenen Vertrauen in das Verfahren und die Sachgemäßheit der Entscheidungen zu ermöglichen[58]. Auch dieser Grundgedanke trifft auf die Staatsanwaltschaft zu.

---

53 Larenz, S. 360; Engisch, S. 142.

54 s. o. Anm. 4 zu Teil A.

55 s. o. Anm. 13 zu Teil A.

56 Allg. Meinung; statt aller LR-Wendisch, Vor § 22, Rdnr. 3; Stein / Jonas / Leipold, § 41, Rdnr. 1; Knack / Clausen, § 20, Rdnr. 4.

57 Vgl. etwa § 338 Nr. 2 StPO und §§ 44, 46 VwVfG.

58 So u. a. zu §§ 22, 23 StPO: Hahn, S. 82; BGHSt 14, 219, 221; 28, 262, 265; LR-Wendisch, Vor § 22, Rdnr. 3; KMR-Paulus, Vorb. § 22, Rdnr. 2; Arzt, S. 3; Roxin, S. 40, Henkel, S. 129; zu § 20 VwVfG: Knack / Clausen, § 20, Rdnr. 2, Kopp, § 20, Rdnr. 2 m. w. N.; zu § 84 AO: Söhn in Hübschmann / Hepp / Spitaler, § 82, Rdnr. 2; zu § 41 ZPO: Stein / Jonas / Leipold, vor § 41, Rdnr. 3; AK-ZPO-Wassermann, vor § 41, Rdnr. 1.

Da Umstände, die eine unterschiedliche Behandlung von Staatsanwälten auf der einen Seite und Richtern und anderen Beamten auf der anderen Seite rechtfertigen könnten, nicht ersichtlich sind, folgt aus alledem, daß nach heutigem Rechtsstaatsverständnis das Vertrauen auf die rein innerdienstliche Aufsicht, durch die – wie dargestellt – die Väter der StPO eine zufriedenstellende Bewältigung des Problems sichergestellt sahen, nicht genügt. Das Fehlen von Regelungen, die mit verfahrensrechtlicher Verbindlichkeit den Ausschluß von persönlich beteiligten oder sachlich vorbefaßten Staatsanwälten anordnen, stellt danach eine planwidrige Lücke dar.

Der ausgeschlossene Staatsanwalt – wer immer das sei – muß sich also jeder Mitwirkung am Verfahren enthalten; tut er das nicht, ist sein Handeln verfahrensfehlerhaft.

b) Mitwirkungsverbot für den einfach befangenen Staatsanwalt

aa) Die Frage nach dem Mitwirkungsverbot überhaupt

Im Hinblick auf die Existenz der Befangenheitsvorschriften für andere Amtsträger und das Rechtsstaatsprinzip im heutigen Verständnis läßt sich auch für den einfach befangenen Staatsanwalt ein grundsätzliches Mitwirkungsverbot ohne größere Schwierigkeiten begründen.

Zunächst zur Lückenfeststellung: Die planwidrige Unvollständigkeit der StPO in diesem Punkt folgt daraus, daß für alle anderen Träger öffentlicher Gewalt die für sie jeweils maßgeblichen Verfahrensgesetze auch im Fall einfacher Besorgnis der Befangenheit ein Mitwirkungsverbot anordnen. Für den Verwaltungsbeamten ist dies in § 21 VwVfG ausdrücklich festgelegt[59]. Bezüglich des befangenen Richters fehlt es zwar an einer ausdrücklichen Normierung des Mitwirkungsverbots; jedoch bringen StPO und ZPO die verfahrensrechtliche Verpflichtung, sich der Mitwirkung zu enthalten, in den §§ 24, 338 Ziff. 3 StPO bzw. 43, 551 Nr. 3 ZPO konkludent zum Ausdruck[60].

Für den Verwaltungsbeamten ist zwar jedenfalls nach dem Wortlaut des § 21 VwVfG zusätzliche Voraussetzung für das Mitwirkungsverbot die Anordnung des Vorgesetzten; ähnliches gilt für den Richter, der nach den zitierten Vorschriften möglicherweise erst ab dem Ablehnungsgesuch oder ab dem diesem stattgebenden gerichtlichen Beschluß an der Mitwirkung gehindert ist. Anders als beim ausgeschlossenen Verwaltungsbeamten bzw. ausgeschlossenen Richter sind für das Entstehen des Mitwirkungsverbots neben dem materiellen Grund möglicherweise also auch noch zusätzliche formelle Voraussetzungen

---

59 Stelkens / Bonk / Leonhardt, § 21, Rdnr. 13; Meyer / Borgs, § 21, Rdnr. 4; Kopp, § 21, Rdnr. 7; Knack / Clausen, § 21, Rdnr. 5.

60 So auch Frisch, Festschr. f. Bruns, S. 403.

zungen erforderlich. Diese Besonderheit ist aber allenfalls für die hier noch zurückgestellte Frage interessant, zu welchem Zeitpunkt das Mitwirkungsverbot entsteht, nicht für die Frage nach seiner grundsätzlichen Geltung.

Das Fehlen eines solchen grundsätzlichen gesetzlichen Mitwirkungsverbots berührt auch beim einfach befangenen Staatsanwalt dieselben Interessen, um derentwillen die gesetzlichen Befangenheitsregeln ein grundsätzliches Mitwirkungsverbot begründen. Auch beim befangenen Staatsanwalt gilt es, der Gefahr fehlerhafter – möglicherweise von sachfremden Gesichtspunkten beeinflußter – Entscheidungen zu begegnen. Das Ansehen der Justiz und das Vertrauen der Allgemeinheit in die Objektivität der staatsanwaltschaftlichen Tätigkeit wird durch die Mitwirkung eines befangenen Staatsanwalts ebenso beeinträchtigt, wie dies für das Ansehen anderer staatlicher Stellen im Falle der einfachen Befangenheit eines ihrer Funktionsträger der Fall ist. Was das Ansehen der Justiz und das Vertrauen der Allgemeinheit anbelangt, könnte man allerdings unter zwei Gesichtspunkten Zweifel hegen, die aber letztlich beide zu keiner abweichenden Beurteilung führen:

Zum einen ließe sich einwenden, daß, abweichend von dem gesetzlichen Bild eines objektiven – die be- und entlastenden Momente gleichermaßen ermittelnden – Beamten, die Allgemeinheit (warum auch immer) sich unter dem Staatsanwalt einen einseitig auf Überführung des Verdächtigen orientierten Amtsträger vorstellt. Ob der – in den Augen der Allgemeinheit oder doch jedenfalls breiter Kreise – zur Einseitigkeit Verpflichtete oder zumindest Berechtigte im Einzelfall auch noch befangen erscheint, könnte dann für das Vertrauen in die Rechtmäßigkeit des Verfahrens ohne Belang sein; mit anderen Worten: Die Unbefangenheit des einseitig auf Verfolgung ausgerichteten Funktionärs – so das Bild der Allgemeinheit – ist möglicherweise kein Wert, an dessen Gewährleistung der Allgemeinheit gelegen ist[61]. Dieser Aspekt, der ausschließlich auf das eventuell fehlende faktische Vertrauen der Allgemeinheit abstellt, kann unberücksichtigt bleiben. Soweit die Gewährleistung des Vertrauens der Allgemeinheit und die größtmögliche Legitimation des Verfahrens als ratio einer Regelung angesehen werden, kann es nicht um das faktische – möglicherweise durch die Praxis erschütterte – geringe oder gar fehlende Vertrauen, sondern immer nur um das normative Vertrauen gehen.

Der zweite Gesichtspunkt: Daß das normative Vertrauen der Allgemeinheit in die Objektivität staatsanwaltschaftlichen Handelns ebenfalls von geringerem Interesse sei, könnte daraus abgeleitet werden, daß der Staatsanwalt, auch wenn er nach § 160 Abs. 2 StPO zur Objektivität verpflichtet ist, aufgrund seiner Aufgaben nicht so objektiv sein und erscheinen kann wie jeden-

---

[61] Es ist dies im Grunde genommen der Gedanke, mit dem die Versagung von Ablehnungsrechten in den Partikulargesetzen begründet wurde, nämlich der, daß der Staatsanwalt Partei sei und daß man seinen Gegner nicht ablehnen könne, s. o. Anm. 23 Teil A.

falls der Richter[62]. Er wird mit dem Ziel tätig, den Anfangsverdacht zu verdichten, einen die Anklage rechtfertigenden hinreichenden Verdacht zu begründen und ggfs. in der Hauptverhandlung durch Anträge und Anregungen auf die Verurteilung hinzuwirken. Mit dieser auf Überführung gerichteten ermittelnden Tätigkeit ist eine gewisse Beeinträchtigung der Unvoreingenommenheit vorgegeben. Dies zu leugnen, bedeutete nichts anderes, als all die Gründe zu negieren, die zur Einführung der Staatsanwaltschaft und des Anklageprinzips und damit zur Abschaffung des Inquisitionsprozesses geführt haben[63].

Ist damit ein gewisses Maß an Einseitigkeit des Staatsanwalts mit seiner Rolle verbunden, so folgt daraus aber nicht etwa, daß durch das Tätigwerden eines im Einzelfall befangenen Staatsanwalts das (normative) Vertrauen der Allgemeinheit in die ordnungsgemäße Sachbehandlung nicht mehr erschüttert werden könnte. Die Konsequenz kann vielmehr nur sein, daß die rollenbedingte Einseitigkeit des Staatsanwalts nicht ausreicht, um ihn als befangen erscheinen zu lassen; d.h. bei der Prüfung, ob im Einzelfall die Besorgnis der Befangenheit eines Staatsanwalts gerechtfertigt ist, muß seine Aufgabenstellung in Rechnung gestellt werden, so daß ein Verhalten, aufgrund dessen ein Angeklagter – wenn es der Richter an den Tag legte – zu Recht Befangenheit besorgen dürfte, beim Staatsanwalt möglicherweise dieses Urteil noch nicht rechtfertigt[64]. Berücksichtigt man dies, ist kein Grund für die Annahme ersichtlich, die Mitwirkung eines Staatsanwalts, dessen Äußerungen auch unter Berücksichtigung seiner Funktionen die Besorgnis der Befangenheit begründen, sei gleichwohl nicht geeignet, das Vertrauen der Allgemeinheit zu stören und die eingriffslegitimierende Wirkung des Verfahrens zu beeinträchtigen.

Da – wie demnach feststeht – die Interessenlage bei Tätigwerden eines befangenen Staatsanwalts mit der bei Tätigwerden eines befangenen sonstigen Amtsträgers vergleichbar ist, muß das Fehlen eines jedenfalls grundsätzlichen Mitwirkungsverbots auch beim einfach befangenen Staatsanwalt als planwidrige Lücke angesehen werden.

Damit läßt sich also hinsichtlich der Frage des Mitwirkungsverbots zwischen dem ausgeschlossenen und dem nur befangenen Staatsanwalt im Grundsatz ein Unterschied nicht feststellen.

Dieses Zwischenergebnis kann eigentlich nicht verwundern, auch wenn es einer früher herrschenden und heute noch weit verbreiteten Auffassung[65]

---

[62] Ein Gedanke, der in der Diskussion um das formelle Ablehnungsrecht eine Rolle spielt, s. o. B I. 2. a) und dort Anm. 19.

[63] Roxin, S. 65; Rüping, S. 3.

[64] Allgemeine Auffassung, s. o. B II. 3. a) und dort Anm. 92, 93.

[65] Grundsätzlich gegen die Annahme eines Mitwirkungsverbots für den befangenen Staatsanwalt spricht sich ausdrücklich niemand aus. Ausgehend von ihren Ansichten

widerspricht. In der Sache besteht nämlich zwischen Ausschlußgründen und Gründen, die die Besorgnis der Befangenheit rechtfertigen, jedenfalls kein qualitativer Unterschied[66]. Die Schutzzwecke des Verbots der Mitwirkung ausgeschlossener oder sonst befangener Amtsträger sind identisch, wenn auch bei möglicherweise verschiedener Gefährdungsintensität. Bei Vorliegen von Ausschlußgründen mag die Gefahr für das Ansehen der handelnden Stelle und das Vertrauen der Allgemeinheit in aller Regel besonders augenscheinlich[67] sein. Dies ist aber kein Gesichtspunkt, der es rechtfertigen könnte, das Fehlen gesetzlicher Mitwirkungsverbote für den „ausgeschlossenen" Staatsanwalt einerseits und den einfach befangenen andererseits im Hinblick auf das Vorliegen einer planwidrigen Lücke unterschiedlich zu beurteilen.

bb) Der Beginn des Mitwirkungsverbots

Bei den bisherigen Ausführungen zur Möglichkeit einer Analogie ist offengehalten worden, wie die „Lücke" genau zu beschreiben ist: Ob die fehlende gesetzliche Regelung dem befangenen Staatsanwalt generell die Mitwirkung schon von dem Zeitpunkt an verbietet, in dem die Befangenheitslage eintritt, oder ob das Mitwirkungsverbot eventuell in einigen Fällen von einer Rüge oder anderen Umständen abhängt.

Die Antwort auf diese Frage könnte damit zusammenhängen, ob die gesuchte Analogie eine Rechtsanalogie zu allen Befangenheitsregelungen des geltenden Rechts zu sein hat oder eine Gesetzesanalogie zu einem bestimmten gesetzlichen Befangenheitsmodell – sei es dem der §§ 22ff. StPO oder dem der §§ 20ff. VwVfG.

Daran könnte man immerhin deswegen denken, weil man beide Modelle einerseits – insoweit zwar grundsätzlich parallel, im Detail aber abweichend – so verstehen könnte, daß für bestimmte („ausgeschlossene") Amtsträger die Mitwirkung ohne weitere Bedingungen verboten sein soll, für andere (einfach „befangene") hingegen erst nach Eintritt weiterer Bedingungen. Wäre das so,

---

zur Revisibilität müßten ein Mitwirkungsverbot möglicherweise ablehnen: Kissel, § 145, Rdnr. 8, Krey, JA 1985, S. 517, Kleinknecht / Meyer, Vor § 22, Rdnr. 7, Koffka, ZStW 84, S. 672, und der BGH, NJW 1980, S. 845; im Ergebnis wie hier (und zwar ausdrücklich sowie mit ausführlicher Begründung): Frisch, Festschr. f. Bruns, S. 403ff.; Schairer, S. 50ff.; dieselbe Ansicht müßten eigentlich diejenigen vertreten, die einen revisiblen Verfahrensfehler annehmen, s. o. B II. 2. b) bb) ß) und dort Anm. 75.

[66] Bettermann, Grundrechte, S. 526; Meyer / Borgs, Vor § 20, Rdnr. 4; AK-ZPO-Wassermann, § 41, Rdnr. 1; Arzt, S. 17; Hamm, S. 164, 165; Joos, NJW 1981, S. 101 (l. Sp. letzter Absatz: „kein aliud, lediglich gradueller Unterschied, dasselbe Ziel"; die scheinbar entgegengesetzte Äußerung l. Sp. 3. Abs.: „grundsätzlicher Unterschied" bezieht sich auf die Rechtsfolgen).

[67] Hahn, S. 82; LR-Wendisch, Vor § 22, Rdnr. 3; Frisch, Festschr. f. Bruns, S. 398; Dagtoglou, S. 81ff.; Kopp, § 20, Rdnr. 2.

müßte wegen der dann bedeutsamen Abweichungen im Detail (– beginnt das Verbot entsprechend § 29 StPO mit Erhebung einer Rüge oder entsprechend § 21 VwVfG mit der Anordnung des Vorgesetzten? –) eine Gesetzesanalogie zu entweder dem einen oder dem anderen Modell gezogen und begründet werden.

Andererseits könnten die Modelle einheitlich so zu verstehen sein, daß das in ihnen allen enthaltene Mitwirkungsverbot jeweils mit Eintritt der materiellen Befangenheitsumstände ohne weiteres wirksam wird und daß die zusätzlichen Regelungen anderen Verfahrenszwecken dienen. Wäre das der Fall, könnte nicht nur die Existenz *einer* Lücke im Hinblick auf die Existenz aller anderen Befangenheitsregelungen ohne weitere Festlegungen festgestellt werden; es könnte die Lücke auch ohne solche Festlegungen und damit ohne methodische Probleme jedenfalls noch genauer benannt werden: Das fehlende gesetzliche Mitwirkungsverbot für überhaupt befangene Staatsanwälte ließe sich genau umreißen, ohne daß eine jedenfalls problematische Entscheidung dafür erforderlich würde, welchem Modell es nachzubilden sei.

Weil das jedenfalls ein Gewinn wäre, soll im folgenden untersucht werden, ob man die verschiedenen Modelle derart einheitlich deuten kann. Es wird also der Frage nachzugehen sein, ob und ggfs. von welchen weiteren Voraussetzungen die für andere Amtsträger und Richter vorhandenen gesetzlichen Mitwirkungsverbote wegen Befangenheit abhängig sind. Dabei soll zunächst untersucht werden, wie sich die Rechtslage für den einfach befangenen Verwaltungsbeamten darstellt, und sodann dasselbe im Hinblick auf den Richter.

α) Die Rechtslage beim befangenen Verwaltungsbeamten

Was den Verwaltungsbeamten anbelangt, müssen die Überlegungen zum Beginn des Mitwirkungsverbots von § 21 VwVfG ausgehen. Nach dieser Vorschrift, die den befangenen Verwaltungsbeamten ausdrücklich verpflichtet, seinen Vorgesetzten von den besorgnisbegründenden Umständen zu unterrichten, kann die Rüge des Betroffenen nicht als Voraussetzung eines Mitwirkungsverbots angesehen werden[68]. Eine Rügepflicht des Bürgers läßt sich auch nicht – und zwar auch nicht mittelbar – aus den §§ 44, 46 VwVfG ableiten, die als Folgevorschriften die weiteren Konsequenzen der Mitwirkung eines einfach befangenen Amtswalters regeln.

§ 21 VwVfG erweckt allerdings nach seinem Wortlaut den Eindruck, als sei für das Mitwirkungsverbot die Anordnung des Vorgesetzten konstitutive Voraussetzung. Diese dem Wortlaut entsprechende Auslegung begegnet aber vor allem mit Rücksicht auf ihre Konsequenzen und den Sinn und Zweck des § 21

---

[68] Stelkens / Bonk / Leonhardt, § 21, Rdnr. 7; Meyer / Borgs, § 21, Rdnr. 6 („Ablehnung hat nur die Bedeutung eines Hinweises“).

Bedenken. Träfe sie zu, so wäre die Mitwirkung eines Verwaltungsbeamten, dessen Befangenheit zu besorgen ist, nicht verfahrensfehlerhaft, sofern nur der Vorgesetzte fehlerhafterweise die Besorgnis der Befangenheit verneint. Dies gälte auch dann, wenn die Befangenheit des Beamten offensichtlich wäre und die Entscheidung des Vorgesetzten auf einer grob fehlerhaften Beurteilung der Rechtslage beruhte. Verfahrensfehlerhaft wäre die Mitwirkung auch dann nicht, wenn die Entscheidung über die Ersetzung des möglicherweise befangenen Amtswalters – aus welchen Gründen auch immer – unterbliebe. Sogar der befangene Verwaltungsbeamte selbst hätte es damit in der Hand, durch pflichtwidriges Unterlassen der Benachrichtigung seines Vorgesetzten dessen Ersetzungsanordnung und damit das Entstehen des Mitwirkungsverbots zu verhindern.

All diese Konsequenzen wären mit Sinn und Zweck des § 21 VwVfG nicht vereinbar, der Allgemeinheit und Bürger vor den Gefahren voreingenommener Sachentscheidungen schützen und darüber hinaus das Vertrauen der Allgemeinheit und des Betroffenen in die Objektivität der Verwaltung sicherstellen will[69]. Im Ergebnis muß deshalb – in Übereinstimmung mit der verwaltungsverfahrensrechtlichen Literatur[70] – davon ausgegangen werden, daß das Mitwirkungsverbot mit der materiellen Besorgnis der Befangenheit entsteht.

Verfahrensfehlerhaft ist die Mitwirkung des Amtswalters im Verwaltungsverfahren also sowohl dann, wenn er der Weisung, sich der Mitwirkung zu enthalten, nicht gefolgt ist, als auch dann, wenn seine Befangenheit überhaupt nicht geltend gemacht oder gerügt worden ist oder der Vorgesetzte eine entsprechende Weisung fälschlicherweise nicht erlassen hat[71]. Die Formulierung „auf dessen Anordnung" soll mithin nur klarstellen, daß der Verwaltungsbeamte nicht selber berechtigt ist, über die Frage der Mitwirkung zu entscheiden. Sie bedeutet nicht etwa, daß er mitwirken kann, bis über die Anordnung entschieden ist[72].

---

[69] Meyer / Borgs, Vor § 20, Rdnr. 2; Begründung zu § 17 des Entwurfs 1973; BT-Ds. 7/910, S. 47.

[70] Knack / Clausen, § 21, Rdnr. 5; Stelkens / Bonk / Leonhardt, § 21, Rdnr. 13; Kopp, § 21, Rdnr. 7, 2. Abs.; Meyer / Borgs, § 21, Rdnr. 6.

[71] Knack / Clausen, § 21, Rdnr. 5; Ule / Laubinger, S. 72. Von diesem Verständnis gehen auch die Entwürfe zum Verwaltungsverfahrensgesetz aus. In der Begründung des Entwurfs 1973 heißt es zu § 17, der dem geltenden § 21 VwVfG wortgleich entspricht: „Da ein unter Mitwirkung eines befangenen Amtsträgers ergangener Verwaltungsakt als verfahrensfehlerhaft angefochten werden kann, trägt die Vorschrift dazu bei," – und zwar durch die Selbstanzeigeverpflichtung und die Ersetzung des befangenen Beamten durch den Vorgesetzten – „die Zahl der potentiell anfechtbaren Verwaltungsakte zu verringern."

[72] So ausdrücklich Stelkens / Bonk / Leonhardt, § 21, Rdnr. 13; Ule / Laubinger, S. 72; nur dies scheinen auch Meyer / Borgs und Kopp zum Ausdruck bringen zu wollen, wenn sie (Meyer / Borgs, § 21, Rdnr. 4, und Kopp, § 21, Rdnr. 7 1. Abs.,) in offenem Widerspruch zu ihrer zu Anm. 70 zitierten Aussage erklären, ein Mitwirkungsverbot entstehe nur auf Anordnung des Vorgesetzten.

β) Die Rechtslage beim befangenen Richter

Was sodann den Richter anbelangt, kommen als möglicherweise neben der Besorgnis der Befangenheit erforderliche Bedingungen für das Entstehen eines Mitwirkungsverbots zum einen die Rüge des Betroffenen – u. U. auch deren Rechtzeitigkeit –, zum anderen der Beschluß in Betracht, der einem Ablehnungsgesuch stattgibt.

(1) Der Ablehnungsbeschluß als Voraussetzung des Mitwirkungsverbots

Den gesetzlichen Beschluß als zusätzliche formelle Bedingung in Erwägung zu ziehen, gibt die in allen Kommentierungen zu den §§ 22ff. StPO anzutreffende These Anlaß, daß für das verfahrensrechtliche Mitwirkungsverbot gegenüber einem ablehnbaren Richter der dem Ablehnungsgesuch *stattgebende Beschluß* konstitutiv sei[73]. Die Unrichtigkeit dieser These ergibt sich aus einer Betrachtung der revisionsrechtlichen Konsequenzen.

Nach § 338 Ziff. 3 StPO ist ein absoluter Revisionsgrund einerseits dann gegeben, wenn der abgelehnte Richter, obwohl das Ablehnungsgesuch Erfolg hatte, weiterhin am Verfahren teilnimmt. Dieser in § 338 Ziff. 3 auch geregelte Fall ist nicht nur praktisch fast irrelevant[74]; er ergibt in diesem Zusammenhang auch kein Argument für die These der h. M., das Mitwirkungsverbot entstehe *erst* mit dem Beschluß.

Praktisch bedeutsam ist allein die andere von § 338 Ziff. 3 erfaßte Konstellation, die nämlich, daß das entscheidende Gericht ein zulässiges Ablehnungsgesuch zu Unrecht verworfen hat. Hier stößt die h. M. auf Erklärungsschwierigkeiten. Hat das Gericht nämlich die objektiv gegebene Befangenheit nicht erkannt oder das Ablehnungsgesuch fehlerhaft für unzulässig gehalten, so wäre nach der h. M. die weitere Teilnahme des Richters am Verfahren nicht verfahrensfehlerhaft. Fehlte es aber an einem Verfahrensfehler, so wäre nicht zu verstehen, warum § 338 Ziff. 3 in diesem Fall einen absoluten Revisionsgrund annimmt; denn § 338 fingiert nicht etwa Rechtsverletzungen, die Vorschrift besagt vielmehr nur, daß in den von ihr geregelten Fällen das Beruhen des Urteils auf den tatsächlich gegebenen Verfahrensfehlern unwiderleglich vermutet wird[75].

Gegen diese Argumentation ließe sich einwenden, daß die Rechtsverletzung i. S. d. § 338 Ziff. 3 StPO nicht in der fehlerhaften Mitwirkung des befan-

---

[73] LR-Wendisch, Vor § 22, Rdnr. 3 und Fn. 3; KMR-Paulus, Vorb. § 22, Rdnr. 12; KK-Pfeiffer, § 22, Rdnr. 1, § 27, Rdnr. 8; Kleinknecht / Meyer, Vor § 22, Rdnr. 1 § 27, Rdnr. 11.

[74] LR-Hanack, § 338, Rdnr. 62.

[75] Einhellige Meinung; statt aller LR-Hanack, § 338, Rdnr. 1, und KK-Pikart, § 338, Rdnr. 1.

genen Richters, sondern in der Fehlerhaftigkeit des das Ablehnungsgesuch zurückweisenden Beschlusses bzw. des Unterlassens einer Entscheidung zu finden sei. Dieser Einwand wäre aber allenfalls vordergründig plausibel. Tatsächlich führt er nämlich notwendig auf die Frage zurück, aus welchem Grund der zurückweisende Beschluß fehlerhaft war. Er kann es nur sein, weil der befangene Richter hätte ausscheiden müssen, also nicht weiter mitwirken dürfen; auch über diesen Einwand gelangt man also zu dem Ergebnis, daß die materielle Rechtslage entscheidend ist.

Der dem Ablehnungsgesuch stattgebende Beschluß des Gerichts hat also – entgegen der h.M. – nur deklaratorische Wirkung.

Nun könnte man zur Rettung der hier angefochtenen These argumentieren, daß dann, wenn das Revisionsgericht abweichend von dem Ablehnungsgericht die Besorgnis der Befangenheit feststellt, der für den Verfahrensfehler konstitutive Ablehnungsbeschluß in der Entscheidung des Revisionsgerichts zu sehen sei. Dieser Rettungsversuch schlägt aber fehl. Ist nämlich die Entscheidung des Revisionsgerichts für den Verfahrensfehler konstitutiv, so entsteht der Fehler erst mit dem Revisionsurteil.

Etwas anderes könnte nur gelten, wenn die dem Ablehnungsgesuch stattgebende Entscheidung den abgelehnten Richter mit rückwirkender Kraft – und zwar rückwirkend bis zum Zeitpunkt des Gesuchs oder des Entstehens des Ablehnungsgrundes – einem ausgeschlossenen Richter gleichstellte. Gerade eine derartige Rückwirkung will aber die h.M. mit der Aussage, der Beschluß sei konstitutiv, ausdrücklich vermeiden[76].

Einem weiteren denkbaren Einwand muß vorgebeugt werden: Der Ansicht vom lediglich deklaratorischen Charakter des Ablehnungsbeschlusses könnte entgegengehalten werden, sie beschränke die Bedeutung und den Sinn des Ablehnungsverfahrens und des gerichtlichen Beschlusses in nicht vertretbarer Weise. Dieser Einwand wäre indes ebenfalls nicht berechtigt. Auch wenn der Ablehnungsbeschluß hinsichtlich des Mitwirkungsverbots nur deklaratorisch wirkt, kommt dem Ablehnungsverfahren und insbesondere dem der Ablehnungsrüge stattgebenden Beschluß eine erhebliche Bedeutung zu. Diese ergibt sich daraus, daß die Prinzipien der Unbefangenheit und des gesetzlichen Richters nicht kollisionsfrei nebeneinanderstehen[77].

Erscheint zweifelhaft, ob in der Person eines Richters Gründe gegeben sind, die seine Befangenheit besorgen lassen, so kann sowohl seine weitere Mitwirkung einen Verfahrensfehler darstellen – nämlich dann, wenn die Besorgnis tatsächlich begründet ist – wie auch seine Ersetzung durch einen anderen

---

[76] LR-Wendisch, Vor § 22, Rdnr. 4; KK-Pfeiffer, § 27, Rdnr. 8.

[77] Näher hierzu insbesondere Hamm, S. 53ff., und Arzt, S. 7f.; auf den Streit, ob das Prinzip des gesetzlichen Richters eine restriktive Auslegung der Ablehnungsgründe verlangt – dazu insbesondere Arzt, S. 7, Teplitzky, JuS 1969, S. 319, und Sarstedt, JZ 1966, S. 314 –, kommt es in diesem Zusammenhang nicht an.

Richter – nämlich dann, wenn Mißtrauen in die Unbefangenheit nicht gerechtfertigt ist. In letzterem Fall besteht nämlich kein Anlaß zur Auswechslung, so daß der abgelehnte Richter und nicht der Vertreter der gesetzliche Richter ist.

Die Gefahr, daß das Verfahren entweder wegen Verstoßes gegen den gesetzlichen Richter oder gegen das Unbefangenheitsprinzip fehlerhaft wird, ist, soweit ein Ausschlußgrund in Betracht kommt, denkbar gering. Die eng umgrenzten Ausschlußgründe sind in der Regel einfach und zweifelsfrei festzustellen. Ist der Richter der Bruder des Verletzten – und die Entscheidung hierüber fällt regelmäßig eindeutig aus –, so wird er ersetzt; da die Ersetzung vorgeschrieben ist, ist der geschäftsplanmäßige Vertreter ohne Zweifel der gesetzliche Richter. Seinem Tätigwerden haftet daher nicht die Gefahr eines gemäß § 338 Ziff. 1 StPO mit der Revision zu rügenden Verfahrensfehlers an.

Anders verhält es sich hingegen, wenn nur der Ablehnungsgrund der Besorgnis der Befangenheit in Betracht kommt. Da die Entscheidung hierüber in der Vielzahl der Fälle alles andere als eindeutig ist, wäre es mit dem Prinzip des gesetzlichen Richters, das klare und eindeutige Zuweisungen von Aufgaben an bestimmte Personen verlangt[78], nicht in Einklang zu bringen, wenn die Entscheidung vom objektiven Vorliegen der Besorgnis der Befangenheit abhängig gemacht würde. Es bestünde im Fall der Ersetzung des abgelehnten Richters regelmäßig die sehr ernst zu nehmende Gefahr eines Verfahrensfehlers, der gemäß § 338 Ziff. 1 StPO erfolgreich mit der Revision gerügt werden könnte. In diesem Zusammenhang nun entfaltet das Ablehnungsverfahren mit dem gerichtlichen Ablehnungsbeschluß seine wesentlichen Wirkungen: Erst der gerichtliche Beschluß, durch den die Ablehnung für begründet erklärt wird, macht – insofern könnte man zu Recht von einer konstitutiven Wirkung sprechen – den Weg frei für die im Hinblick auf das Prinzip des gesetzlichen Richters unbedenkliche Ersetzung des Abgelehnten[79]. Der Beschluß ist nämlich gemäß § 28 Abs. 1 StPO unanfechtbar und schließt damit – gleichgültig ob er die Besorgnis der Befangenheit zu Recht bejaht oder zu Unrecht – gemäß § 336 S. 2 StPO auch für die Revision die Rüge aus, der vertretende Richter sei nicht der gesetzliche[80].

Als Zwischenergebnis aufgrund der bisherigen Überlegungen soll noch einmal festgehalten werden: Für das Entstehen des Mitwirkungsverbots ist der gerichtliche Ablehnungsbeschluß keine konstitutive Voraussetzung.

---

78 Maunz in Maunz-Dürig, Art. 101, Rdnr. 19, 25; Leibholz / Rinck / Hesselberger, Art. 101, Rdnr. 1.

79 So für den Fall, daß ein Richter, der einen Ablehnungsgrund angezeigt hat, durch seinen Vertreter ersetzt wird, ohne daß über die Selbstablehnung entschieden worden wäre: BGHSt 25, 122, 125; LR-Hanack, § 338, Rdnr. 28.

80 Daß die Revision möglich bleibt, wenn der dem Ablehnungsgesuch stattgebende Beschluß zugleich eine willkürliche Entziehung des gesetzlichen Richters bedeutet (s. dazu LR-Hanack, § 336, Rdnr. 14 m.w.N. zur Rechtsprechung), kann in diesem Zusammenhang außer Betracht bleiben.

(2) Das Ablehnungsgesuch als Voraussetzung des Mitwirkungsverbots

Sodann ist zu untersuchen, ob das Mitwirkungsverbot beim befangenen Richter nicht wenigstens die Geltendmachung der Besorgnis durch den Betroffenen verlangt[81]. Die weitere Frage, ob darüber hinaus eine rechtzeitige und formgerechte Rüge erforderlich ist und welche Form- und Fristvorschriften als maßgeblich anzusehen sind, kann dabei zunächst zurückgestellt werden.

Für die Annahme, das Mitwirkungsverbot wegen Besorgnis der Befangenheit entstehe frühestens mit der Geltendmachung der Besorgnis durch den Betroffenen, könnte zunächst § 338 Ziff. 3 StPO angeführt werden. Ist nach dieser Vorschrift die Ablehnung, d.h. die Anbringung des Ablehnungsgesuchs gemäß § 24 StPO[82], Voraussetzung für die erfolgreiche Revisionsrüge, so liegt die Annahme nicht fern, die Ablehnung sei Voraussetzung für das Entstehen des Verfahrensfehlers. Zwingend ist diese Sicht indes nicht. Bei dem Ablehnungsantrag könnte es sich auch um eine Voraussetzung handeln, die der Angeklagte erfüllen muß, um sich die Möglichkeit zu erhalten, den – unabhängig von dem Antrag gegebenen – Verfahrensfehler der Mitwirkung eines befangenen Richters mit der Revision rügen zu können.

Auch in anderen Zusammenhängen behandelt das Gesetz die Rüge des Betroffenen nicht als fehlerbegründend, wohl aber ihre Unterlassung als einen revisionspräkludierenden Umstand. Als Beispiele seien die Rüge der örtlichen Unzuständigkeit nach § 16 StPO (Voraussetzung zur Erhaltung der Rügemöglichkeit gemäß § 338 Ziff. 4), die Rüge fehlerhafter Besetzung der Richterbank gemäß § 222a und b StPO (Voraussetzung zur Erhaltung der Revisionsmöglichkeit gemäß § 338 Ziff. 1) sowie die Rüge fehlerhafter Verhandlungsleitung gemäß § 238 Abs. 2 StPO (Voraussetzung für die Erhaltung der Revisionsmöglichkeit gemäß § 338 Ziff. 8 StPO) genannt. Der Hinweis auf diese Regelungen, in denen die rechtzeitige Rüge nicht verfahrensbegründend wirkt, sondern nur präklusionshindernd, genügt zwar nicht, um zu beweisen, daß das Ablehnungsgesuch für das Entstehen des verfahrensrechtlichen Mit-

---

[81] So Schlüchter, Rdnr. 46 (S. 42); für den befangenen Staatsanwalt in diesem Sinne Frisch, Festschr. f. Bruns, S. 403, der sich aber („jedenfalls ab Geltendmachung") nicht festlegt, und ausdrücklich Schairer, S. 183 („Mitwirkungsverbot erst ab Anbringung eines Ablehnungsgesuchs"), der diese Ansicht allerdings im Rahmen seiner Erörterungen zu Rechtsgrundlagen, Inhalt und Umfang des Handlungsverbots bei Befangenheit (S. 46ff.) nicht begründet; an der Stelle, auf die er (S. 183) zur Begründung verweist, (nämlich auf S. 172) ist nur ausgeführt, daß das Rügerecht in analoger Anwendung des § 25 StPO verwirkt werden könne; diese Aussage setzt aber voraus, daß ein Verfahrensfehler auch ohne Rüge vorliegt; nur unter dieser Prämisse ist im übrigen auch die weitere Annahme Schairers (S. 145) sinnvoll, der Vorgesetzte müsse den befangenen Staatsanwalt selbst dann auswechseln, wenn eine Selbstanzeige und ein Ablehnungsgesuch ausbleiben.

[82] LR-Hanack, § 338, Rdnr. 62; KK-Pikart, § 338, Rdnr. 59; Kleinknecht / Meyer, § 338, Rdnr. 24.

wirkungsverbots wegen Befangenheit keine notwendige Voraussetzung ist. Er belegt aber, daß sich umgekehrt allein aus § 338 Ziff. 3 StPO in Verbindung mit § 24 StPO nicht überzeugend folgern läßt, daß die Rüge notwendige Voraussetzung für die Annahme eines Mitwirkungsverbots sei und damit die Teilnahme des befangenen Richters bis zu ihrer Erhebung keinen Verfahrensfehler begründe.

Es müßten also andere Gründe gefunden werden, um die Annahme rechtfertigen zu können, die Mitwirkung des befangenen Richters sei anders als die Mitwirkung des ausgeschlossenen Richters bis zur Geltendmachung des Ablehnungsgrundes durch den Betroffenen verfahrensrechtlich zulässig. Als ausreichende Erklärung könnte es angesehen werden, wenn die ratio für die Berücksichtigung von Ausschlußgründen einerseits und Ablehnungsgründen andererseits unterschiedlich wäre und die Unterschiedlichkeit notwendigerweise schon für die Frage des Verfahrensfehlers Beachtung verlangte.

Daß hinter der Differenzierung zwischen Ausschluß- und Befangenheitsgründen eine – jedenfalls hinsichtlich der Gewichtung der Schutzzwecke – unterschiedliche ratio für die Berücksichtigung der beiden Kategorien steht, wird tatsächlich vertreten.

Der Unterschied soll daraus resultieren, daß bei Vorliegen von Ausschlußgründen das Vertrauen der Allgemeinheit in die Strafjustiz stärker erschüttert werde mit der Folge, daß die Justiz im Interesse der Wahrung ihres Ansehens gegen das Tätigwerden ausgeschlossener Richter effektiver geschützt werden müsse[83]. Für die Sachgemäßheit dieser Differenzierung können sich ihre Befürworter auf die Motive zur StPO berufen. Die Motive verweisen darauf, daß die Unterscheidung zwischen Ablehnungs- und Ausschlußgründen in nahezu allen Partikulargesetzen anzutreffen sei, und begründen die Übernahme in die StPO wie folgt: „Denn gewisse der Mitwirkung eines Richters entgegenstehende Hinderungsgründe sind von der Art, daß schon die Rücksicht auf das Ansehen der Strafjustiz die Ausschließung erheischt, und hier, wie in anderen Materien des Strafprozeßrechts, kann ein Verfügungsrecht des Anklägers und des Angeklagten nur in beschränktem Maße anerkannt werden.“[84]

Jedenfalls nach Einschätzung des historischen Gesetzgebers vermag also das Tätigwerden eines nur ablehnbaren Richters das Ansehen der Justiz nicht oder zumindest nicht so nachhaltig zu beeinträchtigen wie die Mitwirkung eines ausgeschlossenen Richters. Dementsprechend könnte man die Ansicht vertreten, die StPO stelle die Verfahrensfehlerhaftigkeit wegen Vorliegens von Ablehnungsgründen zur Disposition des Betroffenen[85].

---

[83] LR-Wendisch, Vor § 22, Rdnr. 3; Joos, NJW 1981, S. 101; Birkmeyer, S. 235.
[84] Hahn, S. 82.
[85] Joos, NJW 1981, S. 101.

Diese Betrachtung hat sicher einiges für sich. Ob etwa eine gereizte Äußerung des Richters in der Hauptverhandlung oder ob eine unvorsichtige Äußerung des Berufungsrichters über die vermutlichen Aussichten der Berufung die Besorgnis der Befangenheit begründet, ist eine Frage, die nie abstrakt beurteilt werden kann, sondern immer nur unter Berücksichtigung der konkreten Umstände der jeweiligen Äußerung[86], und im Ergebnis oft schwer eindeutig zu entscheiden ist. Mit Rücksicht auf diese Schwierigkeiten könnte es sich – aus der Sicht des Gesetzgebers betrachtet – als eine zweckmäßige Regelung anbieten, die weitere Mitwirkung des Richters am Verfahren nur dann als verfahrensfehlerhaft zu behandeln, wenn der Betroffene seine Ablösung verlangt und damit zum Ausdruck bringt, daß jedenfalls *er* kein Vertrauen in die Unparteilichkeit dieses Richters hegt.

Der Ablehnungsrüge käme dann praktisch die Aufgabe eines Indizes dafür zu, daß durch die weitere Beteiligung des Richters das Vertrauen der Allgemeinheit in die Unvoreingenommenheit der Rechtsprechung erschüttert würde und das Ansehen der Justiz Schaden nehmen könnte. Auch die für die Ablehnung vorgeschriebenen Rügefristen ließen sich bei dieser Betrachtung weitgehend erklären: Entschließt sich der Betroffene nämlich nicht innerhalb der von den §§ 25ff. StPO vorgesehenen Fristen zur Ablehnung, so wird in aller Regel davon ausgegangen werden können, daß die weitere Behandlung seiner Sache durch denselben Richter ihm persönlich zumutbar ist und auch das Ansehen der Justiz nicht schädigt[87].

Wenn danach auch die Annahme jedenfalls vertretbar erscheint, die StPO wolle gegenüber dem befangenen Richter ein Mitwirkungsverbot erst ab der Rügeerhebung anordnen, so dürften letztlich doch die besseren Argumente für die Entbehrlichkeit der Rüge als Voraussetzung des Mitwirkungsverbots sprechen.

Zunächst ist schon die Ausgangsthese, allein bei Vorliegen von Ablehnungsgründen sei das allgemeine Ansehen der Justiz nicht oder jedenfalls nur in unerheblicher Weise berührt, nicht unproblematisch. Soweit mit dieser These ein Wesensunterschied zwischen Ablehnungs- und Ausschlußgründen zum Ausdruck gebracht werden soll, ist sie unhaltbar. Nicht nur die Ablehnungs-, sondern auch die Ausschlußgründe dienen dem Ziel, die Richterbank von befangenen Richtern freizuhalten[88]. Die Verwandtschaft zwischen Rich-

---

[86] BVerfGE 46, 34, 37; LR-Wendisch, § 24, Rdnr. 8; Eb. Schmidt, Bd. II, § 24, Rdnr. 3; KMR-Paulus, § 24, Rdnr. 5.

[87] Nicht zu erklären ist allerdings – auch wenn man das Wesen der Ablehnungsgründe im Gegensatz zu dem der Ausschlußgründe darin sieht, daß sie zur Disposition des Betroffenen gestellt sind –, daß die StPO in § 25 Abs. 2 die Geltendmachung des Ablehnungsrechts nach dem letzten Wort des Angeklagten auch für den Fall ausschließt, daß er von dem Ablehnungsgrund keine Kenntnis hat; Bedenken auch bei LR-Wendisch, § 25, Rdnr. 23.

[88] BVerfGE 46, 34, 37; 21, 139, 145; besonders deutlich zum Verhältnis von Ausschluß- und Ablehnungsgründen Meyer / Borgs, Vor § 20, Rdnr. 4.

ter und Beschuldigten etwa ist nicht für sich schon der Grund dafür, daß das Gesetz den Richter in § 22 Ziff. 3 StPO ausschließt; Grund ist vielmehr die Besorgnis der Befangenheit, also der Ablehnungsgrund des § 24 StPO, der in diesem Fall allerdings besonders deutlich zu Tage tritt und aufgrund der präzisen Beschreibung eindeutig und zuverlässig überprüfbar ist[89]. Dementsprechend wäre es sicher verfehlt zu meinen, Ausschlußgründe seien schon von ihrem Wesen her etwas völlig anderes als Ablehnungsgründe.

Vertretbar erschiene allenfalls die These, der Unterschied sei ein gradueller; Ausschlußgründe seien gesteigerte Ablehnungsgründe, bei denen – weil die Befangenheit deutlicher sichtbar werde – stets auch das allgemeine Ansehen der Justiz betroffen sei. Auch diese These läßt sich aber als eine generelle Aussage zum Verhältnis von Ausschluß- und Befangenheitsgründen nicht aufrechterhalten.

Es gibt Ablehnungsgründe, bei denen – nicht nur im Einzelfall, sondern prinzipiell und nicht etwa nur aus der Sicht des Betroffenen, sondern für die Allgemeinheit erkennbar – die Mitwirkung des Richters das Ansehen der Justiz nicht weniger zu schädigen geeignet ist als die Beteiligung eines ausgeschlossenen Richters. Es wird nicht einmal geleugnet werden können, daß das Maß der Besorgnis der Befangenheit – soweit diese überhaupt als meßbare Größe angesehen werden kann – bei einzelnen Ablehnungsgründen größer sein kann als bei Ausschlußgründen[90]. Oder sollte das Ansehen der Justiz etwa eher beeinträchtigt sein, wenn der Richter – was ihm vielleicht nicht einmal bekannt ist – mit dem Verletzten in der Seitenlinie im dritten Grade verwandt ist (Ausschlußgrund gemäß § 22 Ziff. 3 StPO), als wenn er mit der Verletzten seit Jahren in sogenannter eheähnlicher Lebensgemeinschaft lebt (dann nur Ablehnungsgrund gemäß § 24 StPO)? Soll die Mitwirkung eines Richters, der in einer Strafsache früher schon als Staatsanwalt tätig war, indem er als Vertreter des ordentlichen Dezernenten eine Sachstandsanfrage bei der Kriminalpolizei anordnete und eine Wiedervorlagefrist notierte[91], dem Ansehen der Justiz abträglicher sein, als wenn er mit dem Angeklagten seit Kindertagen abgrundtief verfeindet oder eng befreundet ist?

Schon diese Beispiele – deren Zahl beliebig vergrößert werden könnte – dürften ausreichen, um den auf den ersten Blick vielleicht plausiblen Satz zu erschüttern, bei den Ausschlußgründen handele es sich im Prinzip um gesteigerte Ablehnungsgründe.

Angesichts der unendlichen Zahl denkbarer Befangenheitsfälle und – damit verbunden – der breiten Skala des Maßes der im Einzelfall zu besorgenden

---

89 BVerfGE 46, 34, 37; LR-Wendisch, Vor § 22, Rdnr. 2.

90 Joos, NJW 1981, S. 101.

91 In diesem Fall liegt nach BGH StV 1982, S. 51, der Ausschlußgrund des § 22 Nr. 4 StPO vor, und zwar selbst dann, wenn im Zeitpunkt der Sachstandsanfrage der Täter noch unbekannt war.

Befangenheit kann diese These nicht zutreffen. Allenfalls läßt sich – und auch dies gilt nicht ausnahmslos – sagen, daß die Ausschlußgründe Gestaltungen erfassen, in denen die Besorgnis der Befangenheit besonders handgreiflich ist, und die – anders als Verhältnisse wie tiefe Feindschaft, enge Freundschaft, Lebensgemeinschaft schon abstrakt so präziser Beschreibung zugänglich sind, daß die Subsumtion keine Schwierigkeiten bereitet und die Ergebnisse im Einzelfall eindeutig sind. Dieser Unterschied kann aber vernünftigerweise keine Veranlassung geben, das Mitwirkungsverbot im einen Fall kraft Gesetzes entstehen zu lassen und in dem anderen Fall zusätzlich die formgültige und fristgerechte Geltendmachung zu verlangen.

Sodann bringt die StPO selber – durch andere Regelungen – deutlich zum Ausdruck, daß sie die Mitwirkung bzw. das Ausscheiden des Richters, in dessen Person Gründe vorliegen, die die Besorgnis der Befangenheit rechtfertigen, nicht zur Disposition des Betroffenen, insbesondere des Beschuldigten stellt.

Dabei ist zunächst an § 24 Abs. 3 StPO zu denken. Daß auch dem Staatsanwalt ein Ablehnungsrecht gegenüber dem zuungunsten des Beschuldigten befangen erscheinenden Richter eingeräumt ist, stellt jedenfalls eine Durchbrechung der Dispositionsbefugnis dar[92].

Nicht in das Bild eines zur Disposition des Betroffenen gestellten Mitwirkungsverbots paßt sodann auch § 30 StPO.

Zeigt der Richter ein Verhältnis an, das die Besorgnis seiner Befangenheit begründet, so kann er das angebliche Verfügungsrecht des Ablehnungsberechtigten beseitigen und gegen dessen Willen seine Ersetzung herbeiführen. Schon diese *Möglichkeit,* die zudem zeitlich unbefristet ist, also auch noch besteht, wenn der Betroffene den Richter gemäß § 25 StPO nicht mehr ablehnen kann[93], schließt die Annahme aus, das Mitwirkungsverbot sei zu dessen Disposition gestellt.

Mit dieser Annahme ist erst recht nicht in Einklang zu bringen, daß § 30 StPO, wenn auch nicht ausdrücklich, so doch konkludent den Richter *verpflichtet,* die Umstände anzuzeigen, die eine Besorgnis der Befangenheit rechtfertigen könnten. Schon wenn man diese Pflicht – mit der h.M.[94] – als eine rein dienstrechtliche Pflicht begreift, gerät die These von der Erforderlichkeit der Ablehnungsrüge als Voraussetzung des Mitwirkungsverbots in Erklärungsschwierigkeiten: Warum soll das Gesetz den Richter – wenn auch

---

92 Auch wenn diese in Anbetracht der Verpflichtung der Staatsanwaltschaft zur Objektivität gemäß § 160 Abs. 2 StPO nur konsequent erscheint.

93 LR-Wendisch, § 30, Rdnr. 10, 19; KMR-Paulus, § 30, Rdnr. 2; Kleinknecht / Meyer, § 30, Rdnr. 1; KK-Pfeiffer, § 30, Rdnr. 4.

94 KMR-Paulus, § 30, Rdnr. 3 m.w.N. zur Rechtsprechung; LR-Wendisch, § 30, Rdnr. 3; Kleinknecht / Meyer, § 30, Rdnr. 2.

nur dienstrechtlich – zur Anzeige von Umständen verpflichten, deren Vorliegen verfahrensrechtlich irrelevant ist, solange sie der Betroffene nicht selber rügt? Soweit man der Verpflichtung zur Selbstablehnung entgegen der h.M. verfahrensrechtlichen Charakter beimißt[95] – wofür gute Gründe sprechen[96] –, dürfte außer Zweifel stehen, daß das Mitwirkungsverbot mit der Besorgnis der Befangenheit entstehen muß.

(3) Die Besorgnis der Befangenheit als alleinige Voraussetzung des Mitwirkungsverbots

Die sich danach als zutreffend andeutende Ansicht, die Verfahrensfehlerhaftigkeit der Mitwirkung eines einfach befangenen Richters setze nicht mehr voraus als die materielle Besorgnis der Befangenheit, wäre allerdings gleichwohl problematisch, wenn sich mit ihr nicht erklären ließe, welche Bedeutung nach der StPO das an Form- und Fristerfordernisse gebundene Ablehnungsrecht und das Ablehnungsverfahren haben. Dies ist aber nicht der Fall:

Anders als andere Verfahrensordnungen räumt die StPO in § 24 StPO dem Betroffenen die Möglichkeit ein, die Besorgnis der Befangenheit des Richters schon im Verfahren zu rügen, verweist ihn also nicht darauf, die Fehlerhaftigkeit des Verfahrens zunächst zu erdulden und erst gemeinsam mit der Anfechtung der am Ende des fehlerhaften Verfahrens stehenden Entscheidung geltend zu machen. Die Rügemöglichkeit ist also zunächst einmal ein subjektives (Verteidigungs-)Recht des Betroffenen.

Eine weitere Funktion des Ablehnungsverfahrens gemäß §§ 24ff. StPO kommt hinzu. Mit dem Recht verbindet die StPO eine Last. Soweit der Betroffene von seinem Recht nicht innerhalb der Fristen des § 25 StPO Gebrauch macht oder seine Rüge den Formerfordernissen nicht entspricht, wird er mit dieser Rüge – und zwar auch für die Rechtsmittelinstanz (§ 338

---

[95] Hamm, S. 136ff., 138.

[96] Die Selbstablehnung betrifft den Rechtskreis des Betroffenen erheblich. Sie berührt sein Recht auf den gesetzlichen Richter. Im übrigen gestaltet § 21 VwVfG die Verpflichtung des befangenen Verwaltungsbeamten zur Unterrichtung seines Vorgesetzten verfahrensrechtlich aus. Sodann wäre mit der Annahme einer verfahrensrechtlichen Verpflichtung zur Selbstanzeige auch die Ansicht leichter in Einklang zu bringen, daß der Betroffene vor der Entscheidung über die Selbstablehnung zu hören ist – wie auch die Vertreter der h.M. zunehmend vertreten (so LR-Wendisch, § 30, Rdnr. 5; KMR-Paulus, § 30, Rdnr. 6; Arzt, JR 1974, S. 76; a.A. KK-Pfeiffer, § 30, Rdnr. 6). Auch bei Annahme einer verfahrensrechtlichen Pflicht hätte eine pflichtwidrige Unterlassung der Selbstanzeige im übrigen nicht notwendigerweise die Revisibilität des Urteils zur Folge – wie die Vertreter der h.M. möglicherweise befürchten. Revisionsrechtlich wäre nämlich jedenfalls die Annahme nicht fernliegend, daß von § 338 Nr. 3 StPO eine Sperrwirkung ausgeht, die die Revisionsrüge der unterlassenen Selbstanzeige, bzw. der weiteren fehlerhaften Mitwirkung ausschließt.

Ziff. 3 StPO) – ausgeschlossen. Diese Präklusionswirkung ändert aber nichts daran, daß dem befangenen Richter die Mitwirkung am Verfahren verboten ist, wie man u. a. daran ersehen kann, daß er weiterhin zur Selbstablehnung gemäß § 30 StPO verpflichtet bleibt.

Dieses Verhältnis von Verfahrensfehler, Ablehnungsrecht und Präklusion haben die Motive zur StPO recht deutlich zum Ausdruck gebracht. In der Begründung zu § 19 des Entwurfs, dem Vorläufer des heutigen § 25 Abs. 1, heißt es: „Dieselben Gründe, welche es rechtfertigen, die Einrede der Unzuständigkeit des Gerichts nur bis zu einem gewissen Zeitpunkt zuzulassen, lassen auch eine entsprechende Einschränkung des Ablehnungs*rechts* als geboten erscheinen. Wer einen in der Hauptverhandlung mitwirkenden Richter abzulehnen Veranlassung hat, von dem darf verlangt werden, daß er vor Beginn der eigentlichen Verhandlung, also vor Verlesung der Anklage und in der Revisionsinstanz vor dem Beginn der Berichterstattung, sein Ablehnungsrecht ausübe. Es würde ebensosehr gegen die Würde des Gerichts wie gegen die Ordnung des Strafverfahrens verstoßen, wenn es dem Beschuldigten oder dem Ankläger freistände, durch ein im Laufe oder gar am Schluß der Verhandlung vorgebrachtes Ablehnungsgesuch die letzte gleichsam ungeschehen zu machen[97].“ Der Vergleich mit der Unzuständigkeit, die zweifelsfrei als solche – also ohne Rüge – einen Verfahrensfehler darstellt, belegt deutlich, daß es der StPO mit der Einschränkung des Ablehnungsrechts darum ging, wegen des Vorrangs anderer Interessen – insbesondere desjenigen an einem zügigen und geordneten Ablauf der Verhandlung – die *Geltendmachung* eines Verfahrensfehlers von gewissen Zeitpunkten an völlig auszuschließen.

Einem weiteren Einwand muß vorgebeugt werden: Auch § 29 Abs. 1 StPO läßt sich von dem hier vertretenen Standpunkt erklären. Die Regelung, nach der ein abgelehnter Richter vor Erledigung des Ablehnungsgesuchs nur unaufschiebbare Amtshandlungen vornehmen darf, ist auch dann sinnvoll, wenn das Mitwirkungsverbot unabhängig von der Rüge des Betroffenen schon mit dem Entstehen des Ablehnungsgrundes wirksam wird. § 29 StPO stellt nämlich zum einen die trotz grundsätzlichen Mitwirkungsverbots bestehende Befugnis zur Vornahme unaufschiebbarer Handlungen klar und beschränkt diese Befugnis auf den Zeitraum bis zur Entscheidung über das Ablehnungsgesuch. Zum anderen kommt dem an die bloße Ablehnung anknüpfenden Verbot jeder anderen Tätigkeit insofern Bedeutung zu, als es auch dann eingreift, wenn – wie sich im Nachhinein herausstellt – ein Grund, der die Besorgnis der Befangenheit rechtfertigen könnte, nicht vorliegt.

---

[97] Hahn, S. 91 (zu § 19).

c) Zwischenergebnis

Danach steht fest: Auch für den Richter – wie für den Verwaltungsbeamten – entsteht das Mitwirkungsverbot wegen Besorgnis der Befangenheit nicht erst mit dem Beschluß des Gerichts, auch nicht erst mit der Anbringung des Ablehnungsgesuchs, sondern schon mit dem objektiven Vorliegen der Tatsachen, die die Besorgnis der Befangenheit begründen.

Da Gründe, die dafür sprechen könnten, beim Staatsanwalt insofern von einer anderen Rechtslage auszugehen, nicht ersichtlich sind, gilt auch für ihn ein Verbot mit dem gleichen Inhalt.

Im Ergebnis ist dem befangenen Staatsanwalt also – wie allen befangenen Amtswaltern – vom Eintritt der Befangenheitslage an die weitere Mitwirkung im Verfahren untersagt. Das Mitwirkungsverbot gilt für beide Formen von Befangenheit, Ausschließung wie einfache Befangenheit.

Für diese Aussage braucht keine Festlegung dahingehend zu erfolgen, ob die fragliche Analogie eine Rechtsanalogie oder eine Gesetzesanalogie zu sein hat, und damit auch nicht, welches Gesetz im Falle einer Gesetzesanalogie entsprechend anzuwenden wäre.

2. Analogiefähigkeit gesetzlicher Kataloge von Ausschlußgründen

Fraglich ist, ob noch weitergehende Aussagen im Wege analoger Rechtsanwendung gewonnen werden können. Das Ergebnis der bisherigen Untersuchung läßt Fragen nach wichtigen verfahrensrechtlichen Konsequenzen unbeantwortet. Offen ist beispielsweise, ob der Betroffene die Befangenheit des Staatsanwalts innerhalb bestimmter Fristen geltend machen muß oder ob an die etwaige Fristversäumung Präklusionswirkungen geknüpft sind.

Auch zu solchen und anderen weitergehenden Fragen könnten Aussagen im Wege der Rechtsanalogie oder der Gesetzesanalogie abgeleitet werden. Dabei könnte – wie insbesondere die Ausschließungs- und Ablehnungsregelungen der StPO für befangene Richter zeigen – der Schlüssel für die Lösung vieler Folgeprobleme bei der Unterscheidung zwischen dem „ausgeschlossenen" und dem einfach „befangenen" Staatsanwalt liegen. Das setzt aber voraus, daß es möglich ist, rechtstechnisch (korrekt) von einem „ausgeschlossenen" Staatsanwalt zu sprechen.

Das geschieht allgemein; es entspricht offenbar allgemeiner Auffassung, daß es rechtlich zulässig sei, einen Kanon von Ausschlußgründen festzulegen und an das Vorliegen der so bestimmten Ausschlußtatbestände Rechtsfolgen zu knüpfen, die von denen der einfachen Befangenheit abweichen.

Diese Betrachtung drängt sich nahezu auf. Sowohl die gerichtlichen Prozeßordnungen[98] als auch die Verwaltungsverfahrensgesetze – einschließlich der

Verfahrensvorschriften in der AO und im SGB[99] – halten für ihre Anwendungsbereiche Kataloge von Ausschließungsgründen bereit. Auch für den Staatsanwalt selber gibt es – wenn auch nicht im geltenden Recht – gesetzliche Vorlagen, die zwischen Befangenheit und Ausschlußgrund trennen: Die der StPO vorausgegangenen partikularrechtlichen Verfahrensordnungen haben überwiegend die einfache Befangenheit des Staatsanwalts für unbeachtlich erklärt und ein Mitwirkungsverbot nur für bestimmte Ausschlußgründe ausgesprochen[100]. Diese Tradition setzt sich fort in den Reformentwürfen, soweit sich diese mit der Befangenheit des Staatsanwalts überhaupt beschäftigen[101].

Angesichts des absolut einheitlichen Bildes, das sich bei Betrachtung sämtlicher gesetzlicher Modelle bietet, ist es verständlich, wenn die Unterscheidung zwischen Ablehnungs- und Ausschlußgründen als eine jeder Diskussion vorgegebene unumstößliche Notwendigkeit angesehen wird. Erscheint ein Befangenheitsrecht, das auf diese grundlegende Einteilung verzichtet, aber überhaupt nicht vorstellbar, so drängt es sich auf, daß sich bezüglich der Amtsträger, für die eine gesetzliche Regelung fehlt, der Rechtsanwender verpflichtet fühlt, das Versäumnis des Gesetzgebers auch insoweit wettzumachen und von sich aus Ausschließungsgründe zu schaffen. Von diesem Verständnis geprägt hat die verwaltungsrechtliche Literatur, als sie sich – vor dem Inkrafttreten des VwVfG – in derselben Lage befand wie das heutige Schrifttum zum befangenen Staatsanwalt, den außergesetzlichen „ausgeschlossenen Verwaltungsbeamten" geschaffen[102]. Die Frage, ob und wie sich die gesetzlich nicht vorgesehene Rechtsfigur eines „ausgeschlossenen Staatsanwalts" methodisch überzeugend begründen läßt, wird in der strafprozessualen Literatur nicht untersucht. Sie muß aber trotz der Einigkeit im Ergebnis gestellt werden. In Betracht kommt, da man von Gewohnheitsrecht sicher nicht sprechen kann, nur eine Analogie, in Form entweder der Rechts- oder der Gesetzesanalogie.

a) Rechtsanaloge Übernahme der Differenzierung zwischen ausgeschlossenen und einfach befangenen Amtsträgern

Die Tatsache, daß alle gesetzlichen Befangenheitsregelungen zwischen befangenen und ausgeschlossenen Amtsträgern unterscheiden, deutet auf die Möglichkeit hin, daß hinter dieser Differenzierung ein allgemeiner Rechtsgedanke steht, der im Wege der Rechtsanalogie auf den befangenen Staatsanwalt zu erstrecken wäre.

---

[98] s. o. Anm. 4 zu Teil A.

[99] s. o. Anm. 13 zu Teil A.

[100] s. o. Anm. 16, 17 zu Teil A.

[101] s. o. Anm. 28, 31, 34 zu Teil A; ebenso die – freilich als verfahrensrechtliche Bestimmungen verfassungswidrigen – landesgesetzlichen Regelungen des § 7 ndsAGGVG und § 11 BWAGGVG.

[102] Dagtoglou, S. 71; Wimmer, MDR 1962, S. 11.

Der Annahme eines allgemeinen Rechtsgedankens steht – soweit ersichtlich – in Anbetracht der Traditionalität und allgemeinen Verwendung der Unterscheidung auch nichts entgegen. Fraglich aber erscheint die Übertragbarkeit auf Amtsträger, für die es – wie für den Staatsanwalt – an gesetzlichen Normierungen fehlt. Sie ist deswegen problematisch, weil die vorhandenen gesetzlichen Ausschlußkataloge voneinander abweichen, und zwar zum Teil recht erheblich.

Dabei handelt es sich nicht nur um sprachliche Abweichungen, die sich etwa beim Vergleich von § 20 VwVfG mit § 22 StPO herausstellen. Sie könnten unberücksichtigt bleiben. Schwierigkeiten bereiten die inhaltlichen Unterschiede.

Solche inhaltlichen Unterschiede zeigen sich schon dann, wenn man die Kataloge der verschiedenen gerichtlichen Verfahrensordnungen für den Ausschluß der Richter und der sonst von ihnen erfaßten Gerichtspersonen miteinander vergleicht. So ist etwa – ohne daß hierfür ein sachlicher Grund ersichtlich wäre – der ZPO ein dem § 23 Abs. 2 StPO entsprechender Ausschlußgrund fremd. Der Richter, der an der angefochtenen Entscheidung mitgewirkt hat, ist im Zivilprozeß in dem Verfahren über die Wiederaufnahmeklage (§ 578 ZPO) nicht ausgeschlossen. § 41 Nr. 6 ZPO erfaßt diesen Fall nicht[103]. Eigenarten der Kataloge – und zwar solche, die nicht durch funktionsbedingte Besonderheiten bei den betroffenen Richtern zu erklären sind – treten auch bei einem Vergleich zwischen StPO und ZPO einerseits und FGG andererseits zutage. Nach § 6 FGG ist weder der als Zeuge oder Sachverständige vernommene Richter noch – in der Rechtsmittelinstanz – der Richter ausgeschlossen, der an der angefochtenen Entscheidung beteiligt war[104].

Der Eindruck erheblicher Inkongruenz der Ausschlußgrundkataloge verstärkt sich, wenn man die Regelungen für Verwaltungsbeamte in die Betrachtung einbezieht. Es sollen nur einige Beispiele für Abweichungen aufgezeigt werden, die sich bei einem Vergleich von §§ 22, 23 StPO und § 20 VwVfG herausstellen. So finden etwa die §§ 22 Ziff. 4 und 5 sowie § 23 Abs. 1 und 2 StPO, die den Ausschluß des Richters wegen richterlicher bzw. nichtrichterlicher Vortätigkeit in der Sache festschreiben, in § 20 VwVfG keine oder allenfalls partielle Entsprechung[105]. Umgekehrt kennt die StPO nicht die Ausschlußgründe der §§ 20 Abs. 1 Ziff. 4 in Verbindung mit Abs. 5 VwVfG (Ausschluß des Beamten, der Angehöriger eines Vertreters eines Beteiligten ist)[106] sowie des § 20 Abs. 1 Ziff. 6 VwVfG (Ausschluß des Beamten, der in

[103] BGH NJW 1981, S. 1273, 1274 m.w.N.; Stein / Jonas / Leipold, § 41, Rdnr. 19.

[104] Keidel / Reichert, § 6, Rdnr. 15, der aber verfassungsrechtliche Bedenken äußert.

[105] Knack / Clausen, § 20, Rdnr. 8; Kopp, § 20, Rdnr. 8; Stelkens / Bonk / Leonhardt, § 20, Rdnr. 9; Meyer / Borgs, § 20, Rdnr. 1.

[106] Von § 22 Nr. 3 StPO nicht erfaßt, LR-Wendisch, § 22, Rdnr. 15.

einer Angelegenheit privat tätig gewesen ist). Eine erhebliche Erweiterung seines Anwendungsbereichs erfährt § 20 VwVfG im Vergleich zur StPO-Regelung ferner dadurch, daß nach seinem Abs. 1 Satz 2 dem Beteiligten gleichgestellt wird, wer durch die Tätigkeit oder durch die Entscheidung einen unmittelbaren Vorteil oder Nachteil erlangen kann.

Übereinstimmend geregelt sind lediglich die auf persönlichen Beziehungen zu einem Verfahrensbeteiligten beruhenden Ausschlußgründe der §§ 22 Ziff. 1 - 3 StPO bzw. 20 Abs. 1 Ziff. 2 in Verbindung mit Abs. 5 VwVfG. Selbst diese Aussage kann aber nur mit Einschränkungen aufrechterhalten werden. Während § 20 VwVfG ausschlußbegründende persönliche Verhältnisse des Verwaltungsbeamten auch dann für gegeben ansieht, wenn dieser mit einem Beteiligten verlobt (§ 20 Abs. 5 Ziff. 1) oder mit ihm durch ein einem Eltern-Kind-Verhältnis vergleichbares Pflegeverhältnis verbunden ist (§ 20 Abs. 5 Ziff. 8), knüpft § 22 Nr. 2 und 3 StPO die unwiderlegliche Vermutung der Befangenheit nur an das Vorliegen von Verwandtschaft bzw. Schwägerschaft bestimmter Grade[107].

Aus dieser Verschiedenheit der Kataloge resultiert für eine Rechtsanalogie die Schwierigkeit, daß sich nicht sagen läßt, wie die „Lücke“ zu schließen wäre. Die Übernahme (irgend-)eines bestimmten Kataloges ist im Wege der Rechtsanalogie nicht begründbar.

Bei erster Betrachtung könnte sich ein weiterer Weg zur Schließung der Lücke beim Staatsanwalt anbieten. Man könnte, statt einen der vorhandenen gesetzlichen Kataloge in seiner Gesamtheit auf den Staatsanwalt zu übertragen, sämtliche Ausschlußgründe der verschiedenen Kataloge einzeln auf ihre Übertragbarkeit hin überprüfen und so einen neuen auf den Staatsanwalt zugeschnittenen Katalog zusammenstellen[108]. Dieses Verfahren – so naheliegend es zunächst erscheinen mag – ist indes nicht zulässig.

Mit der Aufstellung eines jeden Katalogs hat der Gesetzgeber jeweils zwei Entscheidungen getroffen: Die erste: Bei Vorliegen eines Ausschlußgrundes ist der Amtswalter mit den sich aus dem Ausschluß ergebenden – von den Folgen der einfachen Befangenheit abweichenden – Konsequenzen stets ausgeschlossen; die zweite: Nur bei Vorliegen der Voraussetzungen eines in dem jeweiligen Katalog enthaltenen Ausschlußgrundes tritt der Ausschluß ein. Jeder Katalog zählt die Ausschlußfälle enumerativ auf. In anderen Fällen ist der Amtswalter nicht ausgeschlossen, auch wenn sie nach Sinn und Zweck der Ausschlußgründe einem in demselben Katalog erfaßten Fall gleichgelagert sind[109]. Dies gilt selbst dann, wenn ein anderer Katalog gerade auch diesen

---

[107] Die Einbeziehung des Verlöbnisses in den Katalog des § 22 StPO ist aber für viele ein Wunschposten bei der Reform, u. a. LR-Wendisch, Vor § 22, Rdnr. 16; Frisch, Festschr. f. Bruns, S. 402.

[108] Schairer, S. 61, und Krey, JA 1985, S. 513, s. ferner oben B II. 3. b) und dort Anm. 94.

Fall als Ausschlußgrund regelt[110]. So ist etwa der mit der Angeklagten oder der Verletzten verlobte Richter gemäß § 22 StPO nicht ausgeschlossen, obwohl die durch ein Verlöbnis bestimmten persönlichen Beziehungen sicher nicht weniger eng sind als die durch eine Schwägerschaft zweiten Grades – was die StPO in anderem Zusammenhang, etwa in § 52, auch selber anerkennt. Trotzdem müßte der mit der Verletzten verlobte Richter rechtzeitig abgelehnt werden[111], damit die Revisionsrüge gemäß § 338 Ziff. 3 erhalten bleibt. Hieran hat sich durch das Inkrafttreten des Verwaltungsverfahrensgesetzes und dessen § 20 Abs. 1 Ziff. 2 in Verbindung mit Abs. 5 Ziff. 1 nichts geändert. Diese Bestimmung kann nicht analog auf den Richter angewandt werden, obwohl das Verlöbnis bei ihm nicht weniger augenscheinlich die Besorgnis der Befangenheit begründet als beim Verwaltungsbeamten.

Verbietet die Exklusivität der einzelnen Ausschlußgrundkataloge dem Rechtsanwender aber schon, einen Katalog durch Rückgriff auf einen in einem anderen Katalog geregelten Fall zu erweitern, so kann es ihm erst recht nicht erlaubt sein, für den Staatsanwalt durch Rückgriff auf einzelne Gründe verschiedener Vorlagen einen neuen Katalog mit eigenem Gesicht zusammenzustellen. Eine andere Auffassung würde dem Anwender Befugnisse des Gesetzgebers zugestehen, derer sich dieser – wie die enumerative Zusammenfassung der Ausschlußgründe in allen Katalogen beweist – ersichtlich nicht begeben wollte. Auch Rechtsanalogie kann die Begründung von Rechtsregeln nicht ermöglichen, die nur vom Gesetzgeber erlassen werden können; das wäre nicht Gesetzesfortbildung, sondern Neuschöpfung.

Um eine demnach nicht zulässige (dem Gesetzgeber allein mögliche) Zusammenstellung eines selbständigen Kataloges würde es sich im übrigen auch dann handeln, wenn man nicht beliebige Ausschlußtatbestände zu einem „passenden" Katalog zusammenfügen, sondern einen Ausschluß des Staatsanwalts nur bei solchen Umständen annehmen würde, die in allen Katalogen als Ausschließungsfälle enthalten sind. Denn auch bei einem „Rumpfkatalog" würde es sich um eine abschließende Kasuistik handeln (um eine solche überdies, für die in keiner gesetzlichen Regelung etwas auch nur annähernd Vergleichbares zu finden wäre).

Eine Rechtsanalogie ist also nicht in der Lage, die Existenz eines „ausgeschlossenen" Staatsanwalts im geltenden Recht nachzuweisen.

---

[109] Betr. §§ 22, 23 StPO: Kleinknecht / Meyer, § 22, Rdnr. 3; KK-Pfeiffer, § 22, Rdnr. 15, § 23, Rdnr. 3; LR-Wendisch, § 22, Rdnr. 3; betr. § 20 VwVfG: Kopp, § 20, Rdnr. 8; Stelkens / Bonk / Leonhardt, § 20, Rdnr. 9; betr. § 41 ZPO: BVerwG NJW 1980, S. 2722; AK-ZPO-Wassermann, § 41, Rdnr. 1; Stein / Jonas / Leipold, § 41, Rdnr. 6. Die sehr umstrittene Frage, ob im unmittelbaren Umfeld der Ausschließungsgründe eine Ablehnung wegen Besorgnis der Befangenheit in Betracht kommt (s. dazu statt aller Kleinknecht / Meyer, § 22, Rdnr. 3), kann hier dahingestellt bleiben.

[110] Insbesondere BGH NJW 1981, S. 1273, 1274 m.w.N.; BVerwG NJW 1980, S. 2722; Kopp, § 20, Rdnr. 8.

[111] Kleinknecht / Meyer, § 22, Rdnr. 9; KK-Pfeiffer, § 22, Rdnr. 7.

b) Gesetzesanalogie

Was demnach allein möglich bleibt, ist die Übernahme eines gesetzlichen Kataloges in seiner Gesamtheit. Fraglich ist dann zunächst, welcher der gesetzlichen Kataloge in Betracht kommt.

Maßstab für die Entscheidung dieser Frage kann nur sein, welcher Katalog von seinem Zuschnitt her unter Berücksichtigung der Stellung des Staatsanwalts und seiner Aufgaben im Strafverfahren für die Übertragung auf ihn am besten geeignet erscheint. Legt man diesen Maßstab zugrunde, so bieten sich schon nach grober Vorprüfung eigentlich nur zwei Modelle zur Lückenschließung an: das der StPO für Richter und Gerichtspersonen und das des Verwaltungsverfahrensgesetzes für Verwaltungsbeamte. Vor die Notwendigkeit, sich zwischen diesen beiden Modellen zu entscheiden, sieht sich die h.M. nicht gestellt. Sie geht als selbstverständlich vom StPO-Modell aus und zieht die Anwendung des § 20 VwVfG nicht einmal als Alternative in Erwägung.

Einen Versuch, den Rückgriff auf das StPO-Modell und damit die Entscheidung gegen § 20 VwVfG zu rechtfertigen, unternimmt nur Frisch. Diese Entscheidung – meint er – bedürfe keiner großen Begründung; sie rechtfertige sich daraus, „daß dieses Modell im Hinblick auf die beteiligten Personen wie auf die Besonderheiten des hier interessierenden Verfahrens die größte Adäquität verbürgt“[112]. Ob das StPO-Modell die größte Adäquität verbürgt, ist aber gerade die Frage.

Die behauptete Vergleichbarkeit von Richter und Staatsanwalt „als beteiligte Personen“ wird zweckmäßigerweise in zwei Schritten überprüft: zunächst beschränkt auf die grundsätzliche Stellung des Staatsanwalts als Staatsorgan und sodann unter Einbeziehung seiner Aufgaben und Funktionen im Verfahren.

Die Stellung des Staatsanwalts ist bekanntlich Gegenstand heftiger Diskussionen gewesen[113]. Sicher kann man betonen, daß die Staatsanwaltschaft ein dem Gericht gleichgeordnetes Organ der Strafrechtspflege[114] ist und die Stellung des Staatsanwalts wegen seiner Zugehörigkeit zum Funktionsbereich der Rechtsprechung als der Stellung des Richters verwandt ansehen. Auf der anderen Seite ist, ohne daß die Grundlagendiskussion um die Stellung des Staatsanwalts aufgerollt zu werden braucht, wegen § 146 GVG nicht zu bezweifeln, daß der Staatsanwalt weisungsgebunden ist. Daraus folgt, daß er – auch wenn er nicht verwaltet – in seiner Stellung jedenfalls auch Ähnlichkeiten mit dem Verwaltungsbeamten aufweist[115]. Die Stellung des einzelnen

---

112 Frisch, Festschr. f. Bruns, S. 399.

113 s. schon oben C I. 1. a).

114 Eb. Schmidt, Bd. I., Rdnr. 96; Kissel, § 141, Rdnr. 9; anders wiederum Kohlhaas, der die Staatsanwaltschaft unmittelbar der dritten Gewalt zuordnet.

115 Rüping, S. 32; Gössel, GA 1980, S. 336; Krey, JA 1985, S. 62.

Staatsanwalts – um dessen persönliche Umstände es ja geht – spricht daher sogar eher für eine Vergleichbarkeit mit dem Verwaltungsbeamten. Jedenfalls aber kann aus der Stellung der Staatsanwaltschaft kein Argument für die Übertragbarkeit des StPO-Richter-Modells als des im Hinblick auf die Stellung der beteiligten Personen adäquaten Modells abgeleitet werden.

Bezieht man sodann die Aufgaben und Funktionen des Staatsanwalts im Verfahren in die vergleichende Betrachtung ein, so muß Frisch sicher darin zugestimmt werden, daß die Staatsanwaltschaft zumal nach der StPO-Reform von 1974 zunehmend auch Aufgaben wahrnimmt, die denen des Richters nahekommen[116]. Die der Staatsanwaltschaft eingeräumten Zwangsrechte[117] und ihre Befugnis zur Einstellung des Verfahrens gegen Auflagen (§ 153a), die ihr z.T. sogar ohne gerichtliche Kontrolle zusteht (§ 153 Abs. 1 Satz 6 in Verbindung mit § 153 Abs. 1 Satz 2), sprechen für die These von den teilweise richterähnlichen staatsanwaltschaftlichen Funktionen.

Andererseits kann aber auch nicht verkannt werden, daß die Staatsanwaltschaft diese mit den Aufgaben des Richters vergleichbaren Funktionen im wesentlichen nur im Vorverfahren wahrnimmt. In der Hauptverhandlung sind die Aufgaben des Staatsanwalts nach wie vor eher untergeordneter Natur. Dem die Verhandlung leitenden und die Sache entscheidenden Richter steht ein in seinen Möglichkeiten zur Gestaltung des Verfahrens und Einflußnahme auf die Entscheidung stark eingeengter Staatsanwalt gegenüber. Von einer Vergleichbarkeit von richterlichen und staatsanwaltschaftlichen Funktionen kann daher – wie Frisch in anderem Zusammenhang auch selber ausdrücklich anerkennt[118] – in der Hauptverhandlung nicht die Rede sein. Die Berücksichtigung der Aufgaben des Staatsanwalts kann ihn daher allenfalls für Teilbereiche dem Richter vergleichbar erscheinen lassen.

Auf die „größere Adäquität" des Richter-Ausschluß-Modells der StPO im Verhältnis zum Modell des Verwaltungsverfahrensgesetzes kann sich daher nicht überzeugend berufen, wer sich mit der h.M. für die Anwendung der §§ 22, 23 auf den Staatsanwalt entscheiden will. Gegen den Rückgriff auf § 20 VwVfG und damit im Ergebnis vielleicht für die h.M. könnte aber § 2 Abs. 2 Ziff. 2 VwVfG sprechen.

Nach dieser Bestimmung findet das Verwaltungsverfahrensgesetz auf das Strafverfahren keine Anwendung. § 2 VwVfG schließt zwar seinem Wortlaut nach nur die unmittelbare Geltung des Gesetzes für bestimmte Bereiche aus und steht somit seiner analogen Anwendung nicht unbedingt entgegen. Es besteht aber zu Recht Einigkeit darüber, daß – soll die Vorschrift in ihrem

---

116 Zur Stärkung der Stellung der Staatsanwaltschaft vor allem durch das 1. StVRG vom 9.12.1974 s. u.a. den Überblick bei LR-Schäfer, Einl. Kap. 5, Rdnr. 24ff.

117 Zum nicht hinreichenden Rechtsschutz des Betroffenen vgl. Welp, S. 10, 17ff.

118 Nämlich bzgl. der Frage des formellen Ablehnungsrechts, das es nach seiner Ansicht in der Hauptverhandlung nicht gibt, Frisch, Festschr. f. Bruns, S. 409.

Gehalt nicht ausgehöhlt werden – eine analoge Anwendung des Verwaltungsverfahrensgesetzes in den von § 2 Abs. 2 Ziff. 2 VwVfG erfaßten Bereichen nur insofern in Betracht kommen kann, als in dem Gesetz allgemein anerkannte Rechtsgrundsätze ihren Niederschlag gefunden haben[119].

Was die §§ 20, 21 VwVfG anbelangt, kann zwar festgestellt werden, daß das in ihnen zum Ausdruck gebrachte Mitwirkungsverbot wegen Befangenheit einem allgemein anerkannten Rechtsgrundsatz entspricht; deswegen konnte, soweit es unter 1. a) und b) um die Ableitung eines Mitwirkungsverbots gegenüber dem befangenen Staatsanwalt ging, auf diese Vorschriften zurückgegriffen werden. Auch begegnet es keinen Bedenken, aus § 20 VwVfG in Verbindung mit den entsprechenden Vorschriften anderer Verfahrensordnungen zu schließen, daß das Fehlen von Ausschlußgründen für einen einzelnen Amtsträger eine Lücke darstellen kann. Weitere Aussagen, die Ausdruck eines allgemein anerkannten Rechtsgrundsatzes sind, können § 20 VwVfG aber nicht entnommen werden. Dies gilt insbesondere für den in der Vorschrift festgelegten Katalog von Ausschlußgründen. Er unterscheidet sich, wie schon dargestellt, von anderen Ausschlußkatalogen durchgehend so erheblich, daß die Ansicht, auch bezüglich der Zusammenstellung von einzelnen Ausschlußgründen habe in § 20 VwVfG nur ein allgemein anerkannter Rechtsgrundsatz Niederschlag gefunden, offensichtlich nicht vertretbar wäre.

Das Dilemma, in das der Versuch gerät, zum Zwecke der Lückenschließung einen der vorhandenen gesetzlichen Ausschlußgrundkataloge auf den Staatsanwalt zu übertragen, besteht mithin darin, daß der Richterausschlußkatalog der §§ 22, 23 StPO bei einem Vergleich von Stellung und Funktionen von Richtern, Staatsanwälten und Verwaltungsbeamten – ferner aber auch von seinem Zuschnitt her – auf den Staatsanwalt eher schlechter paßt als der Katalog des § 20 VwVfG, dessen Heranziehung wiederum mit Rücksicht auf den Anwendungsbereich des Gesetzes nicht unproblematisch ist. Folgt man wegen dieser Schwierigkeit der h. M. darin, daß sie auf den Staatsanwalt § 20 VwVfG nicht anwendet, so ist damit noch nicht gesagt, daß sie auch soweit Zustimmung verdient, als sie zur Lückenfüllung auf die §§ 22, 23 StPO zurückgreift.

Es muß nämlich grundsätzlich bezweifelt werden, ob es überhaupt möglich ist, im Wege der Analogie einen vorhandenen gesetzlichen Katalog von Ausschlußgründen auf den Staatsanwalt zu übertragen. Diese Zweifel stellen sich mit Rücksicht auf die fehlende Analogiefähigkeit der einzelnen Ausschlußgründe der verschiedenen Kataloge ein. Es ist bereits dargelegt worden, daß es wegen der enumerativen Aufzählung von Ausschlußtatbeständen in den einzelnen Katalogen ausgeschlossen ist, ihren Anwendungsbereich auf einen nicht unmittelbar geregelten, einem geregelten Fall aber gleichgelagerten Sachverhalt zu erstrecken. Dies ist – wie ebenfalls schon ausgeführt – auch

---

119 Stelkens / Bonk / Leonhardt, § 2 , Rdnr. 34.

nicht in der Weise möglich, daß auf einen Ausschlußtatbestand eines nicht einschlägigen, weil einen anderen Amtswalter betreffenden Katalogs zurückgegriffen wird. Aus der mangelnden Analogiefähigkeit der einzelnen Ausschlußgründe wurde bereits gefolgert, daß für den Staatsanwalt nicht ein neuer Katalog durch Rückgriff auf mehrere Modelle und Zusammenstellung einzelner in ihnen vorgesehener Tatbestände geschaffen werden kann[120].

Als Konsequenz der Ansicht, daß einzelne Ausschlußgründe weder ausdehnungs- noch übertragungsfähig sind, könnte auch die Zulässigkeit der Übertragung eines Katalogs in seiner Gesamtheit in Zweifel zu ziehen sein: Der Katalog als eine Zusammenstellung einzelner Ausschlußgründe kann nämlich – so ließen sich die Zweifel begründen – nicht eher übertragbar sein als die einzelnen Gründe, aus denen er sich zusammensetzt.

Diese auf den ersten Blick vielleicht einleuchtende These erweist sich aber bei näherer Betrachtung als nicht überzeugend. Der Grund für die Analogieunfähigkeit der einzelnen Ausschlußtatbestände besteht darin, daß jeder Katalog in seinem Zusammenspiel von positiven und – aus der enumerativen Aufzählung folgend – negativen Entscheidungen ein Ganzes ist, das der Gesetzgeber als solches der Verfügungsmacht des Rechtsanwenders entzogen haben will. Gerade die einen Katalog prägende Zusammenstellung einzelner Gründe soll der Rechtsanwender nicht verändern dürfen. Ausgehend von diesem Sinn und Zweck läßt sich aus dem auf einzelne Ausschlußtatbestände bezogenen Analogieverbot also nicht ableiten, daß ein vorhandener Katalog auch als Ganzes grundsätzlich nicht auf einen Amtsträger übertragen werden darf, für den ein solcher fehlt. Die Übertragbarkeit eines Katalogs in seiner Gesamtheit wird also durch die mangelnde Analogiefähigkeit der einzelnen Ausschlußgründe nicht gehindert.

Ein derartiges grundsätzliches Verbot der analogen Anwendung eines Katalogs in seiner Gesamtheit anzunehmen, wäre allenfalls geboten, wenn das Gesetz auch die Amtsträger enumerativ aufzählte, für die es bei qualifizierter Befangenheit den Ausschluß als Rechtsfolge will. Das aber ist nicht ersichtlich. So wäre es etwa, wenn eine § 31 entsprechende Regelung in der StPO fehlte, wohl unbedenklich möglich, auf die Schöffen die §§ 22, 23 StPO analog anzuwenden.

Ist demnach eine Übertragung eines Katalogs als Ganzes im Weg der Analogie grundsätzlich nicht ausgeschlossen, so bestimmt doch der Charakter des Katalogs als einer enumerativen Zusammenstellung von für den Rechtsanwender verbindlichen Ausschlußtatbeständen und deren mangelnde Analogiefähigkeit die Grenzen, die bei diesem Verfahren nicht überschritten werden dürfen. Es muß sich wirklich um eine Übertragung *eines Katalogs in seiner Gesamtheit* handeln. Bei der Übertragung darf der Katalog keine Erweiterun-

---

[120] s. o. C II. 2. a).

gen erfahren. Er darf umgekehrt aber auch nicht um einzelne Ausschließungsgründe gekürzt werden; mit anderen Worten: Die Übertragung ist nur zulässig, soweit mit ihr keine inhaltlichen Veränderungen verbunden sind.

An dieser Forderung gemessen erweisen sich alle bisher in der Literatur unternommenen Versuche, den „ausgeschlossenen Staatsanwalt" zu konturieren, als unzulässig. Bei der Abgrenzung des Kanons von Ausschlußgründen verfahren alle Autoren in der Weise, daß sie für jeden einzelnen Ausschlußtatbestand der §§ 22, 23 StPO untersuchen, ob er angesichts der Stellung und Aufgaben des Staatsanwalts auf diesen paßt. Keiner von ihnen gelangt aber zu dem Ergebnis, daß der Katalog der Richterausschlußgründe insgesamt auf den Staatsanwalt übertragen werden könne. Als allgemein anerkannt kann nur gelten, daß der Staatsanwalt in den Fällen des § 22 Ziff. 1 - 3 StPO ausgeschlossen ist. Im übrigen nimmt jeder Autor Streichungen vor. Dabei besteht – wie der Überblick über den Stand der Diskussion gezeigt hat[121] – keine Einigkeit darüber, welche Richterausschlußgründe auf den Staatsanwalt übertragbar sind und welche nicht. Ein einheitliches Bild des „ausgeschlossenen Staatsanwalts" läßt sich beim gegenwärtigen Stand der Diskussion nicht ausmachen. Was den Ausschluß wegen Befassung mit der Sache in einer anderen Rolle anbelangt, sind die Unterschiede sogar so groß, daß, wenn man die von einzelnen Autoren zusammengestellten Kataloge nebeneinanderstellte, bei unvoreingenommener Betrachtung kaum jemand auf den Gedanken verfallen dürfte, ihnen allen habe dasselbe Modell als Vorlage gedient.

Dies läßt aber auch vermuten, daß – entgegen der Grundaussage aller an der Diskussion Beteiligten – nicht das Richtermodell der §§ 22, 23 StPO auf den Staatsanwalt übertragen wird. Vielmehr komponiert jeder Autor in mehr oder weniger enger Anlehnung an dieses Modell einen eigenen Kanon von Staatsanwalt-Ausschlußgründen.

Der Ansicht, der Katalog der §§ 22, 23 StPO dürfte nur vollständig übertragen werden, könnte entgegengehalten werden, daß es sich, soweit bei der Übertragung einzelne Ausschlußgründe gestrichen würden, nicht um eine Veränderung des Katalogs handele, sondern um eine Anpassung, die erforderlich sei, um den Katalog gerade nicht zu verändern. Die Ausschlußgründe seien – so ließe sich dieser Einwand weiter erläutern – auf den Richter und typisch richterliche Funktionen zugeschnitten; wollte man sie insgesamt übertragen – ohne jeden einzelnen Ausschlußgrund auf seine Übertragbarkeit hin zu überprüfen –, so würde gerade dadurch der äußerlich unveränderte Katalog in sinnwidriger Weise verändert.

Diese Erwägung hat einiges für sich: Die Gründe etwa, die den Ausschluß des mit der Sache als Polizeibeamten vorbefaßten Richters angezeigt erscheinen lassen, treffen auf den Staatsanwalt nicht unbedingt zu. Der Ausschlußtat-

---

121 s. o. B II. 3. b).

bestand dieser Vorschrift trägt dem Gedanken Rechnung, daß, wer – unter Umständen intensiv – die Ermittlungen betrieben und einen Anfangsverdacht zu einem anklagefähigen hinreichenden Tatverdacht verdichtet hat, für die Rolle des unvoreingenommenen Richters in den Augen Dritter ungeeignet ist. Ebenso wie der Ausschluß des als Staatsanwalt vortätigen Richters ist der Ausschluß des früheren Polizeibeamten damit möglicherweise letztlich eine das Akkusationsprinzip flankierende Maßnahme. Auf den Staatsanwalt läßt sich daher dieser Ausschlußgrund möglicherweise nicht sinnvoll übertragen.

Letztlich überzeugen kann der Einwand, die Streichung einzelner Ausschlußgründe sei keine Kataloganderung, sondern eine gerade im Sinne seiner Bewahrung erforderliche Anpassung, aber nicht. Ihm liegt der Gedanke zugrunde, daß die einzelnen Ausschlußtatbestände – mit Ausnahme der an verwandtschaftliche oder verwandtschaftsähnliche Beziehungen anknüpfenden – auf spezielle richterliche Funktionen zugeschnitten sind. Von dieser zutreffenden Betrachtung ausgehend ist die Forderung, bezüglich jedes einzelnen Ausschlußgrundes zu prüfen, ob er auf den Staatsanwalt überhaupt passe, durchaus verständlich und nur konsequent, soll eine sinn- und zweckwidrige Veränderung des Katalogs durch wörtliche Übertragung auf den Staatsanwalt vermieden werden.

Wer indes so vorgeht, unterläuft dabei zwangsläufig den enumerativen Charakter des zu übertragenden Katalogs und geht damit über die Grenzen einer zulässigen Analogie hinaus. Die Betrachtung der einzelnen Ausschlußtatbestände, die Frage nach ihrem Sinn und Zweck sowie die hieran gemessene Beurteilung ihrer Übertragbarkeit, all dies ist dem Rechtsanwender gerade nicht erlaubt. Man kann natürlich – um es an einem Beispiel zu verdeutlichen – durchaus darüber streiten, ob § 22 Ziff. 4 StPO – Ausschluß wegen Vortätigkeit als Staatsanwalt – bei der Übertragung auf den Staatsanwalt gestrichen werden muß. Daß die Vorschrift auf den Staatsanwalt nicht wörtlich angewandt werden kann, wird niemand bezweifeln. Statt der Streichung könnte man aber auch daran denken, im Wege der Anpassung „Staatsanwalt" durch „Richter" zu ersetzen und den Staatsanwalt, der in der Sache als Richter tätig war, für ausgeschlossen zu halten. Beide Lösungen werden vertreten[122] und sind auch sicher mit mehr oder weniger guten Gründen vertretbar. Wer sich auf den Streit einläßt, beschränkt sich aber deutlich nicht mehr auf die Übertragung eines Katalogs; er befaßt sich mit der Ausgestaltung des maßgeblichen Katalogs in seinen Einzelheiten. Wer sich dazu berechtigt fühlt, kann mit demselben Recht in freier Rechtsfindung oder durch Rückgriff auf verschiedene Modelle – jedenfalls ohne Beschränkung auf *ein* Modell – für den Staatsanwalt einen neuen Katalog zusammenstellen.

---

[122] s. o. B II. 3. b) und dort Anm. 111 - 116 sowie unten D I. 3. a) bb).

Die Streichung einzelner Ausschlußtatbestände bei der Übertragung der §§ 22, 23 StPO auf den Staatsanwalt kann also nicht als gebotene Anpassung angesehen werden. Sie stellt eine unzulässige Schöpfung eines eigenständigen Katalogs dar. Nach alledem steht fest, daß – weil jeder Befürworter des „ausgeschlossenen Staatsanwalts" – den Richterkatalog nur mit Modifizierung als Staatsanwaltskatalog gelten lassen will – keines der in der Literatur vorgeschlagenen Modelle sich in dem von den Analogievoraussetzungen vorgegebenen Rahmen bewegt.

Die Bedenken gegen die vorhandenen Versuche zur Bestimmung des Kreises von maßgeblichen Ausschlußgründen lassen es generell unmöglich erscheinen, die §§ 22, 23 StPO auf den Staatsanwalt analog anzuwenden. Die Forderung, daß der zur Lückenschließung herangezogene Katalog der §§ 22, 23 StPO als Gesamtheit ohne Veränderung im einzelnen übertragen werden muß, ist nämlich prinzipiell nicht erfüllbar. Erfüllbar wäre sie nur dann, wenn dieser Katalog sich entweder ausschließlich aus funktionsunabhängigen Ausschlußtatbeständen zusammensetzte oder wenn die Funktionen, auf die die einzelnen Ausschlußgründe zugeschnitten sind, vom Staatsanwalt in gleicher Weise wahrgenommen würden.

Keine dieser Voraussetzungen aber ist gegeben. Die §§ 22 Ziff. 4 und 5 und 23 Abs. 1 und 2 StPO tragen offensichtlich besonderen richterlichen Funktionen Rechnung. Staatsanwalt und Richter nehmen aber, wenn auch in mancher Hinsicht gewisse Ähnlichkeiten zwischen ihren Aufgaben bestehen, letztlich doch unterschiedliche Funktionen wahr. Dies hat zur Konsequenz, daß eine Übertragung der §§ 22, 23 StPO, insbesondere der §§ 22 Ziff. 4 und 5 und 23 Abs. 1 und 2 StPO ohne Veränderung nicht möglich ist. Konkret: Wendet man die zuletzt genannten Vorschriften auf den Staatsanwalt ohne äußere Veränderungen an – außer daß man für „Richter" „Staatsanwalt" liest und ggfs. umgekehrt –, so hat dies notwendigerweise eine inhaltliche Veränderung zur Folge. Am Beispiel des § 22 Ziff. 4 StPO – Vortätigkeit als Polizeibeamter – ist dies schon dargestellt worden. Versucht man umgekehrt durch vorsichtige Anpassung jene – heimlichen – Änderungen zu vermeiden, so bedeutet auch dies notwendigerweise einen Eingriff in den Katalog. Dies ist am Beispiel des § 22 Ziff. 4 StPO – Vortätigkeit als Staatsanwalt – demonstriert worden. Wie immer man bei der Übertragung vorgeht: Eine Anwendung der §§ 22f. StPO auf den Staatsanwalt ist ohne eine unzulässige Veränderung des Katalogs nicht möglich.

Auch eine Gesetzesanalogie ermöglicht also nicht die Aussage, es könne nach geltendem Recht zwischen einem ausgeschlossenen und einem einfach befangenen Staatsanwalt unterschieden werden. Mit anderen Worten: Der „ausgeschlossene" Staatsanwalt ist keine Figur des geltenden Rechts.

III. Zwischenfazit

Die zu C in der Überschrift gestellte Frage kann danach wie folgt zusammenfassend beantwortet werden:

- Dem befangenen Staatsanwalt ist verfahrensrechtlich vom Eintritt der Befangenheitslage an die weitere Mitwirkung verboten; gleichwohl weiter vorgenommene Verfahrensakte sind verfahrensfehlerhaft.
- Das läßt sich als Aussage zum geltenden Recht durch eine Analogie begründen, von der offenbleiben kann, ob es sich um eine Rechts- oder Gesetzesanalogie handelt.
- Alle weiteren Rechtsregeln, die durch eine Anknüpfung an die Unterscheidung von ausgeschlossenem und einfach befangenem Staatsanwalt erschließbar wären, können nicht analog angewendet werden: Die Figur des „ausgeschlossenen Staatsanwalts" kann als eine des geltenden Rechts weder durch Rechts- noch durch Gesetzesanalogie begründet werden.

Für den weiteren Gang der Untersuchung bedeutet das, daß die Reichweite des Verbotes und seine Folgen im einzelnen nicht durch Übernahme irgendwelcher gesetzlicher Modelle geklärt werden können, sondern nur im Wege der Einzelauslegung sowie ggfs. mit Hilfe von Analogien zu solchen Regeln, die nicht untrennbar mit dem „ausgeschlossenen" Amtsträger verknüpft sind.

D. Gründe für Besorgnis der Befangenheit

Die Reichweite des Mitwirkungsverbots für befangene Staatsanwälte hängt entscheidend davon ab, in welchen Fällen die Besorgnis der Befangenheit des Staatsanwaltes anzunehmen ist. Mit dieser Frage sollen sich die folgenden Überlegungen beschäftigen.

Es soll in drei Schritten vorgegangen werden. Besorgnis der Befangenheit kann zunächst bei Vorliegen der von §§ 22, 23 StPO beschriebenen Voraussetzungen gegeben sein, also in den Fällen, in denen die h.M. den Staatsanwalt für ausgeschlossen hält oder jedenfalls das Vorliegen eines Ausschlußgrundes in Erwägung zieht (dazu unter I.). Sodann kann die Befangenheit des Staatsanwalts auch in solchen Konstellationen zu besorgen sein, die zwar von Ausschlußgründen in der Beschreibung der §§ 22, 23 StPO nicht erfaßt und von der h.M. deshalb nicht als Fälle behandelt werden, in denen der Staatsanwalt ausgeschlossen ist, die aber diesen Ausschlußtatbeständen ähnlich sind (dazu unter II.). Das Gemeinsame dieser den Ausschlußtatbeständen vergleichbaren Befangenheitsgründe besteht darin, daß sie an abstrakt beschreibbare Situationen anknüpfen, die typischerweise geeignet sind, Befangenheit *hervorzurufen* – und zwar ein nicht mehr zumutbares Maß von Befangenheit –, und in denen deshalb ohne weitere konkrete Vorkommnisse die Besorgnis der Befangenheit gerechtfertigt ist. Jenseits dieses Bereichs kommt Besorgnis der Befangenheit auch aufgrund von Vorkommnissen im konkreten Verfahren in Betracht (Äußerungen oder Rechtsverletzungen des Staatsanwalts; Äußerungen, die eine vorzeitige, endgültige Festlegung verraten). Bei diesen (unter III. zu behandelnden) Befangenheitsgründen geht es um Verhaltensweisen, die nicht typischerweise Befangenheit verursachen, sondern Ausdruck einer – wie immer verursachten – Befangenheit sind.

Die Unterteilung in diese drei Abschnitte ist nicht etwa aus sachlichen Gründen zwingend. Es brauchte im Gegenteil gerade nach der hier vertretenen Ansicht, daß nach geltendem Recht schon die einfache Befangenheit ohne weitere Voraussetzungen ein Mitwirkungsverbot entstehen läßt, zwischen den einzelnen Gründen der Befangenheit nicht unterschieden zu werden.

Wenn gleichwohl anders verfahren wird, so geschieht dies im wesentlichen aus drei Gründen: Zunächst trägt die vorgesehene Gliederung dem Umstand Rechnung, daß die h.M. den Begriff des ausgeschlossenen Staatsanwalts kennt und die meisten ihrer Vertreter dessen Mitwirkung anders beurteilen als die des befangenen Staatsanwalts[1]. Die gesonderte Behandlung der Ausschlußgründe stellt somit sicher, daß die Stellungnahme zur Reichweite der

Befangenheit auch aus dem Blickwinkel der – abgelehnten – h. M. nicht ohne Nutzen ist. Sie ist im übrigen auch deshalb zweckmäßig, weil die Richterausschlußtatbestände besonders deutliche Befangenheitsgründe erfassen, an denen sich die Beurteilung sonstiger Befangenheitsfälle orientieren kann. Schließlich bietet sich die Unterteilung auch deswegen an, weil sich einige erörterungswürdige Thesen speziell auf die dritte Fallgruppe – Besorgnis der Befangenheit aufgrund von Vorkommnissen im konkreten Verfahren – beziehen.

Ein Vorbehalt ist den folgenden Erörterungen voranzuschicken. Vollständigkeit ist nicht angestrebt. Eine umfassende Darstellung aller in Betracht kommenden Befangenheitsgründe, die auf alle denkbaren und vertretenen Einwände eingeht, wäre Aufgabe einer Kommentierung. Hier können nur Hinweise auf typische Fallkonstellationen gegeben, Fragen aufgeworfen und denkbare Lösungen angedeutet werden.

I. Befangenheit des Staatsanwalts in den Fällen der §§ 22, 23 StPO

1. Die Fälle des § 22 Ziff. 1 - 3 StPO

Keine Bedenken bestehen gegen die Annahme der Befangenheit des Staatsanwalts in den Fällen des Richterausschlusses gemäß § 22 Ziff. 1 - 3 StPO. Der durch die Straftat unmittelbar verletzte Staatsanwalt (§ 22 Ziff. 1 StPO) und der Staatsanwalt, der mit dem Beschuldigten oder dem Verletzten durch eine von § 22 Ziff. 2 und 3 StPO beschriebene enge verwandtschaftliche oder verwandtschaftsähnliche Beziehung verbunden ist, sind dem Verdacht der Parteilichkeit nicht weniger offensichtlich ausgesetzt als der Richter und der Verwaltungsbeamte. Die auf engen persönlichen Bindungen gründenden Mitwirkungsverbote wirken unabhängig von der Ausgestaltung des Verfahrens und den Aufgaben des jeweiligen Amtsträgers. § 22 Ziff. 1 - 3 StPO ist daher – ungeachtet der Funktion des Staatsanwalts und etwaiger Abweichungen von der des Richters – in vollem Umfang auf den Staatsanwalt übertragbar. In all seinen Fällen nimmt daher die h. M.[2] zu Recht – wenn auch unter unzutreffender Einordnung als Ausschlußgründe – ein Mitwirkungsverbot für den Staatsanwalt an.

[1] Insbesondere im Hinblick auf die Frage der Revisibilität, s. o. B. II. 2. b).

[2] Krey, JA 1985, S. 514; Schairer, S. 61ff., 64ff., s. ferner Anm. 96 zu Teil B.

2. Befangenheit des als Zeugen oder Sachverständigen vernommenen Staatsanwalts, § 22 Ziff. 5 StPO

Keine Schwierigkeiten bereitet auch die Frage, ob dem in der Hauptverhandlung als Zeugen vernommenen Staatsanwalt die weitere Mitwirkung als Sitzungsvertreter verboten ist. Sie ist in Übereinstimmung mit der Rechtsprechung[3] und der h.M.[4] in der Literatur jedenfalls im Prinzip zu bejahen. Der als Zeuge vernommene Staatsanwalt ist in aller Regel nicht in der Lage, dem weiteren Gang der Verhandlung unbefangen zu folgen und die – seiner Aussage etwa widersprechenden – Bekundungen anderer Zeugen unvoreingenommen aufzunehmen. Jedenfalls erscheint es ausgeschlossen, daß er in der Lage ist, in seinen Schlußausführungen die Glaubwürdigkeit der Zeugen und das Gewicht ihrer Aussagen unbefangen zu würdigen.

Fraglich könnte allein sein, ob – und ggfs. unter welchen Voraussetzungen – Ausnahmen von dieser Regel möglich sind. Insofern ist mit der Rechtsprechung des BGH[5] davon auszugehen, daß dem Staatsanwalt die weitere Mitwirkung am Verfahren nur dann verboten ist, wenn der Gegenstand seiner Aussage in unlösbarem Zusammenhang mit dem zu erörternden Sachverhalt steht; läßt sich die Erfüllung seiner Aufgaben von der Erörterung und Bewertung seiner Zeugenaussage trennen, so kann er im Anschluß an seine Vernehmung an dem weiteren Verfahren wieder mitwirken. Das trifft in der Regel zu, wenn sich seine Vernehmung auf Wahrnehmungen bezieht, die die Gestaltung des Verfahrens betreffen und die er erst anläßlich der dienstlichen Befassung mit der Sache gemacht hat[6].

---

[3] RGSt 29, 236, 237; BGHSt 14, 265; 21, 85, 88; BGH StV 1983, S. 53 m.w.N.

[4] Kleinknecht / Meyer, Vor § 48 , Rdnr. 17, s. ferner Anm. 97 zu Teil B.

[5] BGHSt 21, 85, 88; 14, 265, 268; h.M. in der Literatur, Kleinknecht / Meyer, Vor § 48, Rdnr. 17 und ferner die Anm. 97 zu Teil B Genannten; a.A. nur Hanack, JR 1967, S. 229, 230; Roxin, S. 157; Schlüchter, Rdnr. 66.1 (S. 63).

[6] Ob es in diesen Fällen sinnvoll oder gar nötig ist, daß sich – wie in dem der Entscheidung BGHSt 21, 85, 88 zugrundeliegenden Verfahren – der vernommene Sitzungsvertreter und der Staatsanwalt, der ihn während der Vernehmung vertreten hat, den Schlußvortrag untereinander aufteilen, und zwar in der Weise, daß der vernommene Staatsanwalt das Beweisergebnis der Hauptverhandlung unter Ausschluß seiner eigenen Vernehmung würdigt, während sein Kollege auf diese Vernehmung eingeht und als Ergebnis der Gesamtwürdigung die Anträge stellt, erscheint zumindest zweifelhaft. Letztlich dürfte es sich um eine nutzlose Förmelei handeln. Wenn ernsthafte Bedenken dagegen bestehen, daß der vernommene Staatsanwalt auch den Antrag der Staatsanwaltschaft selber stellt, dann lassen sich diese nicht dadurch ausräumen, daß (nur) diese Aufgabe ein zweiter Staatsanwalt übernimmt. Abgesehen von der Vernehmung seines Kollegen hat der zweite die Hauptverhandlung nicht verfolgt. Sein Antrag muß auf dessen Plädoyer aufbauen. Von dem Antrag selbst wird ohnehin jeder objektive Dritte annehmen, daß er dem Vorschlag des vernommenen Staatsanwalts entspricht und im Zweifel von ihm formuliert ist.

3. Befangenheit wegen früherer Befassung mit dem Verfahrensgegenstand

Die §§ 22 Ziff. 4 und 23 Abs. 1 und 2 StPO ordnen für den Richter, der in bestimmten, abschließend aufgezählten Funktionen mit dem Verfahrensgegenstand vorbefaßt war, den Ausschluß vom Verfahren an. Eine vollständige Übernahme dieser auf die spezifisch richterliche Tätigkeit zugeschnittenen Ausschlußtatbestände für den Staatsanwalt verbietet sich offensichtlich. Vielmehr ist für die unterschiedlichen Arten von Vorbefassung jeweils getrennt zu untersuchen, ob sie ein Mitwirkungsverbot wegen Befangenheit zur Folge haben.

Bevor auf einzelne Fallkonstellationen eingegangen werden kann, muß zum besseren Verständnis eine allgemeine Überlegung zum Beurteilungsmaßstab vorangeschickt werden:

Ebensowenig wie es einen absolut unbefangenen Richter gibt, kann es einen absolut unbefangenen Staatsanwalt geben. Es ist eine Selbstverständlichkeit, daß jede Befassung mit einer Sache dem Handelnden die Unbefangenheit schon dadurch nimmt, daß er sich von ihr überhaupt ein Bild macht. Da dieses Bild seine jeweils nächsten Verhaltensweisen beeinflussen kann, ist ein gewisses „Befangenheitsniveau“ immer als vorgegeben hinzunehmen. Es kann deshalb nicht allein darum gehen zu untersuchen, welche Arten von Vorbefassung geeignet sind, die Unvoreingenommenheit des Staatsanwalts tatsächlich zu beeinträchtigen und welche nicht. Die Aufgabe besteht vielmehr vor allem auch darin, das für den Staatsanwalt in der jeweiligen Verfahrenssituation vorgegebene, normativ unbedenkliche Befangenheitsniveau zu ermitteln.

Bei der folgenden Untersuchung der einzelnen Fälle von Vorbefassung erscheint es im Hinblick auf die Objektivitätsverpflichtung aus § 160 Abs. 2 StPO sachgerecht, danach zu unterscheiden, ob der Staatsanwalt in der Rolle eines objektiven Sachwalters (dazu unter a)) oder in der Rolle eines einseitigen Sachwalters (dazu unter b)) vorbefaßt war.

a) Vorbefassung in der Rolle eines objektiven Sachwalters

Die §§ 23 und 22 Ziff. 4, 1. Fall StPO lassen erkennen, daß ein Mitwirkungsverbot wegen Befangenheit auch aufgrund von Vortätigkeiten in Betracht kommt, die – wie die deswegen verbotene Mitwirkung selber – eine objektive Haltung des Handelnden voraussetzen. Solche Vortätigkeiten kann der Staatsanwalt in der Rolle als Staatsanwalt ausgeübt haben oder in der Rolle als (früherer) Richter. Die weitere Untersuchung folgt dieser Differenzierung.

aa) Befangenheit des in anderer staatsanwaltlicher Funktion vorbefaßten Staatsanwalts

Ein Mitwirkungsverbot wegen Besorgnis der Befangenheit kommt in verschiedenen typischen Situationen in Betracht.

α) Befangenheit des Sitzungsvertreters, der die Ermittlungen geleitet und die Anklage gefertigt hat

Der Zustand innerer Freiheit, der Voraussetzung für eine vorurteilslose Beurteilung ist, dürfte durch kaum eine andere Tätigkeit eines Strafverfolgungsorgans größeren Belastungen ausgesetzt sein als durch die Leitung der Ermittlungen und die Zusammenfassung der Untersuchungsergebnisse in der Anklage. Insbesondere der Staatsanwalt, der nicht schon eine bis zur Anklagereife durchermittelte Akte von der Polizei übersandt erhält[7], sondern die Ermittlungen persönlich leitet oder doch unmittelbar miterlebt, wird weniger als jeder andere in der Lage sein, sich von seinen im Zuge der Ermittlungen gewonnenen Überzeugungen zu lösen und sich für neue Erkenntnisse offenzuhalten, die die Ergebnisse aller eigenen Ermittlungen unter Umständen auf den Kopf stellen[8].

Trotz dieser eklatant großen Gefahr für die Unvoreingenommenheit entsteht aus dieser Art der Vorbefassung kein Mitwirkungsverbot. Die sich aus der Anklageerhebung aufgrund eigener Ermittlungen ergebende Beeinträchtigung der Unvoreingenommenheit des Staatsanwalts überschreitet nämlich nicht das von dem Angeklagten hinzunehmende Befangenheitsniveau, wie die folgenden Überlegungen zeigen werden. Deshalb besteht im Ergebnis zu Recht darüber Einigkeit, daß der ermittelnde Staatsanwalt nicht gehindert ist, die Anklage in der Hauptverhandlung zu vertreten[9].

In der Literatur wird dieses Ergebnis mit dem Hinweis auf die entsprechenden Richterregelungen begründet. Das Gesetz schließe auch den Ermittlungs- und Eröffnungsrichter nicht von der Mitwirkung in der Hauptverhandlung aus. Dann könne – zumal der Eröffnungsbeschluß als das prozessuale Gegenstück zur Anklage denselben Verdachtsgrad wie diese voraussetze – auch der

---

[7] Wie dies heute jedenfalls im Bereich der leichteren und mittleren Kriminalität die Regel sein dürfte; zum faktischen Übergewicht der Polizei im Ermittlungsverfahren und den rechtlichen Konsequenzen s. LR-Meyer-Goßner (23. Aufl.), Vor § 158, Rdnr. 10ff.

[8] Frisch, Festschr. f. Bruns, S. 402, der deswegen auch de lege ferenda einen Ausschluß des ermittelnden Staatsanwalts begrüßen würde; ähnlich LR-Dünnebier (23. Aufl.), Vor § 22, Rdnr. 13 Fn. 3.

[9] Wendisch, Festschr. f. Schäfer, S. 253; Krey, JA 1985, S. 514; s. ferner Anm. 101 zu Teil B.

ermittelnde und anklagende Staatsanwalt für die Hauptverhandlung nicht ausgeschlossen sein[10].

Dieser Begründung kann nicht zugestimmt werden. Ohne weitere – von der Literatur nicht mitgeteilte – Erklärungen wäre die Ableitung aus dem Nichtausschluß des Ermittlungs- und Eröffnungsrichters nur dann schlüssig, wenn dessen Tätigkeit und die des Staatsanwalts im Hinblick auf die Beeinträchtigung der Unbefangenheit gleichermaßen gefährlich oder ungefährlich wären. Davon kann aber jedenfalls dann keine Rede sein, wenn man das gesetzliche Bild des Ermittlungsverfahrens zu Grunde legt und nicht von der praktischen Handhabung ausgeht, bei der sich die Funktion der Staatsanwaltschaft, von besonderen Verfahrensarten abgesehen, weitgehend auf die bloße Anklageerhebung in einer schon von der Polizei durchermittelten Sache beschränkt. Von der Leitung und Durchführung des gesamten Ermittlungsverfahrens geht eine ungleich größere Gefahr für die Unbefangenheit des zuständigen Organs aus, als sie die Vornahme einzelner Ermittlungen oder die Überprüfung einer von anderer Seite angestellten Verurteilungsprognose zu bewirken vermag. Wer die Gesamtheit der Ermittlungen in Händen hält, ist für das Entstehen eines seine Unvoreingenommenheit beeinträchtigenden „Jagdfiebers" entschieden anfälliger als derjenige, der – wie der Ermittlungsrichter – nur zu einzelnen Schritten herangezogen wird, während die Verantwortung für die eigentliche Untersuchung bei einem anderen verbleibt. Bei dem Staatsanwalt, der seine *eigene* Anklage in der Hauptverhandlung vertritt, ist die Gefahr ungleich größer, daß er sich mit seinen Entscheidungen identifizieren und neuen Erkenntnissen verschließen könnte, als bei dem eröffnenden Richter, der eine *fremde* Anklage auf der Basis der ihm unterbreiteten fremden Untersuchungsergebnisse zuläßt.

Der Unterschied zwischen der Tätigkeit des ermittelnden und anklagenden Staatsanwalts und der des Ermittlungs- bzw. Eröffnungsrichters wirkt sich danach im Hinblick auf die Intensität der deswegen berechtigten Besorgnis der Befangenheit deutlich aus. Nur wegen der relativ geringen Besorgnis der Befangenheit gegenüber dem Ermittlungs- bzw. Eröffnungsrichter ist es zu vertreten, daß das Gesetz (in § 23 Abs. 3 StPO a. F.) zwischen diesen und dem Untersuchungsrichter differenzierte und nur letzteren als erkennenden Richter ausschloß[11]. Angesichts dieser Unterschiede kann nicht schon aus dem Fehlen eines Ausschlußgrundes für den als Ermittlungsrichter vorbefaßten erkennenden Richter auf die verfahrensrechtliche Unbedenklichkeit der Sitzungsvertretung durch den ermittelnden Staatsanwalt geschlossen werden.

Wenn die Mitwirkung im Ergebnis dennoch zulässig sein soll, bedarf die Argumentation der Ergänzung. Die StPO-Regeln über die Zulässigkeit der

---

10 So u. a. Frisch, Festschr. f. Bruns, S. 402; Wendisch, Festschr. f. Schäfer, S. 253.

11 BGHSt 9, 233, 234; LR-Dünnebier (22. Aufl.), § 23, Anm. IV 2.

Mitwirkung des Ermittlungsrichters als erkennenden Richters sind nur insofern heranzuziehen, als sie Aufschluß über die Beurteilungskriterien geben. Ist die fehlende Verantwortlichkeit für das Gesamtergebnis eines Verfahrens- bzw. Untersuchungsabschnitts das entscheidende Kriterium, dann kann bei dem Sitzungsvertreter in der Hauptverhandlung ein gesteigertes Maß an Befangenheit deshalb hingenommen werden, weil es durch ein Minus an Entscheidungsmacht in der Hauptverhandlung ausgeglichen wird; in ihr kann der Staatsanwalt nur über Anträge und Anregungen auf das Urteil des unvoreingenommenen Richters einwirken. Erst dieses zusätzliche Gedankenglied würde auch die Argumentationskette der Literatur schließen.

β) Befangenheit des Staatsanwalts in der Rechtsmittelinstanz, der den abschließenden Antrag in der 1. Instanz vertreten hat

Trotz der augenfälligen Parallele der Konstellation, daß ein Staatsanwalt als Sitzungsvertreter in der Rechtsmittelinstanz tätig wird, der den abschließenden Antrag in der 1. oder 2. Instanz gestellt hat, zu dem in § 23 Abs. 1 StPO geregelten Fall der Richterausschließung kann der Gedanke dieser Vorschrift aus zwei Gründen nicht auf den Staatsanwalt übertragen werden.

Zum einen stellt § 23 Abs. 1 StPO nur eine rechtsmittelrechtliche Selbstverständlichkeit sicher. Es gehört zum Wesen des Rechtsmittels, daß der Rechtsmittelführer eine Entscheidung durch ein anderes Organ anstrebt[12]. Dem Angeklagten ein Rechtsmittel einzuräumen, über das derselbe Richter entscheidet, der die angefochtene Entscheidung erlassen hat, wäre sinnlos. Das Rechtsmittel richtet sich aber nicht gegen den Antrag des Staatsanwalts. Man legt kein Rechtsmittel ein, um eine neue Hauptverhandlung mit einem anderen Staatsanwalt zu erreichen.

Zum anderen kann die Übertragung des Rechtsgedankens des § 23 Abs. 1 StPO auch nicht damit begründet werden, daß sich der abschließend plädierende Staatsanwalt durch sein Plädoyer nicht weniger intensiv festgelegt habe als der Richter erster Instanz[13]. Diese Argumentation verkennt, daß sich die Entscheidung über einen Antrag und die Beantragung einer fremden Entscheidung gerade hinsichtlich des Grades der jeweiligen Festlegung wesentlich unterscheiden. Der entscheidende Richter muß seine Entscheidung als eine (potentiell) endgültige Regelung selbst verantworten. Der den Antrag stellende Staatsanwalt hat demgegenüber das Vorläufige und Unverbindliche dieser Amtshandlung stets vor Augen. Er weiß, daß erst der Richter nach selbständiger, eigenverantwortlicher Prüfung die maßgebliche und endgültige Entscheidung fällt. Wer nicht selber die Entscheidung verantwortlich treffen

---

12 Roxin, S. 324.

13 So aber Frisch, Festschr. f. Bruns, S. 400.

muß, wird sich innerlich regelmäßig auch weniger festlegen als derjenige, der die Entscheidung zu verantworten hat.

Selbst wenn man aber davon ausgehen wollte, daß die Beeinträchtigung der Unvoreingenommenheit bei dem abschließend plädierenden Staatsanwalt ebenso nachhaltig sei wie bei dem entscheidenden Richter, könnte der Gedanke des § 23 Abs. 1 StPO nicht auf den Staatsanwalt angewandt werden. Bei der Ermittlung des verfahrensrechtlich unbedenklichen Befangenheitsniveaus sind nämlich – wie dargestellt – auch die Aufgaben in die Betrachtung einzubeziehen, deren Erfüllung durch die vorbefassungsbedingte Minderung der Unvoreingenommenheit beeinträchtigt werden kann. Auch insofern unterscheiden sich Richter und Staatsanwalt erheblich. Der Richter soll in der 2. Instanz wieder eine (ggfs. andere) Entscheidung treffen. Dies kann der erstinstanzlich tätig gewesene Richter deshalb nicht in der gebotenen unvoreingenommenen Weise, weil Objekt des Rechtsmittels seine eigene frühere Tätigkeit ist. Gerade dieser Aspekt entfällt beim Staatsanwalt. Seine Aufgaben sind wiederum von eher untergeordneter Bedeutung. Er ist darauf beschränkt, auf die Einhaltung der Gesetzmäßigkeit des Rechtsmittelverfahrens zu achten und durch seine Anträge und Anregungen auf eine richtige Entscheidung des Gerichts hinzuwirken.

Im Ergebnis ist also dem Staatsanwalt, der in früherer Instanz die Schlußanträge gestellt hat, die Mitwirkung im Rechtsmittelverfahren nicht verboten[14]. Zu demselben Ergebnis kommt auch die insoweit überwiegende Ansicht in der Literatur, die eine Anwendung des Rechtsgedankens des § 23 Abs. 1 StPO allerdings mit der Erwägung ablehnt, daß es im Interesse der Kontinuität des Verfahrens sinnvoll und zweckmäßig sei, wenn als Vertreter der Staatsanwaltschaft in allen Verfahrensabschnitten derselbe Staatsanwalt mitwirke[15].

γ) Befangenheit des Staatsanwalts im Wiederaufnahmeverfahren, der im ursprünglichen Verfahren mit der Sache befaßt war

Entsprechend der Regelung des § 23 Abs. 2 StPO für Richter soll nach Nr. 170 Abs. 1 der Richtlinien für das Strafverfahren und das Bußgeldverfahren[16] der ursprüngliche Staatsanwalt in der Regel in dem vom Verurteilten beantragten Wiederaufnahmeverfahren nicht mitwirken. Weil es sich bei den Richtlinien jedoch nur um rein *innerdienstlich* verbindliche Vorschriften han-

---

14 h. M.; vgl. Wendisch, Festschr. f. Schäfer, S. 257; Krey, JA 1985, S. 514; Kissel, § 145, Rdnr. 7; Kuhlmann, DRiZ 1976, S. 15; Schlüchter, Rdnr. 66.1 (S. 63); a. A. Frisch, Festschr. f. Bruns, S. 402, und Schairer, S. 73ff., 76f., letzterer allerdings mit der Maßgabe, daß der Staatsanwalt, der ein Rechtsmittel zugunsten des Angeklagten eingelegt habe, nicht ausgeschlossen sei – eine aus der Sicht des Verletzten schwer verständliche Differenzierung.

15 So u. a. Kuhlmann, DRiZ 1976, S. 15.

16 Stand 1. Oktober 1987.

delt, erübrigt sich die Prüfung nicht, ob die Beteiligung desselben Staatsanwalts im Wiederaufnahmeverfahren *verfahrensrechtlich* unzulässig ist.

Auch eine Entscheidung dieser Frage ist nur in Orientierung an den entsprechenden Richterregelungen möglich. Insofern gelten aber im wesentlichen dieselben Maßstäbe, die bei der Beurteilung der Befangenheit des erstinstanzlichen Staatsanwalts im Rechtsmittelverfahren (oben unter β)) angelegt wurden. § 23 Abs. 2 StPO enthält insoweit keine für die Frage des Staatsanwaltausschlusses verbindliche Vorwertung. Der Unterschied zwischen § 23 Abs. 1 und 23 Abs. 2 StPO – daß nämlich die letztgenannte Bestimmung den Fall der Anfechtung einer rechtskräftigen Entscheidung betrifft – ändert nichts daran, daß auch in dieser Konstellation das verfahrensrechtlich unbedenkliche Befangenheitsniveau beim Staatsanwalt höher ist als beim Richter. Danach ist der Staatsanwalt im Wiederaufnahmeverfahren wegen Besorgnis der Befangenheit verfahrensrechtlich nicht an der Mitwirkung gehindert.

Die abweichende Ansicht verweist, soweit sie ein Mitwirkungsverbot annimmt[17], zur Begründung darauf, daß aus der Sicht des Verurteilten die Befürchtung nicht von der Hand zu weisen sei, der ursprünglich mit der Sache befaßte Staatsanwalt werde mit allen Mitteln versuchen, die Rechtskraft des Urteils „zu retten“[18]. Träfe diese Begründung zu, so müßte auch der Staatsanwalt in der Rechtsmittelinstanz befangen sein, der als Sitzungsvertreter in der 1. Instanz tätig war; dasselbe gilt für den Sitzungsvertreter, der die Anklage erhoben hat. In diesen Fällen soll der Staatsanwalt aber nach nahezu einhelliger Ansicht[19] gerade nicht ausgeschlossen sein.

δ) Befangenheit des Staatsanwalts, der mit einem Rechtsmittel gegen eine von ihm selber getroffene Entscheidung befaßt wird

Eine Parallele zu dem in § 23 Abs. 1 StPO für den Richter geregelten Ausschlußgrund kommt nur in den Fällen in Betracht, in denen sich ein Betroffener gegen eine staatsanwaltschaftliche Maßnahme mit der Beschwerde an die vorgesetzte Behörde der Staatsanwaltschaft wenden kann[20]. Zu denken ist hierbei vor allem an das Klageerzwingungsverfahren (§ 172 StPO).

---

[17] Nach Schairer (S. 78ff., 82) soll das nicht gelten, wenn der Staatsanwalt den Wiederaufnahmeantrag zugunsten des Verurteilten gestellt hat.

[18] So vor allem Dahs, DRiZ 1971, S. 83, 84; Schairer, S. 79; wie hier gegen ein Mitwirkungsverbot im geltenden Recht insbesondere Wendisch, Festschr. f. Schäfer, S. 258; Krey, JA 1985, S. 514, und Oppe, DRiZ 1971, S. 23, dessen Argumentation, ein Wechsel des Staatsanwalts sei ohnehin nur ein Zugeständnis an die Optik, dem Problem indes nicht gerecht wird.

[19] s. die Anm. 9 zu diesem Teil und Anm. 101 zu Teil B Genannten, für den ermittelnden und für den anklageerhebenden Staatsanwalt ebenso Schairer, S. 72, und Frisch, Festschr. f. Bruns, S. 402.

[20] Eine in der Literatur – soweit ersichtlich – nicht erörterte Konstellation.

Anders als in den unter β) behandelten Fällen ist hier die eigene Maßnahme des Staatsanwalts – nicht nur eine auf seinen Antrag hin ergangene fremde Entscheidung – angefochten. Anders als in jenen Fällen ist er hier auch selber zur Entscheidung über den Rechtsbehelf berufen. Danach ist die hier behandelte Fallgestaltung der des § 23 Abs. 1 StPO in den wesentlichen Bedingungen vergleichbar.

Die Frage, ob der Staatsanwalt, der die angefochtene Maßnahme – in dem genannten Beispiel den Einstellungsbescheid – getroffen hat, deswegen gehindert ist, an dem Rechtsbehelfsverfahren mitzuwirken, ist danach im Ergebnis zu bejahen[21].

ε) Befangenheit des Staatsanwalts, der in derselben Sache als Polizeibeamter tätig war

Bei einer schlicht formalen Übertragung der Ausschlußgründe des § 22 StPO könnte man auch für den Staatsanwalt, der in derselben Sache als Polizeibeamter tätig gewesen ist, ein Mitwirkungsverbot wegen Besorgnis der Befangenheit annehmen. Eine entsprechende Regelung ist in § 7 NdsAGGVG vorgesehen. Bei materieller, die Unterschiede der Funktionen von Richter und Staatsanwalt berücksichtigender Betrachtung erweist sich diese Auffassung aber als nicht haltbar. Für Richter folgt der Ausschluß des früheren Polizeibeamten aus der Rollenunverträglichkeit. Er stellt eine nur konsequente Ausdehnung des Ausschlußtatbestandes für den als Staatsanwalt vorbefaßten Richter dar. Die Rolle des Staatsanwalts ist aber mit der, die § 163 StPO der Polizei im Strafverfahren zuweist, grundsätzlich vereinbar. Der frühere Polizeibeamte ist danach verfahrensrechtlich nicht daran gehindert, als (späterer) Staatsanwalt in solchen Verfahren mitzuwirken, in denen er schon als Polizeibeamter tätig war[22].

---

21 Daß das Verwaltungsverfahrensgesetz für das Widerspruchsverfahren keinen Ausschluß des Verwaltungsbeamten vorsieht, der den angefochtenen Verwaltungakt erlassen hat, steht nicht entgegen, weil diese Regelung auf Besonderheiten des verwaltungsrechtlichen Widerspruchsverfahrens zugeschnitten ist, nämlich darauf, daß insbesondere in Selbstverwaltungsangelegenheiten die den Verwaltungsakt erlassende Behörde häufig auch über den Widerspruch entscheidet, s. u. a. Knack-Clausen, § 20, Rdnr. 8.

22 Wendisch, Festschr. f. Schäfer, S. 254; Schairer, S. 83; s. auch Anm. 102 zu Teil B; a. A. zum geltenden Recht nur Bruns, Geb.gabe f. Grützner, S. 45; für die Einführung eines Mitwirkungsverbots im Rahmen einer Reform auch Frisch, Festschr. f. Bruns, S. 402, der meint, Takt und Optik würden einen Ausschluß des früheren Polizeibeamten verlangen.

bb) Befangenheit des Staatsanwalts, der als Richter mit der Sache vorbefaßt war

α) Vorbefassung in der Rolle des erkennenden Richters

In Rechtsprechung und Literatur besteht Einigkeit darüber, daß wegen Besorgnis seiner Befangenheit im Rechtsmittelverfahren als Staatsanwalt nicht tätig werden darf, wer an der mit dem Rechtsmittel angefochtenen Entscheidung als Richter mitgewirkt hat[23]. Diesem Ergebnis ist auf der Grundlage der hier vertretenen Ansicht zuzustimmen. Zweifelhaft ist danach nur die Tragfähigkeit der üblichen Begründung, die innere Bindung des Richters an das von ihm gefällte – auf eine endgültige Regelung – zielende Urteil sei so stark, daß die Erwartung, er werde sich als Staatsanwalt von dieser Bindung lösen können und zu einer erneuten objektiven Würdigung in der Lage sein, eine psychologische Überforderung darstelle[24]. Die darin enthaltene Aussage über den mutmaßlichen inneren Zustand des Staatsanwalts, der seine Behörde im Rechtsmittelverfahren gegen sein eigenes Urteil vertritt, ist sicher zutreffend. Das Argument setzt sachlich jedoch nur dann an der richtigen Stelle an, wenn auf die Parallele der hier untersuchten Konstellation zu dem in § 23 Abs. 1 StPO geregelten Fall abzustellen wäre und das Mitwirkungsverbot für den Staatsanwalt aus dem in dieser Vorschrift enthaltenen Grundgedanken abgeleitet werden könnte. In Betracht kommt aber auch eine Anknüpfung an § 22 Ziff. 4 StPO. Grund für das Mitwirkungsverbot gegenüber dem erkennenden Richter wäre dann, daß die Strafprozeßordnung die Verfahrensbeteiligung derselben Person in der Rolle des Richters und der des Staatsanwalts generell – also unabhängig von der Art der Tätigkeit im einzelnen – ausschließen will. Welche der Erklärungen als Begründung für das Mitwirkungsverbot zutrifft, kann hier dahingestellt bleiben, weil beide das Ergebnis tragen.

β) Vorbefassung in der Rolle des Ermittlungs- oder Eröffnungsrichters

Denkbar wäre zunächst, die Zulässigkeit eines späteren Einsatzes als Staatsanwalt in der Hauptverhandlung nach Vorbefassung mit der Sache als Ermittlungs- oder Eröffnungsrichter an dem Gedanken des § 23 Abs. 1 StPO zu messen. Wird das Mitwirkungsverbot für den Staatsanwalt, der als erkennender Richter mit der Sache vorbefaßt war, aus § 23 Abs. 1 StPO hergeleitet, läßt sich für die hier zu beurteilende Konstellation ein Mitwirkungsverbot nicht begründen[25]. Die Vorbefassung mit dem Verfahren in der Rolle des

---

[23] Frisch, Festschr. f. Bruns, S. 400; Wendisch, Festschr. f. Schäfer, S. 256; s. ferner Anm. 115 zu Teil B.

[24] u.a. Frisch, Festschr. f. Bruns, S. 400.

[25] So Frisch, Festschr. f. Bruns, S. 400, 401.

Ermittlungsrichters hat dem späteren Staatsanwalt stets nur vorläufige Entscheidungen abverlangt, die seine innere Freiheit regelmäßig weniger eingeengt haben, als dies beim erkennenden Richter durch das Urteil geschieht[26].

Zweifelhaft ist aber, ob der Gedanke des § 23 Abs. 1 StPO tatsächlich auf die vorliegende Konstellation übertragbar ist. § 23 Abs. 1 StPO betrifft den Fall der Vorbefassung des Richters mit dem Verfahrensgegenstand in der Rolle des Richters – also in derselben Rolle. Die der hier untersuchten Fallgestaltung parallele Situation für Richter ist nicht in § 23 Abs. 1, sondern in § 22 Ziff. 4 StPO geregelt. Danach ist der Richter ausgeschlossen, wenn er zuvor in dem Verfahren als Staatsanwalt tätig geworden ist. Dabei ist es ohne Bedeutung, wie intensiv seine staatsanwaltschaftliche Vortätigkeit war. § 22 StPO differenziert nicht nach dem Gewicht der Tätigkeit, sondern läßt für den Ausschluß auch die unbedeutendsten Entscheidungen oder Verfügungen in der Sache, wie etwa die Veranlassung einer Ladung oder einer Zustellung, genügen[27]. Ein Vergleich der §§ 22 Ziff. 4 1. Fall und 23 Abs. 1 StPO zeigt also, daß schon der bloße Rollentausch – unabhängig von der Art und Weise der Vorbefassung im einzelnen und von dem Maß der durch sie bedingten inneren Festlegung – die Besorgnis der Befangenheit begründet.

Liegt also die Parallele zu § 22 Ziff. 4 1. Fall StPO näher, so spricht alles dafür, jedem Richter, gleichgültig in welcher Funktion er richterlich tätig war, nach einem Laufbahnwechsel die Mitwirkung in demselben Verfahren als Staatsanwalt zu untersagen, denn die Rollenunverträglichkeit als solche ist dann der entscheidende Gesichtspunkt[28].

Gegen die Annahme eines Mitwirkungsverbotes aus dem so verstandenen Grundgedanken des § 22 Ziff. 4 1. Fall StPO könnte man allenfalls einwenden, daß sich dessen Aussage nicht umkehren lasse. Eine Umkehrung wäre tatsächlich ausgeschlossen, wenn dieser Richterausschlußgrund auf der Überlegung beruhte, daß man die Aufgabe eines objektiven Sachwalters nicht mehr wahrnehmen kann, nachdem man in derselben Sache einseitig tätig war. Wäre dies die ratio des § 22 Ziff. 4 StPO, bestünden gegen den Wechsel aus einer zu Objektivität und unbefangener Betrachtung verpflichtenden Rolle (des Richters) in die eines einseitigen Sachwalters (des Staatsanwalts) in der Tat keine Einwände.

---

[26] Wendisch, Festschr. f. Schäfer, S. 256, der zudem darauf verweist, daß die Vorbefassung als Ermittlungs- oder Eröffnungsrichter nicht einmal den Ausschluß als erkennender Richter zur Folge hat; ebenso Frisch, Festschr. f. Bruns, S. 400, 401.

[27] st. Rspr., zuletzt BGH StV, 1982, S. 51, und einhellige Meinung in der Literatur; vgl. u. a. LR-Wendisch, § 22, Rdnr. 32; KK-Pfeiffer, § 22, Rdnr. 10 m. w. N.

[28] Aus dem Fehlen von Ausschlußgründen für den als Eröffnungs- oder Ermittlungsrichter vorbefaßten erkennenden Richter bzw. für den als ermittelnden oder anklageerhebenden Staatsanwalt vorbefaßten Sitzungsvertreter können bei dieser Betrachtung – entgegen der Ansicht von Schairer und Frisch (s. Anm. 26) – keine Argumente gegen ein Mitwirkungsverbot für den als Richter vorbefaßten Staatsanwalt abgeleitet werden.

Indes ist auch der Staatsanwalt zur Objektivität verpflichtet, so daß das Verbot des Rollentausches in § 22 Ziff. 4 1. Fall StPO nicht mit der Einseitigkeit des Staatsanwalts erklärt werden kann. Es liegt aber eine andere Deutung des § 22 Ziff. 4 1. Fall StPO nahe: Die StPO legt die Strafverfolgung in die Hände zweier Organe, die voneinander unabhängig tätig werden sollen. Vor diesem Hintergrund betrachtet, geht es der Vorschrift nicht unbedingt nur darum, daß der *einzelne* Richter nicht befangen oder voreingenommen erscheinen soll; sie dürfte vielmehr institutioneller zu verstehen sein[29].

Die Verteilung der Strafverfolgungsaufgaben auf zwei Behörden ist nur dann sinnvoll, wenn für diese beiden Behörden im Einzelfall auch unterschiedliche Personen tätig werden. Ist danach aber davon auszugehen, daß § 22 Ziff. 4 1. Fall StPO die Mitwirkung des früheren Staatsanwalts als Richter im wesentlichen deswegen ausschließen will, weil sich diese Rollen generell nicht vertragen, dann ist die Aussage der Vorschrift umkehrbar.

Im Ergebnis darf daher der Richter – gleichgültig welche richterlichen Aufgaben er wahrgenommen hat – anschließend als Staatsanwalt wegen Befangenheit nicht mehr am Verfahren mitwirken[30].

Für dieses Ergebnis läßt sich im übrigen auch anführen, daß es dem Schutz des Vertrauens – sowohl der Allgemeinheit wie auch des Betroffenen – in die richterliche Unbefangenheit dient. Es wäre eine verkürzte Sicht, wenn man bei der Erklärung eines Mitwirkungsverbots wegen Befangenheit nur an künftige Entscheidungen des Amtsträgers dächte. Das Vertrauen, das der Betroffene nicht zuletzt mit Rücksicht auf die richterliche Unabhängigkeit und Unbefangenheit in eine richterliche Entscheidung setzen konnte und gesetzt hat, wird im nachhinein erschüttert, wenn ihm der entscheidende Richter in einem späteren Verfahrensabschnitt als Staatsanwalt gegenübertritt. Um es an einem Beispiel zu demonstrieren: Welchen Sinn soll – aus der Sicht des Betroffenen betrachtet – die Garantie der richterlichen Unabhängigkeit haben, wenn etwa eine Durchsuchung, wenige Tage nach Erlaß des Durchsuchungsbefehls durch den Richter, von demselben Richter, der inzwischen Staatsanwalt geworden ist, ausgeführt wird.

---

[29] Dementsprechend ist nach h. M. gemäß § 22 Nr. 4 StPO der Richter, der mit der Sache als sogenannter Notstaatsanwalt (§ 165 StPO) vorbefaßt war, nicht ausgeschlossen; vgl. BGHSt 9, 233, 235; RGSt 68, 377; LR-Wendisch, § 22, Rdnr. 35 Fn. 3; KMR-Paulus, § 22, Rdnr. 16; Kleinknecht / Meyer, § 22, Rdnr. 18; Eb. Schmidt, § 165 Rdnr. 1; a. A. Gössel, GA 1980, S. 347; wie Gössel im Ergebnis Schorn, GA 1963, S. 270, der auf den Notstaatsanwalt allerdings § 23 Abs. 2 StPO anwenden will, was indes kaum vertretbar sein dürfte.

[30] Im Ergebnis ebenso Schairer, S. 85; anders für das geltende Recht die h. M., s. Anm. 11 zu Teil B.

b) Die Vorbefassung in der Rolle des einseitigen Sachwalters

Nachdem festgestellt wurde, daß schon die Vorbefassung in der Rolle eines objektiven Sachwalters in bestimmten Fällen Befangenheit begründet, bleibt die – unproblematische – Konstellation zu beurteilen, in der der Staatsanwalt mit derselben Sache zuvor als einseitiger Sachwalter, also als Verteidiger des Beschuldigten oder als Anwalt des Verletzten tätig geworden ist. Die Besorgnis der Befangenheit des Staatsanwalts ist in diesen Fällen offensichtlich gerechtfertigt. Die Verpflichtung zur Einseitigkeit, die ihm in jeder der beiden Rollen obliegt, schließt es aus, daß die jeweils andere Seite nach dem Rollentausch noch Vertrauen in eine strikt objektive Sachbehandlung setzen kann. Der Anwalt des Verletzten und der Verteidiger des Beschuldigten dürfen im Anschluß an diese Tätigkeiten in demselben Verfahren also nicht mehr als Staatsanwalt tätig werden[31].

4. Zusammenfassung

Zusammenfassend läßt sich als Ergebnis der Überlegungen, in welchen Fällen des Richterausschlusses dem Staatsanwalt wegen Besorgnis der Befangenheit die Mitwirkung am Verfahren verboten ist, festhalten:

- Die Besorgnis der Befangenheit des Staatsanwalts ist in allen Fällen gerechtfertigt, in denen der Richter gemäß § 22 Ziff. 1 - 3 StPO wegen *verwandtschaftlicher oder verwandtschaftsähnlicher persönlicher Beziehungen* zu anderen Verfahrensbeteiligten ausgeschlossen ist.
- Übertragbar – mit der Folge, daß der Staatsanwalt wegen Besorgnis der Befangenheit an der Mitwirkung gehindert ist – sind auch die auf die *Vorbefassung in einer anderen Verfahrensrolle* abstellenden Richterausschlußtatbestände des § 22 Ziff. 4 StPO. Nicht als Staatsanwalt mitwirken darf also der frühere Verteidiger des Beschuldigten, der Rechtsanwalt des Verletzten, der frühere Richter – gleichviel ob er als erkennender Richter mit der Sache befaßt war oder nur als Eröffnungs- bzw. Ermittlungsrichter; eine Ausnahme gilt für § 22 Ziff. 4 letzter Fall StPO; die Vorbefassung in der Rolle des *Polizeibeamten* macht den Staatsanwalt nicht befangen.
- Grundsätzlich muß – nach dem aus § 22 Ziff. 5 StPO folgenden Gedanken – auch der als *Zeuge vernommene Staatsanwalt* ausscheiden.
- Die ein Mitwirkungsverbot begründende Besorgnis der Befangenheit kann grundsätzlich nicht daraus hergeleitet werden, daß der Staatsanwalt schon früher *als Staatsanwalt in anderer Funktion* mit der Sache befaßt war. Dabei ist gleichgültig, um welche Art staatsanwaltlicher Vorbefassung es sich han-

[31] So auch die h.M., s. u.a. KMR-Paulus, § 22, Rdnr. 20; ferner die Anm. 100 zu Teil B Genannten.

delt. Verfahrensrechtlich unzulässig ist weder die Mitwirkung des ermittelnden oder anklagenden Staatsanwalts im Hauptverfahren noch die des erstinstanzlichen Sitzungsvertreters, der den abschließenden Antrag gestellt hat, in der Rechtsmittelinstanz noch die des früheren Staatsanwalts im Wiederaufnahmeverfahren.

- An einer staatsanwaltlichen Entscheidung über ein *Rechtsmittel gegen eine von ihm selber verfügte Maßnahme* darf der Staatsanwalt in Anwendung des Gedankens aus § 23 Abs. 1 StPO nicht mitwirken.

II. Befangenheit des Staatsanwalts in den Fällen, die den Ausschlußtatbeständen der §§ 22, 23 StPO vergleichbar sind

1. Allgemeine Vorüberlegungen

Die Befangenheit des Staatsanwalts kann auch in solchen Fällen zu besorgen sein, die beim Richter zwar nicht von den Ausschlußtatbeständen erfaßt werden, diesen aber doch vergleichbar sind. Auch bei der Beurteilung dieser Konstellationen ist zu berücksichtigen, daß ein gewisses Befangenheitsniveau hingenommen werden muß. Auch wenn es keinen ausgeschlossenen Staatsanwalt gibt, ist es bei dem Versuch, dieses Niveau festzulegen, zweckmäßig, sich an den Ausschlußtatbeständen zu orientieren. Dementsprechend wird sich die folgende Untersuchung, ob im Umfeld der Konstellationen, in denen ein Richter ausgeschlossen wäre, der Staatsanwalt wegen Besorgnis der Befangenheit an der Mitwirkung gehindert ist, an den Vorentscheidungen zu orientieren haben[32], die unter I. für die Fälle getroffen worden sind, in denen die h. M. den Ausschluß des Staatsanwalts diskutiert. Mittelbar finden damit, weil sie bei der Beurteilung dieser Ausschlußfälle als Orientierungshilfe gedient haben, selbstverständlich auch hier die sich aus den Richterausschlußtatbeständen ergebenden Vorwertungen Berücksichtigung.

2. Zu den einzelnen Fällen

a) Befangenheit aufgrund ausschlußähnlicher persönlicher Beziehungen

aa) Eigenschaft als Beschuldigter

Es ist eine nicht näher begründungsbedürftige Selbstverständlichkeit, daß der Staatsanwalt, der Täter oder Beschuldigter einer Straftat ist, an dem Strafverfahren wegen Besorgnis der Befangenheit nicht mitwirken darf. Wenn

---

[32] Zu der Frage, ob die Ausschlußtatbestände eine Sperrwirkung entfalten, die in ihnen ähnlichen Konstellationen der Annahme von Befangenheit entgegenstehen, s. u. D. II. 2. c) und Anm. 49, 50.

schon als Staatsanwalt nicht tätig werden darf, wer mit dem Beschuldigten verwandt oder verschwägert ist, dann muß natürlich auch der Staatsanwalt an der Mitwirkung gehindert sein, gegen den sich der Tatverdacht richtet[33].

bb) Eigenschaft als mittelbarer Verletzter der Tat

Befangenheit kommt auch in Betracht, wenn der Staatsanwalt durch die Straftat mittelbar verletzt ist – also in Konstellationen, die beim Richter als Folge der herrschenden engen Interpretation des § 22 Ziff. 1 StPO keinen Ausschluß begründen[34] und deswegen oben (unter I. 1.) nicht behandelt worden sind. An der Mitwirkung im Verfahren gehindert sein kann danach unter diesem Gesichtspunkt z. B. der Staatsanwalt, der als gewinnanteilsberechtigter Gesellschafter einer GmbH durch eine Vermögensstraftat zu deren Nachteil in seinen materiellen Interessen mittelbar verletzt ist. In Betracht kommt eine das Mitwirkungsverbot begründende mittelbare Verletzung auch dann, wenn durch die Straftat immaterielle Interessen berührt sind; zu denken ist z. B. an den Staatsanwalt, der gemäß § 194 Abs. 3 StPO im Falle der Beleidigung eines nachgeordneten Beamten oder der von ihm geleiteten Behörde Strafantrag gestellt hat[35].

cc) Persönliche Beziehungen zum Beschuldigten oder Verletzten

Befangenheit kann ferner mit Rücksicht darauf begründet sein, daß der Staatsanwalt in ausschließungsnahen persönlichen Beziehungen zum Beschuldigten oder Verletzten des Strafverfahrens steht. Die §§ 22 Ziff. 2 und 3 StPO erfassen aus dem großen Kreis der Gestaltungen, in denen der Richter aufgrund enger persönlicher Beziehungen zu Beschuldigten oder Verletzten zu einer objektiven Beurteilung nicht mehr in der Lage ist, nur einen schmalen Sektor, nämlich den der engen verwandtschaftlichen oder verwandtschaftsähnlichen Beziehungen. Aus dieser Regelung folgt die Notwendigkeit, im Umfeld des § 22 Ziff. 2 u. 3 StPO diejenigen Beziehungen des Staatsanwalts zu dem Verletzten oder Beschuldigten zu ermitteln, die jenen verwandtschaftlichen Bindungen vergleichbar und ihrerseits typischerweise geeignet sind, die Unbefangenheit zu beeinträchtigen.

---

[33] Für den beschuldigten Richter wie auch für den Richter, der, ohne beschuldigt zu sein, Täter ist, wird in der Literatur (vgl. statt aller LR-Wendisch, § 22, Rdnr. 21; KMR-Paulus § 22, Rdnr. 1) ein Ausschlußgrund angenommen, weil dies selbstverständlich sei, eine angesichts der – unstreitig – erschöpfenden Aufzählung der Ausschlußgründe und ihrer fehlenden Analogiefähigkeit (s. o. C. II. 2. a)) jedenfalls nicht unzweifelhafte Annahme.

[34] Arzt, S. 39; KMR-Paulus, § 22, Rdnr. 2; KK-Pfeiffer, § 22, Rdnr. 4; LR-Wendisch, § 22, Rdnr. 7 m. w. N. zur Rspr.

[35] RGSt 4, 264, 266.

α) Beziehungen, die durch Zuneigung geprägt sind

Als Beispiele für enge persönliche Beziehungen dieser Art seien etwa genannt: das dem Eltern-Kind-Verhältnis ähnliche Pflegeverhältnis[36], die eheähnliche Lebensgemeinschaft, ein Liebesverhältnis oder enge freundschaftliche Beziehungen. Auch der Staatsanwalt, der mit der Beschuldigten oder der Verletzten verlobt ist, kann wegen Befangenheit nicht mitwirken[37].

β) Beziehungen, die durch Abneigung geprägt sind

Nicht nur bei Beziehungen, die durch Verbundenheit oder Zuneigung gekennzeichnet sind, kommt Besorgnis der Befangenheit des Staatsanwalts in Betracht; zu denken ist auch an negativ belastete Beziehungen. Der Staatsanwalt kann also auch, wenn sein Verhältnis zu dem Beschuldigten oder Verletzten durch einseitige oder gegenseitige Abneigung geprägt wird, an der Mitwirkung im Verfahren wegen Besorgnis der Befangenheit gehindert sein, wenn die Spannungen erheblich sind. Dazu reichen abstrakte Meinungsverschiedenheiten regelmäßig nicht aus; man wird vielmehr ein persönliches Zerwürfnis verlangen müssen[38]. Hinsichtlich der Besonderheiten, die sich bei Spannungen aufgrund von Zugehörigkeiten zu bestimmten Gruppen oder bei grundlegenden politischen Divergenzen in politischen Verfahren ergeben, kann auf die Literatur[39] zum befangenen Richter Bezug genommen werden. Dies gilt auch für die Frage, wie im Hinblick auf die Besorgnis der Befangenheit Spannungen zu beurteilen sind, die sich infolge provozierenden Verhaltens des Verletzten oder des Beschuldigten erst im Laufe des Verfahrens einstellen[40].

γ) Berufliche und gesellschaftliche Beziehungen

Beziehungen zwischen Staatsanwalt und Beschuldigten oder Verletzten können auch dann Ursache für Befangenheit sein, wenn sie nur berufsbedingt oder gesellschaftlicher Art sind, ohne daß sie durch Freundschaft oder Feind-

---

[36] In § 20 Abs. 5 Nr. 8 VwVfG als Ausschlußgrund erfaßt.

[37] Kleinknecht / Meyer, § 24, Rdnr. 11; LR-Wendisch, § 24, Rdnr. 20; KK-Pfeiffer, § 22, Rdnr. 7; KMR-Paulus, § 24, Rdnr. 9. Im Verwaltungsverfahren ist der mit einer Beteiligten verlobte Verwaltungsbeamte sogar gemäß § 20 Abs. 1 Nr. 2 i. V. m. Abs. 5 Nr. 1 VwVfG ausgeschlossen. Daß der Referentenentwurf das Verlöbnis nicht in den Kreis der Ausschlußtatbestände aufgenommen hat, bedeutet demgegenüber einen Rückschritt.

[38] u.a. Kleinknecht / Meyer, § 24, Rdnr. 7; LR-Wendisch, § 24, Rdnr. 20; Arzt, S. 52.

[39] Vgl. Arzt, S. 42ff.; LR-Wendisch, § 24, Rdnr. 14, 15 m.w.N. zur Rspr.; KMR-Paulus, § 24, Rdnr. 10; Kleinknecht / Meyer, § 24, Rdnr. 9; Schorn GA 1963, S. 166.

[40] KMR-Paulus, § 24, Rdnr. 13; LR-Wendisch, § 24, Rdnr. 23; KK-Pfeiffer, § 24, Rdnr. 5; Arzt, S. 52.

schaft geprägt wären. Wer wollte bestreiten, daß rein tatsächlich die Unbefangenheit des Staatsanwalts nicht mehr gewährleistet ist, wenn es sich bei dem Beschuldigten oder Verletzten um seinen Vermieter, seinen Nachbarn, den Lehrer seines Kindes, den früheren Studienkollegen, den Lebensmittelhändler, bei dem er oder seine Ehefrau die täglichen Einkäufe besorgt, den Arbeitgeber seiner Frau, den Mitspieler in einer Sportmannschaft oder ähnliche Personen handelt? Die Zahl der Beispiele könnte beliebig fortgesetzt werden.

Sicher ist, daß nicht alle diese Beziehungen die Besorgnis der Befangenheit rechtfertigen und ein Mitwirkungsverbot begründen können. Auf der anderen Seite kann auch nicht ernsthaft bezweifelt werden, daß sie, wenn sie entsprechend eng sind und häufigere Kontakte bedingen, in ihrer die Objektivität und Unvoreingenommenheit beeinträchtigenden Wirkung sich von freundschaftlichen und feindlichen Beziehungen nicht unterscheiden lassen und deshalb wie jene geeignet sind, die Besorgnis der Befangenheit zu rechtfertigen. Die erforderliche Abgrenzung ist nur im Einzelfall unter Berücksichtigung aller seiner Aspekte möglich.

Auf zwei Fragenkreise soll – weil sie von praktischem Interesse sein könnten – näher eingegangen werden.

Es geht zum einen darum, ob Befangenheit zu besorgen ist, wenn es sich bei dem Beschuldigten oder Verletzten um einen Kollegen des Staatsanwalts handelt. In diesen Konstellationen ist die Besorgnis der Befangenheit grundsätzlich nicht begründet. Zwar erscheint die Vorstellung, daß bei einem bloßen Kollegialitätsverhältnis die Unbefangenheit des Staatsanwalts völlig unangetastet bleibe, unrealistisch. Insbesondere wenn der Kollege des Staatsanwalts Beschuldigter einer Straftat ist, kann – nicht zuletzt als Folge des in der Regel sogar zutreffenden Gefühls, unter strenger und kritischer Beobachtung aller anderen Kollegen und unter Umständen der Öffentlichkeit zu stehen – ein Zwang zur Überobjektivität entstehen. Dieser ist einer gerechten, nur auf die Sachgesichtspunkte abstellenden Betrachtung ebenso hinderlich wie ein Mangel an Objektivität. Die daraus folgende Befangenheit muß der beschuldigte Kollege aber hinnehmen – ebenso wie der beschuldigte Richter, der grundsätzlich auch keinen Anspruch darauf hat, daß ein etwaiges Verfahren gegen ihn vor einem anderen Gericht stattfindet[41]. Soweit es sich um ein bloßes Kollegenverhältnis handelt, folgt die Gefahr einer realen Befangenheit im Grunde genommen nicht daraus, daß der Beschuldigte bei derselben Behörde oder bei demselben Gericht beschäftigt ist. Ursache ist vielmehr schon die Zugehörigkeit zum selben Beruf. Dieser Umstand kann indes die Besorgnis der Befangenheit ersichtlich nicht rechtfertigen.

---

[41] BGH LM ZPO § 42, Nr. 2; OLG Stuttgart MDR 1961, S. 1035; OLG Zweibrükken NJW 1968, S. 1439, 1440; LR-Wendisch, § 24, Rdnr. 21; Kleinknecht / Meyer, § 24, Rdnr. 10; KMR-Paulus, § 24, Rdnr. 9; Schorn, GA 1963, S. 165.

Unzulässig ist die Mitwirkung des Staatsanwalts dann, wenn seine Beziehungen zu dem beschuldigten oder verletzten Kollegen über die bloße Zugehörigkeit zur selben Behörde deutlich hinausgehen, also besonders eng sind und auf das persönliche Verhältnis ausstrahlen[42]. Die Dichte der kollegialen Beziehungen kann sich daraus ergeben, daß der Beschuldigte und der für die Verfolgung zuständige Staatsanwalt sich ein Dienstzimmer teilen oder über längere Zeit geteilt haben, daß sie derselben Abteilung angehören oder angehört haben – insbesondere wenn es sich um kleinere Abteilungen handelt – und infolgedessen dienstlich häufig und eng zusammenarbeiten oder dies getan haben.

Einer näheren Betrachtung wert erscheinen zum zweiten auch die Fälle, in denen der Beschuldigte oder Verletzte einer Straftat der unmittelbare Vorgesetzte des Staatsanwalts, der Behördenleiter selber oder ein naher Angehöriger dieser Personen ist bzw. umgekehrt ein nachgeordneter Beamter oder dessen naher Angehöriger. Mit entsprechenden Fällen beim Richter hat sich die Rechtsprechung in mehreren Entscheidungen beschäftigen müssen. Eine einheitliche Linie ist nicht zu erkennen[43].

Wie die Rechtslage beim Richter zu beurteilen ist, mag letztlich auch dahingestellt bleiben. Für den Staatsanwalt kommt nämlich als ein bei der Abwägung zusätzlich zu berücksichtigendes Moment seine Abhängigkeit und Weisungsgebundenheit hinzu, also der hierarchische Aufbau der Staatsanwaltschaft.

Allerdings hat ein Leitender Staatsanwalt in der Sache gegen ihn selber kein Weisungsrecht; dies deswegen nicht, weil ihm selber nach dem oben unter C. Ausgeführten jede Mitwirkung in diesem Verfahren verfahrensrechtlich untersagt ist. Es bleibt aber der Umstand, daß der ermittelnde, anklagende oder die Sitzungsvertretung wahrnehmende Staatsanwalt von dem Vorgesetzten im übrigen abhängig ist. Schon der Umstand, daß er in allen vorausgegangenen Verfahren die Weisungen des Vorgesetzten befolgt hat und daß er sie in Zukunft wieder befolgen wird, schließt ein Vertrauen darin aus, daß ein Staatsanwalt in einem Verfahren frei und unvoreingenommen handeln kann, in dem der erste Beamte der Staatsanwaltschaft Verletzter der Straftat oder selbst Beschuldigter ist.

---

[42] So für den Richter OLG Stuttgart MDR 1961, S. 1035; LG Osnabrück NdsRPfl. 1980, S. 17; Kleinknecht / Meyer, § 24, Rdnr. 10; Arzt, S. 51; Krey, JA 1984, S. 573.

[43] Einerseits hat es der BGH (nach BVerfGE 12, 113, 119) für möglich gehalten, daß alle Richter eines OLG-Bezirks bei einem Privatklageprozeß gegen den OLG-Präsidenten wegen Beleidigung befangen sind; auf derselben Linie das LG Berlin NJW 1956, S. 1402, das alle Proberichter in einem Schadensersatzprozeß gegen den Justizfiskus als befangen angesehen hat; im übrigen lehnen die Gerichte aber die Annahme von Befangenheit wegen dienstaufsichtsrechtlicher Beziehungen ab, so BGH DRiZ 1959, S. 153; OLG Celle NdsRpfl. 1963, S. 231; OVG Berlin JR 1969, S. 159; vgl. auch AK-ZPO-Wassermann, § 42, Rdnr. 23; Teplitzky, JuS 1969, S. 320, 321, und Arzt, S. 51.

An der Mitwirkung gehindert sind jeweils aber nur die unmittelbar nachgeordneten Beamten innerhalb einer Behörde. Gegen den Leitenden Oberstaatsanwalt dürfen die Beamten seiner Behörde nicht strafverfolgend tätig werden. Dieselben Beamten sind aber nicht gehindert, am Verfahren gegen den Generalstaatsanwalt mitzuwirken. In diesem Verfahren sind nur die Beamten der Generalstaatsanwaltschaft gehindert. Dieser Einschränkung bedarf es nicht nur mit Rücksicht auf die praktischen Konsequenzen, sie ist auch deswegen geboten, weil nur in einem unmittelbaren Abhängigkeits- und Weisungsverhältnis die Besorgnis der Befangenheit den für die Annahme eines Mitwirkungsverbots erforderlichen Grad erreicht.

Die weitere Frage, ob dem Staatsanwalt die Mitwirkung auch dann verboten ist, wenn nicht der erste Beamte selber, sondern dessen unmittelbarer Angehöriger – Ehepartner, Kind (die zur Kleinfamilie zählenden Angehörigen) – Beschuldigter oder Verletzter ist, wird zu bejahen sein. Die Gründe, die für die Annahme von Besorgnis der Befangenheit sprechen, wenn der erste Beamte selber verdächtigt oder beschuldigt ist, treffen im wesentlichen auch auf diese Fallgestaltung zu.

Ob umgekehrt ein Mitwirkungsverbot auch für den vorgesetzten Beamten der Staatsanwaltschaft anzunehmen ist, wenn sich der strafrechtliche Vorwurf gegen einen nachgeordneten Beamten oder dessen Angehörige richtet, ist schwieriger zu beurteilen. Obwohl der vorgesetzte Beamte von dem nachgeordneten nicht abhängig ist, dürfte in der Regel die Besorgnis der Befangenheit auch ihm gegenüber begründet sein. Ein gesetzlicher Anhaltspunkt für diese Annahme findet sich in den §§ 56 Abs. 4, 51 Bundesdisziplinarordnung. Nach diesen Vorschriften ist der Vorgesetzte des beschuldigten Beamten nicht nur als Richter eines Disziplinargerichts, sondern auch als Untersuchungsführer ausgeschlossen. Dieser ist dem Staatsanwalt aber hinsichtlich seiner Stellung und Aufgaben im Verfahren jedenfalls in gewissem Maße vergleichbar[44].

b) Befangenheit des Staatsanwalts wegen privater oder dienstlicher Kenntnis vom Verfahrensgegenstand

Daß ein Staatsanwalt in einem Verfahren, in dem er als Zeuge vernommen worden ist, wegen Besorgnis seiner Befangenheit grundsätzlich nicht mehr mitwirken darf, ist bereits festgestellt worden[45]. Darüber hinaus könnte die Befangenheit des Staatsanwalts aber auch schon dann zu besorgen sein, wenn er – ohne vernommen worden zu sein – Zeuge des Tathergangs war oder Umstände wahrgenommen hat, die sich außerhalb des Verfahrens abgespielt

[44] Daß der Untersuchungsführer gemäß § 56 Abs. 3 Satz 1 BDO unabhängig und an Weisungen nicht gebunden ist, bedeutet insofern keinen erheblichen Unterschied; zur Stellung des Untersuchungsführers s. näher Claussen / Janzen, § 56, Rdnr. 2.

[45] s.o. D I. 2.

haben und für die Rekonstruktion des eigentlichen Tathergangs selbst von Bedeutung sind[46].

Die Frage der Befangenheit wegen privater oder dienstlicher Kenntnis vom Verfahrensgegenstand kann für Richter und Staatsanwalt nur einheitlich beantwortet werden. Umstände, die eine unterschiedliche Beurteilung rechtfertigen könnten, sind nicht ersichtlich. Auch für den Richter scheint die Rechtslage aber noch nicht eindeutig geklärt zu sein[47].

Bei dem Versuch, eine Lösung des Problems zu entwickeln, kann nicht unberücksichtigt bleiben, daß die ratio des § 22 Nr. 5 StPO – und damit auch die Gründe, die das Mitwirkungsverbot für den als Zeugen vernommenen Staatsanwalt tragen – dafür sprechen könnte, dem Richter (und auch dem Staatsanwalt), der über private oder dienstliche Kenntnis vom Verfahrensgegenstand verfügt, die Mitwirkung auch dann zu untersagen, wenn er nicht vernommen worden ist.

Allerdings bleibt dem Richter bzw. dem Staatsanwalt, wenn seine Vernehmung unterblieben ist, die nicht erfüllbare Aufgabe erspart, seine eigene Aussage objektiv zu würdigen. Auch die Verpflichtung, die Aussage der anderen – vernommenen – Zeugen und die sonst erhobenen Beweise unbefangen und so zu würdigen, wie sie sich nach der Hauptverhandlung darstellen, dürfte aber eine Überforderung für den darstellen, der das Tatgeschehen selber fehlerfrei oder fehlerhaft wahrgenommen und zutreffende oder unzutreffende Erinnerungen daran hat.

Auf der anderen Seite ist die durch die eigene – privat oder dienstlich erlangte – Kenntnis bedingte fehlende Distanz aber nicht mehr als eine von vielen denkbaren Ursachen, die in der Person des Richters bzw. Staatsanwalts begründet sind und eine fehlerfreie Wahrnehmung und Beurteilung hindern oder erschweren können. Derartige Fehlerquellen sind sicher unerwünscht. Sie sind aber als solche nicht geeignet, die Besorgnis der Befangenheit des Richters oder Staatsanwalts zu rechtfertigen. Hinzu kommt, daß – solange der Richter bzw. Staatsanwalt nicht vernommen worden ist – der Rollenwiderspruch anders als in dem von § 22 Nr. 5 StPO geregelten Fall nicht offensichtlich wird.

---

[46] Die nie auszuschließende Möglichkeit, daß der Staatsanwalt unter Umständen als Zeuge zu Vorkommnissen im Ermittlungsverfahren aussagen muß, kann die Besorgnis der Befangenheit ersichtlich nicht begründen; s. auch Schairer, S. 128.

[47] Für die Annahme von Befangenheit eines Richters, der private oder amtliche Kenntnis vom Verfahrensgegenstand hat, Arzt, S. 88ff., der den Richter ungeachtet des eindeutigen Wortlauts des § 22 Nr. 5 StPO abweichend von der h.M. eigentlich sogar als ausgeschlossen ansieht (S. 85ff., 88); eine Ablehnung gemäß § 24 StPO zieht auch in Betracht KMR-Paulus, § 22, Rdnr. 20; zum ganzen auch KK-Pfeiffer, § 22, Rdnr. 14.

Unter Berücksichtigung auch dieser Gesichtspunkte wird im Ergebnis eine Befangenheit des Richters bzw. Staatsanwalts nicht schon darauf gestützt werden können, daß er Kenntnis vom Verfahrensgegenstand hat[48].

c) Befangenheit des Staatsanwalts wegen ausschlußähnlicher Vorbefassung

Für den Richter, der in derselben Sache in einem früheren Stadium tätig gewesen ist – und zwar in nicht ausschlußtatbestandsmäßiger, aber ausschlußtatbestandsähnlicher Funktion – ist heftig umstritten, ob und inwieweit er wegen Befangenheit abgelehnt werden kann[49]. Kontrovers diskutiert wird diese Frage insbesondere für den erstinstanzlichen Richter, der nach Aufhebung des Urteils und Zurückverweisung der Sache durch das Revisionsgericht erneut mit ihr befaßt wird[50]. Wesentlicher Streitpunkt ist insofern, ob und inwieweit in den Fällen der Vorbefassung die Ausschlußtatbestände – oder genauer: die sich aus ihrer enumerativen Aufzählung ergebenden Nicht-Ausschlußgründe – eine Sperrwirkung auch für die Annahme der Besorgnis von Befangenheit entfalten.

Beim Staatsanwalt bereitet diese für den Richter problematische Fallgruppe keine besonderen Schwierigkeiten. Für die hier vertretene Ansicht folgt dies schon daraus, daß es keinen ausgeschlossenen Staatsanwalt und – mangels Ausschlußtatbeständen – keine Sperrwirkung gibt. Aber auch für die h. M., die einen Ausschluß des Staatsanwalts für möglich hält, ergeben sich keine Probleme.

Soweit der Staatsanwalt mit demselben Verfahren in einer anderen Rolle – sei es als Richter, Verteidiger oder Rechtsanwalt des Verletzten – vorbefaßt war, ist er nach dem Ergebnis der Prüfung zu 1. c) an der weiteren Mitwirkung wegen Besorgnis der Befangenheit *durchgehend* gehindert; die h. M. müßte in diesen Fällen seinen Ausschluß annehmen. Ausschlußtatbestandsähnliche Konstellationen sind danach nicht denkbar.

Diskussionswürdig sind mithin allein noch die Fälle, in denen der Staatsanwalt mit dem Gegenstand des Verfahrens bereits als Staatsanwalt in anderer Funktion befaßt war. Insofern hat sich aber bereits gezeigt, daß die an die Vorbefassung in derselben Rolle anknüpfenden Richterausschlußtatbestände des § 23 Abs. 1 und 2 StPO auf den Staatsanwalt grundsätzlich nicht übertragbar sind. Anders als der Richter kann der Staatsanwalt – vorbehaltlich seiner

---

[48] Anders anscheinend Schairer, S. 128, 129.

[49] Dazu insbesondere Arzt, S. 65ff. m. w. N.

[50] Vgl. u. a. BGHSt 21, 142, 145; 24, 336, 337; KK-Pfeiffer, § 24, Rdnr. 6; LR-Wendisch, § 23, Rdnr. 32ff.; Hanack, NJW 1967, S. 580; Arzt, S. 80ff. m. w. N.; Dahs, NJW 1966, S. 1694.

Zuständigkeit – das Verfahren von den ersten Ermittlungen bis zu seinem rechtskräftigen Abschluß begleiten.

Dementsprechend stellt sich auch die für den Richter umstrittene Frage, ob er nach Zurückverweisung der Sache aus der Rechtsmittelinstanz in der neuen Verhandlung allein wegen seiner früheren Mitwirkung als befangen abgelehnt werden kann, für den Staatsanwalt nicht. Der Staatsanwalt, der trotz abschließenden Antrags in der ersten Instanz im Verfahren über das Rechtsmittel nicht verhindert ist, muß auch nach Zurückverweisung die Sitzungsvertretung innehaben dürfen[51].

d) Sonstige Fälle

Auch jenseits des Bereichs der den Ausschlußtatbeständen unmittelbar vergleichbaren Befangenheitsgründe gibt es Umstände, die typischerweise geeignet sind, die Unvoreingenommenheit des Staatsanwalts zu beeinträchtigen, und deswegen die Besorgnis der Befangenheit rechtfertigen können. Da die Ausschlußtatbestände zusammen mit den ausschlußähnlichen Befangenheitstatbeständen den Bereich der Quellen möglicher Befangenheit sehr weitgehend abdecken, ist für solche Gestaltungen allerdings nur wenig Raum; zu denken ist insbesondere an den unter Druck gesetzten oder unzulässig beeinflußten Staatsanwalt.

Weisungen der Justizverwaltung an den Richter, ja auch nur Empfehlungen oder Anregungen verstoßen gegen seine Unabhängigkeit und sind unzulässig. Gleichwohl sind sie, auch wenn sie sich auf die Behandlung oder Entscheidung eines konkreten Falls beziehen, regelmäßig nicht geeignet, bei einem objektiven Beobachter Mißtrauen entstehen zu lassen, der Richter werde die Sache unter Umständen nicht mit der gebotenen Unbefangenheit bearbeiten und entscheiden. Die Befangenheit des Richters kann in diesen Fällen – wie überhaupt immer, wenn Verfahrensbeteiligte oder Dritte versuchen, Druck auf ihn auszuüben oder ihn in anderer Weise zu beeinflussen – nur dann zu besorgen sein, wenn er durch sein Verhalten den Eindruck erweckt, daß er für die Ein-

---

[51] a.A. Schairer, S. 125ff., 127; er will im übrigen im Umfeld der §§ 22, Nr. 4, 23 StPO die Befangenheit des Staatsanwalts in verschiedenen Gestaltungen eher annehmen als sonst; schon bei nur „geringfügigen Äußerungen und Fragen" soll (entsprechend dem Rechtsgedanken des früheren § 23 Abs. 3 StPO) in den Fällen, mit denen nach dem alten Recht der Untersuchungsrichter befaßt war, der ermittelnde Staatsanwalt befangen sein (S. 124); dasselbe soll (entsprechend dem Rechtsgedanken des § 210 Abs. 3 StPO) für den Staatsanwalt gelten, dessen Anklage vom Gericht gemäß § 207 Abs. 2 Nr. 1 - 3 StPO nur mit Änderungen zugelassen worden ist (S. 124, 125). Die mit dieser Auffassung verbundene Ausweitung des Mitwirkungsverbots wegen Befangenheit wird aber den unterschiedlichen Aufgaben von Richter und Staatsanwalt und dem daraus folgenden Unterschied hinsichtlich des zumutbaren Befangenheitsniveaus nicht gerecht. Sie begegnet zudem auch wegen ihrer Konsequenzen gerade für tatsächlich oder rechtlich schwierige Strafverfahren Bedenken.

flußnahme empfänglich sein und sich darauf einlassen könnte[52]. Anderenfalls wären die Justizverwaltung, die Verfahrensbeteiligten und auch Dritte in der Lage, allein schon durch die Abgabe von Erklärungen, die auf Einflußnahme abzielen, die Besetzung des Gerichts zu steuern und mißliebige Richter auszuschalten.

Dementsprechend sind auch Weisungen, die ein Vorgesetzter einem Staatsanwalt erteilt, grundsätzlich nicht geeignet, die Besorgnis der Befangenheit des angewiesenen Beamten zu rechtfertigen. Der Staatsanwalt ist – ungeachtet der umstrittenen Frage nach den Grenzen des Weisungsrechts[53] – grundsätzlich verpflichtet, den Weisungen seines Vorgesetzten nachzukommen (§ 146 GVG). Soweit Weisungen zulässig sind, kann auf ihre Erteilung die Besorgnis von Befangenheit offensichtlich nicht gestützt werden. Auch für rechtswidrige oder unzulässige – weil die Grenzen des Weisungsrechts überschreitende – Weisungen gilt aber letztlich nichts anderes. Allerdings mag es dem Betroffenen, der von einer unzulässigen Weisung an den mit seiner Sache befaßten Staatsanwalt Kenntnis hat, faktisch nicht leichtfallen, darauf zu vertrauen, daß der Angewiesene sein Vorgehen nur an der Sach- und Rechtslage ausrichtet und in voller Unbefangenheit entscheidet. Normativ muß er dieses Vertrauen aber grundsätzlich haben. Ein Mitwirkungsverbot wegen Befangenheit entsteht nur dann, wenn begründeter Anlaß zu der Annahme besteht, der Staatsanwalt sei bereit, der rechtswidrigen Weisung nachzukommen[54].

Von größerer praktischer Relevanz als die etwaigen rechtswidrigen Weisungen des Vorgesetzten dürfte der von der öffentlichen Meinung ausgehende Druck für die Unbefangenheit des Staatsanwalts sein. Spektakuläre Strafverfahren, insbesondere Verfahren mit politischem Bezug oder Verfahren, die ein aufsehenerregendes Kapitalverbrechen zum Gegenstand haben, werden anscheinend in zunehmendem Maße von einer Berichterstattung begleitet, deren Ziel nicht objektive Information ist. Es kommt zu Vorverurteilungen, aber auch zu Vorweg-Freisprüchen. Die Sachbehandlung durch Richter und Staatsanwälte ist zuweilen Gegenstand heftiger – nicht immer sachlicher – Kritik. In Anbetracht dessen stellt sich die Frage, ob der dem Druck der öffentlichen Meinung ausgesetzte Staatsanwalt aus diesem Grunde befangen ist.

Beim Richter, für den insofern nichts anderes gelten kann, möchte Arzt ein Ablehnungsrecht des Angeklagten annehmen[55]. Angesichts einer auf Verurteilung zielenden Kampagne in Massenmedien könne ein Klima entstehen, in

---

[52] OLG Celle MDR 1971, S. 774; Riedel, S. 156; s. aber auch RGSt 66, 390; LR-Wendisch, § 24, Rdnr. 11; Arzt, S. 110; KMR-Paulus, § 24, Rdnr. 11.

[53] Vgl. u.a. Kissel, § 146, Rdnr. 3ff., und LR-Schäfer (23. Aufl.), § 146 GVG, Rdnr. 5ff., 10, jeweils mit zahlreichen weiteren Nachweisen.

[54] Ebenso Schairer, S. 139 (für externe Weisungen) und S. 140 (für interne Weisungen); zweifelnd Kuhlmann, DRiZ 1976, S. 16.

[55] Arzt, S. 112f.

dem eine unbefangene Wahrheitsfindung nicht mehr möglich sei; jedenfalls könne dem Angeklagten nicht zugemutet werden, dem Richter in einer solchen Lage noch die erforderliche Unbefangenheit zuzutrauen.

Der Ansicht von Arzt kann – auch wenn seine Analyse in tatsächlicher Hinsicht zutreffen mag – nicht zugestimmt werden[56]. Entscheidend ist – ebenso wie bei Beeinflussungsversuchen durch unzulässige Weisungen –, daß die Einflußnahme durch Verfahrensbeteiligte und außenstehende Dritte die Besorgnis der Befangenheit grundsätzlich nicht rechtfertigen kann, solange sich der Richter oder Staatsanwalt nicht darauf einläßt. Jede andere Betrachtung hätte zudem ersichtlich untragbare Konsequenzen. Wollte man dem Druck der Öffentlichkeit mit Arzt befangenheitsbegründende Wirkung zugestehen, so würde diese Wirkung nicht nur bei den für die Sache zuständigen Richtern bzw. Staatsanwälten eintreten, sondern bei jedem Richter bzw. jedem Staatsanwalt. Die Konsequenz wäre, daß ein Verfahren, an dem die Öffentlichkeit besonderes Interesse zeigt – jedenfalls soweit die Medien übereinstimmend in der einen oder anderen Richtung Stellung nehmen und sich einig sind, daß nur dieser oder jener Verfahrensausgang in Betracht kommen könne –, mangels unbefangener Richter bzw. Staatsanwälte nicht mehr durchgeführt werden könnte.

Im Ergebnis ist danach die Einflußnahme oder die versuchte Einflußnahme durch die öffentliche Meinung – auch wenn von ihr ein erheblicher Druck ausgehen mag – kein Grund, der die Besorgnis der Befangenheit des Richters rechtfertigt. Für den Staatsanwalt gilt nichts anderes.

III. Das Verhalten des Staatsanwalts als Ausdruck von Befangenheit

Unter I. und II. ist für verschiedene abstrakt beschreibbare Konstellationen, in denen typischerweise die vollkommene Unvoreingenommenheit des Staatsanwalts beeinträchtigt ist, geprüft worden, ob bei ihrem Vorliegen die Besorgnis der Befangenheit gerechtfertigt ist. Im folgenden soll es dagegen um Vorkommnisse und Ereignisse, insbesondere um Verhaltensweisen des Staatsanwalts gehen, die nur als Ausdruck einer – wodurch auch immer verursachten – Befangenheit verstanden werden können. Besorgnis der Befangenheit des Staatsanwalts aufgrund seines Verhaltens im Verfahren kommt in zwei Gestaltungen in Betracht.

---

[56] BGH NJW 1969, S. 703, 704; Hamm, S. 204, 205; Riedel, S. 156.

1. Fallgruppen

a) Vorzeitige endgültige Festlegung als Ausdruck von Befangenheit

Der Staatsanwalt kann durch seine Äußerungen zu erkennen geben, daß er sich vorzeitig festgelegt hat. Wie beim Richter[57] reicht dabei für die Annahme von Besorgnis der Befangenheit eine Festlegung in rechtlicher Hinsicht generell nicht aus.

Bezüglich der Festlegung in tatsächlicher Hinsicht kann – wie dies auch für die entsprechende Frage beim Richter anerkannt ist – nur eine vorzeitige endgültige Festlegung die Besorgnis der Befangenheit begründen. Die vorläufige Festlegung aufgrund des jeweiligen Sachstandes, die unter dem Vorbehalt steht, die gewonnene Überzeugung zu überdenken, wenn neue Erkenntnisse hinzutreten, und ggfs. auch wieder aufzugeben, ist in jedem Prozeß notwendig und unbedenklich[58]. Ohne sie wäre in den meisten prozessualen Situationen eine sinnvolle Entscheidung darüber, wie das Verfahren weiterbetrieben und welche Schritte als nächste unternommen werden sollen, nicht möglich.

b) Rechtsverletzungen als Ausdruck von Befangenheit

Ein Mitwirkungsverbot wegen Befangenheit des Staatsanwalts kann auch infolge einer rechtsfehlerhaften Betreibung des Verfahrens entstehen. Selbstverständlich gibt nicht jede Rechtsverletzung Anlaß, die Befangenheit des Staatsanwalts zu besorgen. Fehler sind ggfs. mit dem Rechtsmittel zu rügen. Schon mit Rücksicht darauf kann die Besorgnis der Befangenheit des Staatsanwalts – ebenso wie die des Richters[59] in den entsprechenden Situationen – nur ausnahmsweise darauf gestützt werden, daß er rechtsfehlerhaft verfährt. Es muß sich jedenfalls um erhebliche Rechtsverletzungen handeln, die zudem auch nur durch Voreingenommenheit erklärt werden können[60].

2. Grundsätzliche Fragen des Beurteilungsmaßstabs

Wann im einzelnen Äußerungen, die eine endgültige Festlegung erkennen lassen, oder Rechtsverletzungen die Besorgnis der Befangenheit des Staatsanwalts begründen können, läßt sich angesichts der nicht überschaubaren Viel-

---

[57] Befangenheit kommt allerdings dann in Betracht, wenn der Richter sich neuen rechtlichen Argumenten von vornherein verschließt; so auch Arzt, S. 94f. m.w.N. zur Rspr.; Riedel, S. 122.

[58] Arzt, S. 92ff.; Riedel, S. 120; LR-Wendisch, § 24, Rdnr. 25ff., 28ff. m.w.N.; KMR-Paulus, § 24, Rdnr. 16, 17; Kleinknecht / Meyer, § 24, Rdnr. 14.

[59] KK-Pfeiffer, § 24, Rdnr. 7 m.w.N. zur Rspr.; KMR-Paulus, § 24, Rdnr. 21; LR-Wendisch § 24, Rdnr. 37; Arzt, S. 96f.

[60] Für den Staatsanwalt ebenso Schairer, S. 129ff.

zahl denkbarer Gestaltungen nicht generalisierend beurteilen. Eine Entscheidung ist stets nur unter Berücksichtigung und Abwägung aller Umstände des einzelnen Falles möglich[61]. Nur zu drei grundsätzlichen Fragen des Beurteilungsmaßstabs kann im folgenden Stellung genommen werden.

a) Objektive oder subjektive Betrachtung

Wie beim Richter[62] und beim Verwaltungsbeamten[63] muß auch beim Staatsanwalt[64] für die Entscheidung, ob er befangen und deswegen an der weiteren Mitwirkung gehindert ist, auf die Sicht eines vernünftig denkenden Menschen, freilich in der Rolle des Betroffenen, abgestellt werden. Auf den möglicherweise von Ängsten und übermäßigem Mißtrauen geprägten subjektiven Standpunkt des Betroffenen[65] kommt es nicht an.

b) Verhalten anderer Staatsanwälte oder des betreffenden Staatsanwalts in entsprechenden Situationen als Maßstab

Die Entscheidung über eine Befangenheitsrüge kann davon abhängen, ob für die Beurteilung darauf abzustellen ist, wie sich ein anderer Staatsanwalt in der Sache verhalten würde, oder ob der Vergleich bei dem jeweiligen Staatsanwalt selber anzusetzen hat. Da sich Unterschiede in der Stellung bzw. in den Funktionen im Verfahren insofern nicht auswirken können, kann die Frage für Staatsanwalt und Richter nur gleich beantwortet werden.

Hinsichtlich der entsprechenden Frage beim Richter vertritt Riedel[66] die Ansicht, daß für die Feststellung, ob ein Richter ein „sach-fremdes" Moment in die Behandlung einer Sache einfließen lasse, nur auf das Verhalten dieses Richters in vergleichbarer Situation abgestellt werden könne; das Verhalten anderer Richter dürfe deswegen nicht als Maßstab herangezogen werden, weil bei diesem Vergleich die – keine Befangenheit begründende – strukturbedingte personale Komponente im richterlichen Handeln vernachlässigt werde; diese personale Komponente äußere sich gerade darin, daß verschiedene Richter ein und denselben Fall auf der Basis derselben Normen verschieden

---

[61] LR-Wendisch, § 24, Rdnr. 8; KMR-Paulus, § 24, Rdnr. 5.

[62] BVerfGE 32, 288, 290; BGHSt 24, 336, 338; 21, 334, 341; BGH NJW 1961, S. 2069; RGSt 65, 40, 44; KMR-Paulus, § 24, Rdnr. 6; LR-Wendisch, § 24, Rdnr. 6; AK-ZPO-Wassermann, § 42, Rdnr. 6 (mit Neigung zu einer Kurskorrektur in Richtung eines mehr subjektiven Ausgangspunktes).

[63] Knack-Clausen, § 21, Rdnr. 3.2; Meyer / Borgs, § 21, Rdnr. 1; Stelkens / Bonk / Leonhardt, § 21, Rdnr. 5.

[64] Wendisch, Festschr. f. Schäfer, S. 250; KMR-Paulus, Vorb. § 22, Rdnr. 22; Bruns, JR 1980, S. 399; differenzierter: Schairer, S. 105, 106.

[65] So aber für die Richterablehnung Arzt, S. 21ff., 28f.

[66] Riedel, S. 57, 58.

behandeln könnten, ohne daß insoweit von „Befangenheit" die Rede sein dürfte.

Diese Ansicht erscheint nicht unbedenklich. Allerdings trifft zu, daß die Besorgnis der Befangenheit gegenüber einem Richter oder Staatsanwalt nicht schon darauf gestützt werden kann, daß er bestimmte Rechtsauffassungen vertritt. Auch schadet es seiner Unbefangenheit nicht, daß er aufgrund seiner Herkunft, seiner Zugehörigkeit zu bestimmten sozialen Gruppen, seiner individuellen Lebenserfahrungen sowie seiner Grundanschauungen mit einer bestimmten Einstellung an die Bearbeitung des einzelnen Falles herangeht. All diese Faktoren bedingen zwar in gewissem Maße eine innere Festlegung. Diese Beeinträchtigung der inneren Freiheit kann aber nicht als Befangenheit qualifiziert werden, weil es sonst keinen unbefangenen Richter gäbe[67]. Diese Selbstverständlichkeit kann Riedel also kaum gemeint haben. Sollte Riedel danach aber vertreten wollen, daß ein Verhalten eines Richters, das bei einem Vergleich mit dem üblichen Verhalten anderer Richter auf Voreingenommenheit hindeutet, im Sinne von § 24 StPO die Besorgnis der Befangenheit nicht rechtfertigt, sofern derselbe Richter immer so verfährt, wäre seine Auffassung nicht haltbar. Daß ein Verhalten eines Richters, das eigentlich nur den Schluß auf Voreingenommenheit zuläßt, – z. B. ein allzu energisches Drängen auf ein Geständnis oder Beleidigungen des Angeklagten – seinen Verhandlungsstil prägt und sozusagen seine Art ist, kann das Mißtrauen auch eines vernünftigen Angeklagten nicht ausräumen, dies selbst dann nicht, wenn ihm die (Un-) art des Richters bekannt ist. Im Ergebnis ist daher, entgegen Riedel, beim Richter wie beim Staatsanwalt für die Beurteilung, ob ein Verhalten die Besorgnis der Befangenheit begründet, darauf abzustellen, wie sich ein anderer Richter bzw. Staatsanwalt in der entsprechenden Situation verhalten hätte.

c) Unterschiedliche Anforderungen für die Annahme von Befangenheit von Staatsanwalt und Richter

Soweit die einfache Befangenheit des Staatsanwalts überhaupt als verfahrensrechtlich relevant und die Mitwirkung des befangenen Staatsanwalts als unzulässig angesehen wird, entspricht es – wie dargestellt – allgemeiner Auffassung, daß wegen der Unterschiedlichkeit der Aufgaben von Staatsanwalt und Richter und auch ihrer verfahrensrechtlichen Stellung für die Annahme von Befangenheit beim Staatsanwalt strengere Anforderungen gestellt werden müßten als beim Richter[68]. Gegen eine Abstufung von Richter- und Staatsan-

[67] Einhellige Auffassung; so u. a.: BVerfGE 2, 295, 297; 11, 1, 3; BGH NJW 1962, S. 749; MDR 1957, S. 16 m. w. N. zur Rspr. des RG; KMR-Paulus, Vorb. § 22, Rdnr. 5, 6 m. w. N. zur Rspr. der OLGe; LR-Wendisch, § 24, Rdnr. 14, 17, 18, 19; KK-Pfeiffer, § 24, Rdnr. 8; Teplitzky, NJW 1962, S. 2044; ausführlicher zu diesen Fragen AK-ZPO-Wassermann, § 42, Rdnr. 9ff., 10.

waltbefangenheit ist von ihrem Ansatz her nichts einzuwenden. Die Entscheidung, ob ein Amtsträger befangen ist, hängt nicht nur von seinem Verhalten oder seinen Äußerungen ab. Vielmehr muß bei der Würdigung auch berücksichtigt werden, in welcher verfahrensmäßigen Situation es erfolgt und welche Aufgaben der Amtswalter in diesem Verfahren zu erfüllen hat. Das ist eigentlich nichts Neues. In anderem Zusammenhang[69] hat sich schon ergeben, daß die unterschiedlichen Funktionen von Staatsanwalt und Richter im Strafverfahren ein unterschiedliches Befangenheitsniveau bedingen.

Als Folge dieses Gefälles ist – wie sich gezeigt hat – der Staatsanwalt nicht in allen Situationen, in denen der Richter ausgeschlossen ist, von der Mitwirkung am Verfahren wegen Befangenheit gehindert. Dementsprechend ist der These, beim Staatsanwalt müßten an das Vorliegen von Besorgnis der Befangenheit strengere Anforderungen gestellt werden, zuzustimmen, sofern mit ihr nur zum Ausdruck gebracht werden soll, daß auch bei der Beurteilung, ob den Staatsanwalt ein bestimmtes Verhalten befangen erscheinen läßt, das rollenbedingte Befangenheitsniveau zu berücksichtigen sei.

Allem Anschein nach ist aber etwas anderes gemeint. Auf die Erforderlichkeit strengerer Anforderungen wird zumeist hingewiesen, um dem Einwand vorzubeugen, der Staatsanwalt werde in seiner Tätigkeit mit nachteiligen Folgen für die Effizienz der Ermittlungen zu sehr eingeengt, wenn er wegen jeder Äußerung an der weiteren Mitwirkung gehindert werden könnte, die beim Richter die Ablehnung wegen Befangenheit rechtfertigt.

In diesem Zusammenhang soll die Berufung auf die erhöhten Anforderungen anscheinend besagen, daß bei derselben Tätigkeit – etwa der Vernehmung eines Zeugen im Ermittlungsverfahren – ein Verhalten, das den Richter als befangen erscheinen läßt, beim Staatsanwalt für die Annahme von Befangenheit nicht notwendig ausreicht[70].

So verstanden begegnet die These aber Bedenken im Hinblick auf § 160 Abs. 2 StPO. Die in allen Verfahrensabschnitten geltende Verpflichtung der Staatsanwaltschaft, auch die den Beschuldigten entlastenden Umstände zu ermitteln, weist dem Staatsanwalt eine Stellung zu, die insofern von der des Richters nicht abweicht. Nimmt man die Pflicht der Staatsanwaltschaft zur Objektivität ernst, sieht man also in § 160 Abs. 2 StPO nicht nur eine wohlklingende, aber unverbindliche Formel, so kann im Hinblick auf das Befangenheitsprinzip die Konsequenz nur die sein, daß der Staatsanwalt bei jedem

---

[68] Wendisch, Festschr. f. Schäfer, S. 259ff.; Bruns, Geb.gabe f. Grützner, S. 47; s. auch Anm. 92 zu Teil B.

[69] s.o. D I. 3. vor a).

[70] In diesem Sinne ausdrücklich Wendisch, Festschr. f. Schäfer, S. 259; ähnlich Schairer, S. 118, unter Hinweis auf die Zulässigkeit der von ihm so bezeichneten horizontalen Arbeitsteilung zwischen Gericht und Staatsanwaltschaft.

seiner Schritte nicht weniger Gewähr für seine Unvoreingenommenheit bieten muß als der Richter, der dieselben Handlungen vornimmt.

Gründe, die es trotz der für Staatsanwalt und Richter gleichermaßen geltenden Objektivitätspflicht rechtfertigen könnten, beim Staatsanwalt Befangenheit nur dann zu bejahen, wenn die von ihm begangenen Rechtsverletzungen schwerer wiegen als die des befangenen Richters, sind nicht ersichtlich.

In der gerichtlichen Praxis sind Ablehnungsgesuche wegen vorzeitiger Festlegung oder wegen Rechtsverletzung schon beim Richter nur in wenigen Extremfällen erfolgreich[71]. Würden beim Staatsanwalt die Anforderungen noch heraufgesetzt, so wären bei ihm Verhaltensweisen und Äußerungen, die die Besorgnis der Befangenheit rechtfertigen könnten, kaum noch denkbar. Für eine derart einschränkende Handhabung des Befangenheitsprinzips besteht kein sachlicher Anlaß.

Warum soll etwa der Staatsanwalt ohne prozessuale Notwendigkeit vor Abschluß der Beweisaufnahme seine Überzeugung von der Schuld des Angeklagten zum Ausdruck bringen dürfen? Warum soll er dem Antrag auf Vernehmung eines Entlastungszeugen entgegenhalten dürfen, daß er diesem Zeugen ohnehin nicht glauben werde? Warum soll er dem Angeklagten durch ungewöhnlich scharfe Worte zur Schilderung des Tathergangs drängen dürfen? Warum soll er, wenn er an einen Sachverständigen Fragen stellt, die Bekundungen der vorher vernommenen Zeugen – insbesondere soweit sie entlastenden Inhalt haben – sinnentstellend verdreht wiedergeben dürfen? All diese Verhaltensweisen, die beim Richter die Besorgnis der Befangenheit begründen, können auch dem Staatsanwalt untersagt werden – und zwar mit der Konsequenz eines Mitwirkungsverbots wegen Befangenheit im Falle des Verstoßes –, ohne daß der Staatsanwalt hierdurch in der Erfüllung seiner Aufgaben gehindert würde.

Im Ergebnis sind also die Anforderungen, die an die Annahme von Besorgnis der Befangenheit wegen fehlerhaften Vorgehens oder wegen vorzeitiger Festlegung zu stellen sind, bei Richter und Staatsanwalt – soweit es um die Beurteilung derselben Handlungen geht – identisch.

---

[71] Vgl. etwa die Zusammenstellung bei KK-Pfeiffer, § 24, Rdnr. 8, und (betr. § 42 ZPO) die Darstellung von Horn, S. 24ff.

E. Das Mitwirkungsverbot im einzelnen
– Inhalt und Verfahren –

Nachdem im vorausgegangenen Abschnitt untersucht worden ist, in welchen Fallgestaltungen dem Staatsanwalt wegen zu besorgender Befangenheit die Mitwirkung am Verfahren untersagt ist, sollen im folgenden zunächst Inhalt und Umfang des Mitwirkungsverbots konkretisiert werden (dazu unter I.). Im Anschluß hieran wird auf das staatsanwaltschaftsinterne Verfahren zur Realisierung des Mitwirkungsverbots einzugehen sein (dazu unter II.). Sodann soll geprüft werden, ob der durch die Mitwirkung eines befangenen Staatsanwalts Betroffene dessen Ablösung in einem formellen Verfahren durchsetzen kann (dazu unter III.). Schließlich wird zu erörtern sein, ob und ggfs. unter welchen Voraussetzungen der Betroffene mit der Rüge, das Verfahren sei wegen Mitwirkung eines befangenen Staatsanwalts fehlerhaft, präkludiert ist (dazu unter IV.).

I. Inhalt und Umfang des Mitwirkungsverbots wegen Befangenheit

Der Staatsanwalt, dem bekannt wird, daß in seiner Person ein Befangenheitsgrund vorliegt, hat sich von diesem Zeitpunkt an der weiteren Tätigkeit in dem Verfahren vollkommen zu enthalten. Verboten ist ihm nicht nur der Erlaß von Entscheidungen im eigentlichen Sinne, sondern auch jedes auf die Vorbereitung eigener oder fremder Entscheidungen gerichtete Betreiben der Sache[1].

Das Verbot, sich bei Vorliegen von befangenheitsbegründenden Umständen oder eines Ausschlußgrundes jeder Tätigkeit im Verfahren zu enthalten, gilt nicht ohne Ausnahme. Zur Vornahme von Amtshandlungen, die keinen Aufschub gestatten, bleibt der befangene Staatsanwalt befugt. Diese Ausnahme ist in entsprechender Anwendung des Rechtsgedankens anzuerkennen, der in § 29 Abs. 1 StPO und § 20 Abs. 3 VwVfG erkennbar ist[2]. Diese Vorschriften können und müssen, wenn das Mitwirkungsverbot aus einer analogen Anwendung des für Richter und Verwaltungsbeamte geltenden Befan-

---

[1] Entsprechend weit reicht das Mitwirkungsverbot auch beim Richter und beim Verwaltungsbeamten; vgl. bzgl. des Richters BGHSt 31, 3, 5; KK-Pfeiffer, § 22, Rdnr. 17; LR-Wendisch, § 22, Rdnr. 48 m.w.N.; bzgl. des Verwaltungsbeamten s. Kopp, § 20, Rdnr. 38; Ule / Laubinger, S. 65.

[2] § 20 Abs. 3 VwVfG gilt auch für den nur einfach befangenen Verwaltungsbeamten, vgl. Kopp, § 21, Rdnr. 11.

genheitsrechts hergeleitet wird, mit herangezogen werden. Die Interessenlage ist die gleiche. Insbesondere im Ermittlungsverfahren, in dem die Gefahr, daß durch Verzögerungen wesentliche Beweise verloren gehen, besondere Beachtung verlangt, könnte es nicht hingenommen werden, wenn der Staatsanwalt sich auch dringender, keinen Aufschub gestattender Amtshandlungen enthalten müßte[3].

Nach Schairer[4] soll diese Ausnahme von dem grundsätzlichen Mitwirkungsverbot, um eine Aushöhlung zu verhindern, nur in den in der StPO vorgesehenen Fällen von Gefahr im Verzug (vgl. §§ 81a, 81c, 98, 100, 105, 111, 111e, 127 Abs. 2) angenommen werden. Für eine solche – durch die §§ 20 Abs. 3 VwVfG und 29 StPO nicht vorgegebene – Begrenzung der Ausnahme vom Mitwirkungsverbot dürfte kein Anlaß bestehen. In den von Schairer zitierten Vorschriften wird für strafprozessuale Eingriffe unter Einschränkung des grundsätzlichen Richtervorbehaltes eine Ausnahmekompetenz der Staatsanwaltschaft begründet. Das Bedürfnis nach einer Ausnahme vom grundsätzlichen Mitwirkungsverbot wegen Befangenheit besteht aber auch bzgl. solcher Maßnahmen, für deren Vornahme die Staatsanwaltschaft originär zuständig ist – etwa einer Vernehmung des Beschuldigten bzw. eines Zeugen.

Zum Inhalt und Umfang des Mitwirkungsverbots wird weiter die Ansicht vertreten, daß der Staatsanwalt, der wegen seiner Befangenheit ausgewechselt worden ist, den ihn ersetzenden Kollegen in der Hauptverhandlung beraten und unterstützen können muß[5]. Diese Auffassung begegnet in so allgemeiner Formulierung Bedenken. Wer für sie eintritt, hat nicht die Fälle vor Augen, in denen dem eintretenden Staatsanwalt genügend Gelegenheit verbleibt, sich mit der Sache – wie sie sich nach den Akten darstellt – vertraut zu machen und sich aufgrund selbständiger Einarbeitung eine eigene Meinung zu bilden. Bei dieser Sachlage ist die Beratung und Unterstützung durch den abgelehnten Staatsanwalt überflüssig.

Ist sie aber nicht überflüssig, so ist die beratende Unterstützung durch den befangenen Staatsanwalt nach Sinn und Zweck des Mitwirkungsverbots rechtlich problematisch. Nicht nur aus der Sicht des unter Umständen empfindlichen Betroffenen, sondern auch aus der Sicht eines objektiven Dritten ist nämlich eine Beeinflussung des neuen durch den befangenen Staatsanwalt nicht ausgeschlossen.

Eine solche Beeinflussung ist selbst dann nicht auszuschließen, wenn sich die „Beratung und Unterstützung“ auf einen schlichten, im Bemühen um Objektivität verfaßten Bericht über die bisherige Beweisaufnahme erschöpft; denn die Befangenheit kann möglicherweise schon die entsprechenden Wahr-

---

[3] Im Ergebnis ebenso Wendisch, Festschr. f. Schäfer, S. 260.

[4] Schairer, S. 144.

[5] Schlüchter, Rdnr. 66.2 (S. 65).

nehmungen eingefärbt haben, jedenfalls aber unterschwellig bei der Abfassung des Berichts wirken. Fraglich ist, wie sich das auf die Unbefangenheit des neuen Staatsanwalts auswirkt.

Insofern ist zunächst einmal festzustellen, daß dieser nicht schon deswegen selbst als befangen anzusehen ist, weil die (eventuelle) Unzuverlässigkeit des Berichts ihm kein vollständiges, objektives und neutrales Bild vom bisherigen Verhandlungsgeschehen übermittelt. Solche Informationsdefizite und -verfälschungen sind bei jedem Wechsel eines Sitzungsvertreters denkbar; gleichwohl eröffnet § 227 StPO die Möglichkeit derartiger Wechsel. Daraus läßt sich entnehmen, daß Informationsdefizite, die durch einen Wechsel des Staatsanwalts bedingt sind, grundsätzlich normativ unbeachtlich sind. Dem neuen Staatsanwalt, dem (nur) eine möglicherweise nicht objektive Darstellung gegeben wird, fehlt damit zwar eine optimale Information; da das aber normativ als generell hinnehmbar erscheint, läßt sich nicht für einen letztlich nur speziellen Fall von Informationsdefizit als Rechtsfolge Befangenheit annehmen[6].

Gleichwohl gibt es sicher Grenzen von „Beratung und Unterstützung" des neuen durch den als befangen ausgeschiedenen Staatsanwalt. Um diese Grenzen zu verdeutlichen, ist es nützlich, als erstes die Fälle zu betrachten, in denen der Staatsanwalt zunächst fehlerfrei am Verfahren mitgewirkt und seine Unterstützung für den neuen Sitzungsvertreter darauf beschränkt hat, nach Eintritt der Befangenheitslage einen Bericht über den Verfahrensablauf bis dahin zu erstellen.

Hier ist der Bericht ein rein innerdienstlicher Vorgang (und damit unverboten). Das läßt sich anhand des strukturell gleichgelagerten Falles verdeutlichen, in dem der ausgeschiedene Staatsanwalt vor Eintritt der Befangenheitslage entsprechende Berichte zu seinen Handakten verfaßt hatte. Diese sind sicher unverdächtig, verwertbar und kein Auslöser von Befangenheit; sie sind vor allem – wie alle solche Vorgänge – innerdienstliche und keine Verfahrenshandlungen.

Der bloße Bericht darf also erstattet werden, und seine Entgegennahme macht den neuen Sitzungsvertreter nicht befangen. Die Lage kann sich aber dann auch nicht dadurch ändern, daß der befangene Staatsanwalt schon vor seinem Ausscheiden – verfahrensfehlerhaft – befangen war und gleichwohl noch am Verfahren mitgewirkt hat: Der bloße Bericht bleibt weiterhin ein staatsanwaltschaftliches Dienstinternum. Auch hier kann nicht schon die bloße Entgegennahme des Berichts den neuen Sitzungsvertreter befangen machen.

---

6 Überdies können entsprechende Probleme der Beeinflussung auch außerhalb der Hauptverhandlung und der Staatsanwaltschaft auftreten: So wird auch z.B. der neu eintretende Richter möglichen Einflüssen von befangener Wahrnehmung allein schon dadurch ausgesetzt, daß er die vom befangenen Richter geführten Akten übernimmt. Gleichwohl ist der neue Richter selbstverständlich nicht schon deshalb selber befangen.

Es ist dann zwar ein Bericht über verfahrensfehlerhaft durchgeführte Hauptverhandlungsteile, aber auch über diese kann intern berichtet werden. Wenn gleichwohl im Endeffekt Bedenken dagegen bestehen mögen, daß der neue Sitzungsvertreter auf der Basis dieses Berichts schlicht weiterverhandelt, so liegt das an etwas anderem: Zweifelhaft ist dann nämlich, ob nicht zur Vermeidung einer erfolgreichen Revision das zuvor fehlerhaft betriebene Verfahren (etwa durch Wiederholung mit dem unbefangenen Sitzungsvertreter) geheilt werden muß. Das aber betrifft den Bereich der Folgen von verfahrensfehlerhafter Mitwirkung befangener Staatsanwälte. Für die hier zu klärende Frage nach dem Inhalt des Mitwirkungsverbots kann auch für solche Fälle festgehalten werden:

Die Erstattung eines Berichts wird als Dienstinternum nicht vom Verbot der Mitwirkung am Verfahren erfaßt; der Verwertung eines solchen Berichts durch den neuen Sitzungsvertreter steht grundsätzlich nichts im Weg.

Mit „Unterstützung und Beratung" können aber auch über die bloße Berichterstattung hinausgehende Tätigkeiten gemeint sein, etwa taktische Empfehlungen, Verhaltensratschläge oder gar ein Soufflieren in der Hauptverhandlung[7]. Ob diese Einflußnahme auf den neuen Sitzungsvertreter gegen das Mitwirkungsverbot verstößt, ist nicht unmittelbar zu beantworten: Einerseits könnte man auch sie dem Bereich außerhalb des Verfahrens zuschlagen (– wobei das nicht gleichzeitig der innerdienstliche der Staatsanwaltschaft sein muß; es könnte auch der private des kollegialen Feierabendgesprächs sein –) und damit dem Mitwirkungsverbot entziehen; andererseits könnte man sie wegen ihrer Eignung zur mittelbaren Beeinflussung des Verfahrens als (verbotene) Mitwirkung am Verfahren auffassen (– was dann die Entwicklung einer Art „Dogmatik der Beteiligung am Verfahren" bedingen würde –).

Der Versuch einer Lösung des Problems durch solche begriffliche Zuordnung dürfte schon deswegen nicht erfolgversprechend sein, weil ein und dasselbe Verhalten sowohl verfahrensrechtlich wie z. B. dienstrechtlich (oder privat) beurteilt werden kann. Eine Lösung ist sachlich daher nicht vom (Begriff) „Verfahren" her möglich, sondern nur durch Rückbesinnung auf die Grundgedanken des Mitwirkungsverbots und damit der Befangenheitsregeln selbst.

Diese erfordern nicht nur, daß der befangene Amtswalter ausscheidet, sondern daß die aus den Befangenheitsumständen resultierende Gefahr sachlich falscher Entscheidungen einer Person und die deswegen drohenden Vertrauensschäden neutralisiert werden – dem dient das Ausscheiden der befangenen Person.

---

[7] Weitergehend noch der Vorschlag Doses (NJW 1978, S. 353) für den Fall des Zeugen-Staatsanwalts. Dose empfiehlt, es solle nach der Vernehmung des Sitzungsvertreters ein zweiter Staatsanwalt als weiterer Sitzungsvertreter eingesetzt werden, der zwar ständig anwesend bleibe, aber seine Befugnisse als Sitzungsvertreter auf den ausgeschlossenen Staatsanwalt übertrage und lediglich nach dessen Plädoyer die Schlußanträge stelle.

Nach dem Eintritt eines neuen Sitzungsvertreters in das Verfahren ist nur dieser als Person in der Lage, den Befangenheitsumständen einen solchen Einfluß einzuräumen. Die Frage muß daher auf ihn bezogen und wie folgt formuliert werden: Die *Entgegennahme* welcher Art von „Beratung und Unterstützung“ durch ihn begründet in seiner Person die Besorgnis der Befangenheit? Jede solche Unterstützung dürfte dann verfahrensrechtlich jedenfalls nicht entgegengenommen werden.

Generalklauselartig wird man diese Frage dahin beantworten können, daß jede (Annahme von) Unterstützung und Beratung Besorgnis erregt, die den Eindruck erweckt, als räume sie der befangenen Person Einfluß auf die weiteren Verfahrenshandlungen des neuen Staatsanwalts ein.

Das wird man für den Fall des „Soufflierens“ in der Hauptverhandlung ebenso sicher annehmen können[8], wie man es für den bloßen Bericht ausschließen kann. Für die prinzipiell unendliche Vielfalt von Verhaltensweisen dazwischen – z.B. der verschiedensten kollegialen Kontakte – kann nur eine kasuistische Konkretisierung weiterhelfen, die hier nicht geleistet werden kann.

Im Zusammenhang mit dem Versuch, den Umfang des Mitwirkungsverbots wegen Befangenheit des Staatsanwalts zu bestimmen, ist schließlich noch zu untersuchen, ob dem Staatsanwalt die Mitwirkung schon dann verboten ist, wenn ein ggfs. davon Betroffener Befangenheit geltend macht. Ein solches „vorläufiges“ Mitwirkungsverbot, dem eine selbständige Bedeutung nur dann zukommt, wenn tatsächlich keine Befangenheitsgründe gegeben sind[9], wird in entsprechender Anwendung der §§ 29 StPO, 20 Abs. 3 VwVfG zu bejahen sein.

Sinn und Zweck dieser Vorschriften treffen auch insofern auf den Staatsanwalt zu, als sie dem Richter bzw. dem Verwaltungsbeamten „vorläufig“ die Enthaltung von weiterer Amtstätigkeit gebieten. Das Ansehen der Staatsanwaltschaft würde unnötig Schaden nehmen, der Betroffene, dessen Vertrauen ein wesentliches Anliegen des Befangenheitsrechts ist, könnte es zu Recht nicht verstehen, wenn der von ihm abgelehnte Staatsanwalt weiter tätig bliebe. Im übrigen bestünde die sicher ernstzunehmende Gefahr, daß schon die Tatsache weiterer Tätigkeit die spätere Entscheidung des Vorgesetzten oder des Gerichts über die Frage der Ablösung bzw. der Anfechtbarkeit der getroffe-

---

[8] Erst recht dürfte der Vorschlag Doses (Anm. 7) Bedenken begegnen, und zwar auch dann, wenn – wie Dose es „im Interesse einer fairen Behandlung des Angeklagten“ für angezeigt hält – für diesen erkennbar ein „gegenüber dem usprünglichen Sitzungsvertreter ranghöherer oder jedenfalls dienstälterer Staatsanwalt in die Sitzung entsandt wird; Bedenken hat auch der BGH, s. Urteil vom 25.10.1983 – 5 StR 736/82 (unveröffentlicht).

[9] Anders nach Ansicht derer, die – wie Schairer, S. 183 – für das Entstehen des Mitwirkungsverbots das Anbringen eines Ablehnungsgesuchs verlangen.

nen Entscheidungen dadurch beeinflußt, daß ein Interesse an der Verwertbarkeit der zwischenzeitlich getroffenen Entscheidungen entsteht.

Natürlich steht auch das „vorläufige“ Mitwirkungsverbot unter dem Vorbehalt der Ausnahmebefugnis zu unaufschiebbaren Maßnahmen.

II. Staatsanwaltschaftsinternes Verfahren

Ob ein Grund vorliegt, der die Besorgnis der Befangenheit des sachbearbeitenden Staatsanwalts rechtfertigt, bedarf der Feststellung im Einzelfall. Die Ablösung des Staatsanwalts und seine Ersetzung wirken sich auf die innerstaatsanwaltschaftliche Geschäftsverteilung und damit die Organisation der staatsanwaltschaftlichen Arbeit aus. Mit Rücksicht darauf ist – ungeachtet eines etwaigen formellen Ablehnungsrechts und des Umfangs gerichtlicher Kontrolle – zunächst eine staatsanwaltschaftsinterne Entscheidung des Vorgesetzten erforderlich[10].

Um diese Entscheidung herbeizuführen, hat der Staatsanwalt, der von einem Betroffenen abgelehnt worden ist oder auf andere Weise Kenntnis vom Vorliegen eines Befangenheitsgrundes erlangt hat, wie sich aus dem Rechtsgedanken der §§ 21 VwVfG und 30 StPO ableiten läßt, die Stelle zu benachrichtigen, die befugt ist, eine Entscheidung zu treffen[11]. Das ist innerhalb der Staatsanwaltschaft der Vorgesetzte, der gemäß § 145 GVG eine Ersetzung anordnen kann.

Der Vorgesetzte wiederum, der aufgrund der Anzeige des Staatsanwalts, durch den Betroffenen selber oder von Amts wegen Kenntnis von der Befangenheit eines nachgeordneten Beamten erhält, hat diesen abzulösen und durch einen unbefangenen Staatsanwalt zu ersetzen. Die Entscheidung des Vorgesetzten ist zwar eigentlich eine dienstrechtliche Maßnahme; sie wirkt sich aber verfahrensrechtlich aus.

Das Mitwirkungsverbot wegen Befangenheit des Staatsanwalts setzt zwar – wie ausgeführt – keine Ablösungsanordnung des Vorgesetzten voraus. Wenn der Vorgesetzte aber den befangenen Staatsanwalt nicht ablöst, ist auch das weitere Verfahren fehlerhaft. Ersetzt er den befangenen Staatsanwalt, so ist das weitere Verfahren fehlerfrei. Schon wegen dieser verfahrensrechtlichen Konsequenzen, für die er nach der Organisation der Staatsanwaltschaft verantwortlich ist, steht die Entscheidung des Vorgesetzten über die Ersetzung

---

[10] Der Staatsanwalt soll sich nach den Worten Schairers (S. 144) „nicht aus einem ihm unbequemen Verfahren mogeln können“; zur ratio für das Erfordernis der Anordnung des Vorgesetzten in § 21 VwVfG vgl. Stelkens / Bonk / Leonhardt, § 21, Rdnr. 13, Ule / Laubinger, S. 72.

[11] Krey, JA 1985, S. 517; LR-Wendisch, Vor § 22, Rdnr. 9; Wendisch, Festschr. f. Schäfer, S. 260; Bruns, Geb.gabe f. Grützner, S. 46; Schairer, S. 143, ebenso § 145a Abs. 3 GVG des Referentenentwurfs 1976.

des befangenen Staatsanwalts – entgegen gelegentlich vertretener Auffassung – nicht in seinem Ermessen[12].

Der von der Mitwirkung des befangenen Staatsanwalts Betroffene hat das Recht, durch Antrag bei dem Vorgesetzten auf eine Ersetzung des befangenen Beamten hinzuwirken. Das an die Einhaltung von Formen nicht gebundene Antragsrecht des Betroffenen – also des Beschuldigten oder des Verletzten – ist aus zwei Gründen von der Anregung eines nichtberechtigten Dritten zu unterscheiden, die der Vorgesetzte ebenfalls beachten muß:

Zum einen hat der Betroffene, der einen Ablehnungsantrag bei dem Vorgesetzten stellt, einen Anspruch darauf, daß über seinen Antrag mit einem begründeten Bescheid entschieden wird[13]. Zum anderen steht dem Ablehnungsberechtigten, damit er von seinem informellen Ablehnungsrecht überhaupt Gebrauch machen kann, ein Anspruch auf Namhaftmachung des mit seiner Sache befaßten Staatsanwalts zu[14]: Dieser Anspruch auf Namhaftmachung läßt sich methodisch durch analoge Anwendung von § 24 Abs. 3 StPO begründen. Die Vorschrift regelt den Anspruch auf Namhaftmachung zwar im Zusammenhang mit dem formellen Ablehnungsrecht. Es bestehen wegen der Vergleichbarkeit der Interessenlage aber keine Bedenken, sie auf das informelle Ablehnungsverfahren – das es beim Richter mit Rücksicht auf den Grundsatz des gesetzlichen Richters nicht geben kann – zu übertragen. Anspruchsgegner ist – wie sich bei der analogen Anwendung der Vorschrift von selbst versteht – nicht das Gericht, sondern der vorgesetzte Beamte der Staatsanwaltschaft.

Da das Gericht verpflichtet ist, für die Fehlerfreiheit des Verfahrens – soweit es unter seiner Regie abläuft – Sorge zu tragen, muß es berechtigt sein, auf die Ersetzung des in der Hauptverhandlung durch sein Verhalten die Besorgnis der Befangenheit begründenden Staatsanwalts hinzuwirken[15]. Dieses Recht kann aus der prozessualen Fürsorgepflicht abgeleitet werden; es ist unabhängig davon anzunehmen, ob – worauf z. T. in der Literatur[16] das gerichtliche Antragsrecht gestützt wird – das gerichtliche Urteil wegen Mitwirkung eines befangenen Staatsanwalts in der Hauptverhandlung mit der Revision angefochten werden kann. Wie sich aus der Ableitung des Antragsrechts aus der prozessualen Fürsorgepflicht ergibt, ist das Gericht nicht nur berechtigt, sondern auch verpflichtet, bei Vorliegen von Umständen, die die Besorgnis der Befangenheit rechtfertigen, auf die Ersetzung des Staatsanwalts hinzuwirken. In der Praxis wird der gerichtlichen Anregung, den Staatsanwalt zu

---

[12] KMR-Paulus, Vorb. § 22, Rdnr. 17; LR-Wendisch, Vor § 22, Rdnr. 9; Krey, JA 1985, S. 517; s. auch Anm. 9, 10 zu Teil B.

[13] OLG Karlsruhe, MDR 1974, S. 423.

[14] Ebenso LR-Wendisch, § 24, Rdnr. 44; KK-Pfeiffer, § 24, Rdnr. 12.

[15] Kleinknecht / Meyer, Vor § 22, Rdnr. 4; LR-Wendisch, Vor § 22, Rdnr. 14; s. ferner oben B I. 1. und dort Anm. 6 und 8.

[16] LR-Wendisch, Vor § 22, Rdnr. 13; Wendisch, Festschr. f. Schäfer, S. 266.

ersetzen, in aller Regel entsprochen werden, so daß sich die weitere Frage, wie das Gericht zu verfahren hat, wenn der vorgesetzte Beamte der Staatsanwaltschaft die Ersetzung verweigern sollte, kaum stellen wird.

III. Formelles Ablehnungsrecht

Die Befürworter eines formellen Ablehnungsrechts sehen im geltenden Recht entweder ein formelles gerichtliches oder ein formelles staatsanwaltschaftliches Ablehnungsverfahren verankert.

1. Formelles gerichtliches Ablehnungsverfahren

Ein Recht des Betroffenen, den befangenen Staatsanwalt in einem formellen gerichtlichen Verfahren abzulehnen, könnte sich nach dem Ergebnis der Überlegungen zum Mitwirkungsverbot entsprechend dem Vorschlag von Frisch allenfalls durch analoge Anwendung der §§ 24ff. StPO begründen lassen. Auch diese Möglichkeit scheidet aber letztlich aus. Eine analoge Anwendung der §§ 24ff. StPO auf den Staatsanwalt würde die Grenzen zulässiger Rechtsfortbildung überschreiten. Entgegen der Ansicht von Frisch[17] stellt das Fehlen einer gesetzlichen Regelung, aus der sich ein formelles Ablehnungsrecht ergibt, schon keine planwidrige Gesetzeslücke dar.

Die Motive belegen, daß der historische Gesetzgeber von der Regelung eines formellen Ablehnungsrechts bewußt abgesehen hat, weil er es wegen der Organisation der Staatsanwaltschaft für überflüssig gehalten hat[18]. An diese Wertung ist der Rechtsanwender gebunden. Es mag dahingestellt bleiben, welche Bedeutung den Aussagen des sogenannten historischen Gesetzgebers bei der Frage nach der Lückenhaftigkeit eines Gesetzes generell zukommt. Jedenfalls dann, wenn er sich ausdrücklich gegen eine immerhin in Erwägung gezogene Regelung entschieden hat und die für seine Entscheidung maßgeblichen Umstände sich seit dem Inkrafttreten des Gesetzes nicht verändert haben, kann ihr Fehlen nicht als Lücke begriffen werden[19].

Insofern ist nun zwar nicht zu verkennen, daß die Stellung der Staatsanwaltschaft erheblich verstärkt worden ist und ihre Kompetenzen und Befugnisse eine wesentliche Ausweitung erfahren haben; von daher mag auch das Interesse an einem präventiven Ablehnungsverfahren gesteigert sein, und wäre dessen gesetzliche Verankerung möglicherweise zu begrüßen. Die damals schwächere Stellung der Staatsanwaltschaft und ihre begrenzten Befugnisse

---

[17] Frisch, Festschr. f. Bruns, S. 407ff.

[18] Hahn, S. 93, s. auch oben A bei Anm. 25.

[19] Gegen die Annahme einer Lücke unter Hinweis auf die Entstehungsgeschichte auch Krey, JA 1985, S. 516; allgemein zur Bedeutung der Materialien: Pawlowski, Rdnr. 641ff., ferner auch Larenz, S. 313ff.

waren aber nicht der gesetzgeberische Grund für den Verzicht auf ein formelles gerichtliches Ablehnungsverfahren. Der Gesetzgeber hielt es wegen der Organisation der Staatsanwaltschaft für überflüssig. Was dies anbelangt, haben sich die maßgeblichen Verhältnisse seit dem Inkrafttreten von Strafprozeßordnung und Gerichtsverfassungsgesetz aber weder in rechtlicher noch in tatsächlicher Hinsicht verändert. Die Organisation der Staatsanwaltschaft läßt auch heute noch eine staatsanwaltschaftsinterne formlose Erledigung des Ablehnungsantrags zu.

Auch abgesehen von der Aussage der Motive könnte von einer planwidrigen Unvollständigkeit nicht ohne weiteres ausgegangen werden. Ein formelles Ablehnungsrecht ist nur in einzelnen gerichtlichen Verfahrensordnungen anerkannt, so in den §§ 24ff. StPO. Anderen Verfahrensgesetzen, insbesondere dem Verwaltungsverfahrensgesetz[20], ist es fremd. Einen allgemeinen Rechtsgedanken des Inhalts, daß der Betroffene die weitere Mitwirkung eines befangenen Amtsträgers durch Herbeiführung einer gerichtlichen Entscheidung verhindern können muß, gibt es also nicht. Dementsprechend ist es nicht möglich, ein Recht zur Ablehnung des Staatsanwalts in einem formellen gerichtlichen Verfahren mit Hilfe der Rechtsanalogie zu begründen. Gemessen an der Gesamtheit der Ablehnungsregeln läßt sich also schon eine Lücke nicht feststellen.

Eine Lücke ließe sich nur im Hinblick auf die §§ 24ff. StPO mit dem Ziel einer Gesetzesanalogie behaupten. Eine solche würde jedenfalls wiederum die Grenzen zulässiger Rechtsfortbildung überschreiten.

Die §§ 24ff. StPO enthalten für die Ablehnung des Richters ein komplexes – auf die Stellung des Richters und seine Aufgaben in der Hauptverhandlung zugeschnittenes – Regelungsgefüge. Eine bloße Übertragung auf den Staatsanwalt wäre mit Rücksicht auf dessen Stellung und Aufgaben im Strafverfahren nicht möglich. Vielmehr wären Veränderungen und Anpassungen erforderlich, für deren Ergebnis sich den §§ 24ff. StPO und anderen gesetzlichen Vorschriften keine hinreichend sicheren Maßstäbe entnehmen ließen[21].

Soll beispielsweise auch der Verletzte oder – im Hinblick auf den Grundsatz des „fair trial" – nur der Beschuldigte das Gericht mit der Befangenheitsrüge anrufen können? Soll der Betroffene das Gericht schon anrufen können, wenn die Gründe für die Besorgnis der Befangenheit vorliegen, oder soll der gerichtliche Rechtsschutz erst gegen die Entscheidung des Vorgesetzten, der befangene Staatsanwalt werde nicht abgelöst, gegeben sein? Wer soll über den

---

20 Jedenfalls für das normale Verwaltungsverfahren; anders nur für das förmliche Verfahren vor Ausschüssen, § 71 Abs. 3 VwVfG.

21 So auch Koffka, ZStW 84, S. 672; Kissel § 145, Rdnr. 8; Bohnert, S. 109; Krey, JA 1985, S. 516; grundsätzlich zu den Grenzen, auf die Analogie und Rechtsfortbildung dort stoßen, wo detailliertere Regelungen – insbesondere solche technischer Art – zu treffen sind, s. Larenz, S. 316 und 410, sowie Canaris, § 166.

Ablehnungsantrag entscheiden: eine Kammer des Landgerichts, bei dem die Staatsanwaltschaft eingerichtet ist, oder – falls ein gerichtliches Verfahren anhängig ist – das mit der Sache befaßte Gericht, im Ermittlungsverfahren vielleicht der Ermittlungsrichter? Innerhalb welcher Fristen soll die Ablehnung geltend gemacht werden müssen? – Bezüglich all dieser Fragen würden sich voraussichtlich sachgerechte Lösungen finden lassen. Mangels gesetzlicher Maßstäbe wäre die Suche nach solchen Lösungen in der Sache nichts anderes als freie Rechtsfindung.

Ein formelles Recht des Betroffenen, einen befangenen Staatsanwalt in einem formellen gerichtlichen Verfahren abzulehnen, gibt es im geltenden Recht danach nicht[22].

2. Formelles rein staatsanwaltschaftliches Ablehnungsverfahren

Der Versuch Schairers[23], durch analoge Anwendung der §§ 24ff. StPO ein staatsanwaltschaftliches Ablehnungsverfahren zu konzipieren, begegnet im Ansatz denselben Bedenken wie der Vorschlag eines formellen gerichtlichen Ablehnungsverfahrens. Da in den §§ 24ff. StPO ein *gerichtliches* Ablehnungsverfahren geregelt ist, muß sich das formelle *staatsanwaltschaftsinterne* Ablehnungsverfahren notwendigerweise noch weiter von der gesetzlichen Vorlage entfernen[24]. Das von Schairer entworfene Modell eines formellen staatsanwaltschaftlichen Ermittlungsverfahrens wäre de lege ferenda möglicherweise eine interessante Alternative zum gerichtlichen Ablehnungsverfahren. Im geltenden Recht ist es aber nicht verankert.

IV. Rügepräklusion

Für die Ablehnung eines befangenen Richters in der Hauptverhandlung sieht § 25 StPO Ablehnungsfristen vor. Deren Versäumung hat den Verlust des Ablehnungsrechts zur Folge. In Anbetracht dieser Regelung ist zu untersuchen, ob auch für die Rüge, der Staatsanwalt sei befangen und aus diesem Grunde an der Mitwirkung im Verfahren gehindert, im geltenden Recht Rügefristen zu beachten sind.

Die Prüfung erübrigt sich nicht deswegen, weil § 25 StPO an die Unterscheidung zwischen ausgeschlossenem und befangenem Richter anknüpft und nur für den Fall der Befangenheit Rügefristen festlegt. Die Differenzierung zwi-

---

22 So auch die h.M., s.o. Anm. 15 zu Teil B.

23 Schairer, S. 159ff., 168ff.

24 Besonders deutlich wird dies insbesondere an den Erörterungen Schairers zu Beschwerdemöglichkeiten (und -beschränkungen) im Ermittlungsverfahren und in der Hauptverhandlung; s. näher B I. 2. b) bb) γ).

schen ausgeschlossenem und befangenem Staatsanwalt ist zwar nach der hier vertretenen Ansicht dem geltenden Recht fremd. Dies schließt aber die Annahme einer Rügepräklusion nicht aus. Daß es einen ausgeschlossenen Staatsanwalt nicht gibt, könnte auch zur Folge haben, daß der Betroffene die Befangenheit des Staatsanwalts stets, also auch in den Fällen innerhalb bestimmter Fristen geltend machen müßte, in denen die h. M. in entsprechender Anwendung der §§ 22, 23 StPO einen Ausschlußgrund annimmt.

Wie alle Regelungen, die den befangenen Staatsanwalt betreffen, könnte auch die Annahme einer Rügepräklusion nur Ergebnis einer die Grenzen zulässiger Rechtsfortbildung wahrenden Analogie sein. Eine solche Analogie ist aber nicht möglich.

Einen Ausschluß der Befangenheitsrüge wegen nicht rechtzeitiger Geltendmachung ordnen nur § 25 StPO und andere gerichtliche Verfahrensordnungen an. Er kommt nach diesen Regelungen nicht in allen Verfahrensabschnitten in Betracht, sondern nur in der Hauptverhandlung bzw. in der mündlichen Verhandlung[25]. Das Verwaltungsverfahrensgesetz läßt die Rüge, der Verwaltungsbeamte dürfe wegen Befangenheit nicht mehr mitwirken, hingegen unbefristet zu[26]. Ein allgemeiner Rechtsgedanke, daß die Befangenheit eines Amtsträgers innerhalb bestimmter Ausschlußfristen geltend gemacht werden muß, existiert also nicht. Mithin kann die Annahme einer Rügepräklusion beim befangenen Staatsanwalt jedenfalls nicht im Wege der Rechtsanalogie begründet werden.

Auch die Voraussetzungen einer analogen Anwendung des § 25 StPO liegen aber nicht vor. Die Vorschrift knüpft daran an, daß dem Betroffenen ein Recht zur Ablehnung des Richters in einem formellen Verfahren eingeräumt ist. Rügefristen und Präklusion gelten nur für dieses formelle Ablehnungsrecht; der Richter selber kann seine Befangenheit unbefristet anzeigen und so sein Ausscheiden aus dem Verfahren herbeiführen. Ein Recht, den befangenen Staatsanwalt in einem formellen Verfahren abzulehnen und seine weitere Mitwirkung auf diese Weise zu verhindern, steht dem Betroffenen aber nicht zu. Danach sind der geregelte und der nicht geregelte Sachverhalt nicht vergleich-

---

[25] Außerhalb der Hauptverhandlung ist auch die Ablehnung des Richters unbefristet zulässig; OLG Schleswig SchlHA 1982, S. 32; OLG Karlsruhe NJW 1973, S. 1658; ferner LR-Wendisch, § 25, Rdnr. 2, und KMR-Paulus, Vorb. § 22, Rdnr. 16, beide m. w. N.; nach – freilich bestrittener – Ansicht der OLGe Saarbrücken, NJW 1975, S. 399f., und Schleswig, SchlHA 1976, S. 44, soll das Ablehnungsgesuch sogar noch nach Erlaß der Entscheidung angebracht werden und zu dessen Aufhebung führen können; dagegen insbesondere LR-Wendisch, § 25, Rdnr. 5, und KMR-Paulus, § 25, Rdnr. 16, die sich allerdings anscheinend wechselseitig mißverstehen.

[26] Die Rüge kann sogar erstmals mit der Anfechtung des von dem befangenen Verwaltungsbeamten erlassenen Verwaltungsaktes erhoben werden; Knack / Clausen, § 21, Rdnr. 5; Stelkens / Bonk / Leonhardt, § 21, Rdnr. 13; Kopp, § 21, Rdnr. 7; Ule / Laubinger, S. 72.

bar. § 25 StPO kann also auf die Rüge, der Staatsanwalt sei befangen, nicht analog angewandt werden.

Daß es beim befangenen Staatsanwalt im geltenden Recht eine Rügepräklusion mangels formellen Ablehnungsrechts nicht gibt, bedeutet nicht, daß der Gesetzgeber nicht auch für ein informelles Ablehnungsrecht Präklusionsfristen bestimmen könnte. Mit den Mitteln der Analogie lassen sich solche Regelungen aber schon deswegen nicht ableiten, weil es an einer entsprechenden gesetzlichen Vorlage fehlt[27].

Der hier vertretenen Ansicht könnte entgegengehalten werden, daß der einen disqualifizierten Staatsanwalt ablehnende Betroffene beim Fehlen von Ausschlußfristen bessergestellt wäre als der Verfahrensbeteiligte, der die Mitwirkung eines befangenen Richters geltend macht[28]. Dieser Einwand vermag aber nicht zu überzeugen. Von einer Besserstellung kann keine Rede sein, wenn man bedenkt, daß der Betroffene anders als im Falle der Beteiligung eines befangenen Richters kein Recht hat, den befangenen Staatsanwalt in einem formellen Verfahren abzulehnen und seine Ablösung zu erzwingen.

Von der Frage der Rügepräklusion in analoger Anwendung von § 25 StPO zu unterscheiden ist die Frage, ob der Betroffene die Rüge der Befangenheit des Staatsanwalts nach allgemeinen Regeln verwirken kann. Grundsätzlich können auch an sich unbefristete Anträge und Rügen nicht nach Belieben hinausgezogen oder verspätet gestellt werden, ohne unzulässig zu werden[29]. Unter welchen Voraussetzungen im einzelnen eine Verwirkung wegen Zeitablaufs oder auch wegen Arglist[30] in Betracht kommt, ist ein allgemeines Problem der Prozeßhandlungen, das hier nicht näher untersucht werden kann.

---

[27] Im übrigen gilt auch hier, daß die Schaffung detaillierter Fristenregelungen über die Kompetenzen des Rechtsanwenders hinausginge.

[28] Letztlich das Argument Koffkas, ZStW 84, S. 672, Kissels, § 145, Rdnr. 8, und Kreys, JA 1985, S. 516 – von ihnen freilich mit anderer Zielrichtung verwandt, nämlich um die fehlende Revisibilität des Urteils wegen Mitwirkung eines befangenen Staatsanwalts zu begründen.

[29] BVerfGE 32, 305, 309.

[30] Vgl. näher LR-Hanack § 337, Rdnr. 268ff., 281ff.

F. Rechtsfolgen der verfahrensrechtlich unzulässigen Mitwirkung des befangenen Staatsanwalts

Im vorausgegangenen Abschnitt hat sich die Arbeit mit der Frage befaßt, welche Konsequenzen unmittelbar mit dem Mitwirkungsverbot für den befangenen Staatsanwalt verbunden sind, d. h. was zu geschehen hat, wenn sich zu Beginn eines Verfahrens oder in seinem Verlauf herausstellt, daß der Staatsanwalt befangen ist. Davon zu unterscheiden sind die weiteren Rechtsfolgen, die eintreten, wenn ein befangener Staatsanwalt unter Verletzung des Mitwirkungsverbots die Aufgaben der Staatsanwaltschaft in einem Verfahren wahrgenommen hat. Seine verbotswidrige Mitwirkung könnte erheblich sein zum einen für die Frage der Anfechtbarkeit gerichtlicher Entscheidungen (dazu unter I.), zum anderen aber auch für die rechtliche Bewertung seiner eigenen Entscheidungen und Maßnahmen (dazu unter II.).

I. Anfechtbarkeit gerichtlicher Entscheidungen

Die Frage der Anfechtbarkeit gerichtlicher Entscheidungen wegen Mitwirkung eines befangenen Staatsanwalts stellt sich vor allem für Urteile. Darüber hinaus könnte sie auch für andere gerichtliche Entscheidungen, insbesondere Beschlüsse – wie etwa den Haftbefehl oder den Durchsuchungsbefehl –, untersucht werden. Auch diese Entscheidungen könnten fehlerhaft sein, wenn sie auf Antrag oder nach Anhörung eines befangenen Staatsanwalts ergangen sind. Ihre etwaige Fehlerhaftigkeit würde aber praktisch schon deswegen keine Schwierigkeiten aufwerfen, weil die Antragstellung durch einen unbefangenen Staatsanwalt bzw. seine Anhörung jederzeit – auch noch nach Anfechtung der gerichtlichen Entscheidung – nachgeholt werden könnte.

1. Revision

Die Revisibilität eines Urteils wegen Mitwirkung eines befangenen Staatsanwalts in dem vorausgegangenen Verfahren ist – wie dargestellt[1] – Ausgangs- und Mittelpunkt vieler Abhandlungen zum Thema des befangenen Staatsanwalts. Diese Betrachtung muß notwendigerweise dem Urteilsbezug besondere Aufmerksamkeit schenken und läuft deswegen Gefahr, andere – vorgelagerte – Fragen zu übersehen oder sie aus einer Perspektive zu betrachten, die den

---

[1] s.o. C. vor I. und Anm. 1 zu Teil C.

Blick für einen Teil der in Betracht kommenden Antworten von vornherein verstellt. Der hier eingeschlagene Weg, zunächst das gedanklich vorrangige Mitwirkungsverbot zu untersuchen und seinen Inhalt sowie seine Grenzen näher zu bestimmen, führt auch hinsichtlich der Frage der Revisibilität teilweise zu Ergebnissen, die von denen der herrschenden Meinung abweichen.

a) Gesetzesverletzung im Sinne der §§ 337, 338 StPO

Die Mitwirkung eines befangenen Staatsanwalts stellt eine Verletzung des Gesetzes im Sinne der §§ 337, 338 StPO dar[2]. Das Mitwirkungsverbot für den befangenen Staatsanwalt ist zwar nicht ausdrücklich gesetzlich geregelt; vielmehr ergibt es sich aus einer analogen Anwendung der für andere Amtsträger geltenden Befangenheitsvorschriften. Der Begriff der Rechtsnorm, deren unterlassene oder fehlerhafte Anwendung gemäß § 337 Abs. 2 StPO eine Gesetzesverletzung bedeutet, ist aber nach allgemeiner Ansicht weit zu verstehen und umfaßt neben dem in Gesetzen und Rechtsverordnungen niedergelegten Recht auch das ungeschriebene Recht, insbesondere auch alle Grundsätze, die sich aus dem Sinn und Zusammenhang der gesetzlichen Vorschriften ergeben[3].

Der grundsätzlich abweichenden Ansicht von Bohnert[4], die Revision könne nur auf Verfahrensfehler des Gerichts gestützt werden, nicht aber auf die verfahrensfehlerhafte Teilnahme eines befangenen Staatsanwalts, kann nicht gefolgt werden. Sie läuft auf eine von § 337 StPO nicht vorgegebene Beschränkung der Revisibilität hinaus, die sich auch durch Erwägungen zur Struktur des Strafverfahrens nicht rechtfertigen läßt.

Als vielleicht wichtigste revisionsrechtliche Konsequenz aus den Überlegungen zum Umfang des Mitwirkungsverbots folgt, daß entgegen verbreiteter Ansicht[5] die Revisibilität nicht auf die Fälle der Beteiligung eines ausgeschlossenen Staatsanwalts beschränkt werden kann. Vielmehr verletzt die Mitwirkung eines befangenen Staatsanwalts in jedem Fall – unabhängig davon, aus welchem Grunde die Besorgnis der Befangenheit gerechtfertigt ist – das Gesetz. Einen ausgeschlossenen Staatsanwalt gibt es – wie dargelegt[6] – im geltenden Recht nicht.

---

[2] Ebenso die h.M. für den ausgeschlossenen Staatsanwalt in ihrem Sinn, s.o. Anm. 60 zu Teil B; für den befangenen Staatsanwalt streitig; auch insofern wie hier: LR-Wendisch, Vor § 22, Rdnr. 13; Schlüchter, Rdnr. 66.1 (S. 62); Frisch, Festschr. f. Bruns, S. 414, Fn. 127; s. ferner Anm. 75 zu Teil B.

[3] KMR-Paulus, § 337, Rdnr. 11; LR-Hanack, § 337, Rdnr. 6 m.w.N. zur Rechtsprechung.

[4] Bohnert, S. 112ff., 114.

[5] So aber: Kleinknecht / Meyer, Vor § 22, Rdnr. 7; Koffka, ZStW 84, S. 672; Kissel, § 145, Rdnr. 8; Krey, JA 1985, S. 517; ebenso, wenn auch erklärtermaßen nicht endgültig festgelegt, BGH NJW 1980, S. 845.

[6] s.o. C III.

Die Revisionsrüge, der Staatsanwalt sei befangen gewesen, setzt nicht voraus, daß der Betroffene die Befangenheit schon in dem Verfahren geltend gemacht hat, das mit dem angefochtenen Urteil abgeschlossen worden ist. Eine solche Beschränkung läßt sich nicht daraus herleiten, daß § 338 Nr. 3 StPO die Revisionsrüge, der Richter sei befangen, nur für den Fall rechtzeitiger Ablehnung in der Hauptverhandlung zuläßt. Eine analoge Anwendung der in § 338 Nr. 3 StPO enthaltenen Beschränkung kommt – aus denselben Gründen, die einer analogen Anwendung des § 25 StPO entgegenstehen[7] – nicht in Betracht. Sie scheitert schon daran, daß der Betroffene kein Recht hat, die Ersetzung des befangenen Staatsanwalts in einem formellen Verfahren durchzusetzen.

b) Das Beruhen des Urteils auf der verfahrensfehlerhaften Mitwirkung des befangenen Staatsanwalts

aa) Kein absoluter Revisionsgrund gemäß § 338 StPO

Die Mitwirkung des befangenen Staatsanwalts in der Vorinstanz stellt – entgegen der Ansicht von Kissel[8] – keinen absoluten Revisionsgrund dar[9]. Insbesondere sind die Voraussetzungen des § 338 Nr. 5 StPO nicht erfüllt. Die Hauptverhandlung mit einem befangenen Staatsanwalt findet nicht in Abwesenheit des Staatsanwalts statt. Das gilt auch für den Fall einer Sitzungsvertretung durch den im Sinne der herrschenden Meinung „ausgeschlossenen" Staatsanwalt. Die Gleichsetzung von ausgeschlossenem und abwesendem Staatsanwalt wäre jedenfalls mit der Systematik des Gesetzes nicht in Einklang zu bringen, das in den §§ 338 Nr. 2, 3 und 5 StPO zwischen Ausschluß, Befangenheit und Abwesenheit der am Strafverfahren Beteiligten gerade unterscheidet.

bb) Relativer Revisionsgrund gemäß § 337 StPO

Der Erfolg einer Revision, die auf die Mitwirkung eines befangenen Staatsanwalts gestützt wird, hängt danach, wenn die Befangenheit des Staatsanwalts zu Recht geltend gemacht wird, nur davon ab, ob das angegriffene Urteil auf diesem Mangel beruht, d.h. ob es möglicherweise anders ausgefallen wäre, wenn der Staatsanwalt nicht befangen gewesen wäre[10].

---

7 s.o. E IV.

8 Kissel, § 145, Rdnr. 7.

9 h.M., unter anderem Schairer, S. 181; Krey, JA 1985, S. 516; s. ferner auch Anm. 58 zu Teil B.

10 Dazu, daß nach einhelliger Meinung in Literatur und Rechtsprechung die Möglichkeit der Kausalität ausreicht, s. statt aller LR-Hananck, § 337, Rdnr. 255 mit zahlreichen weiteren Nachweisen Fn. 533, 534.

Zu der Frage des Beruhens lassen sich hier sinnvoller Weise nur wenige Feststellungen treffen:

Soweit sich die Rüge der Befangenheit auf den Sitzungsvertreter der Staatsanwaltschaft in der *Hauptverhandlung* bezieht, wird sich – ausgehend von der Rechtsprechung zum Zeugen-Staatsanwalt – im allgemeinen nicht ausschließen lassen, daß das Urteil auf seiner verfahrensfehlerhaften Mitwirkung beruht[11]. Das gilt jedenfalls dann, wenn er während der gesamten Hauptverhandlung verbotswidrig mitgewirkt hat.

Die Strafprozeßordnung schreibt vor, daß in der Hauptverhandlung neben dem Richter mit dem Staatsanwalt ein zweites Organ der Strafrechtspflege beteiligt ist, das Gewähr für eine unvoreingenommene Beurteilung der Sach- und Rechtslage bietet. Der befangene Staatsanwalt erfüllt diese Anforderungen ebensowenig wie der als Zeuge vernommene Staatsanwalt, für den allgemein anerkannt ist, daß das Urteil auf seiner verfahrensfehlerhaften Mitwirkung beruht[12]. Bei dem Zeugen-Staatsanwalt erscheint es nahezu unmöglich, daß er seine Aufgaben in unbefangener Weise wahrnimmt, wie es seines Amtes ist, insbesondere, daß er in seinen Schlußausführungen das Ergebnis der Beweisaufnahme objektiv würdigt. Bei einem Staatsanwalt, in dessen Person Gründe vorliegen, die die Besorgnis seiner Befangenheit rechtfertigen, mag das zwar vielleicht nicht ausgeschlossen sein. Auch bei ihm besteht aber jedenfalls die Gefahr, daß er sein Amt nicht in der gebotenen Unbefangenheit ausübt. Dementsprechend beruht ein Urteil nur dann nicht auf dem Verfahrensverstoß, wenn auszuschließen ist, daß der befangene Staatsanwalt das Gericht bei der Urteilsfindung nicht beeinflußt hat. Diese Annahme wird sich aber in aller Regel verbieten[13]. Das bedeutet nicht, daß der von § 337 StPO geforderte Zusammenhang zwischen der Mitwirkung des befangenen Staatsanwalts in der Hauptverhandlung und dem Urteil nicht doch ausnahmsweise fehlen kann. Ob eine solche Ausnahme in Betracht kommt, ist aber eine Frage des Einzelfalls. Ihr soll – zumal es sich um kein spezifisches Befangenheitsproblem, sondern um eine allgemeine revisionsrechtliche Frage handelt und die Zahl der insofern denkbaren Fallkonstellationen und -variationen nicht sinnvoll beschränkt werden kann – nicht weiter nachgegangen werden.

---

[11] LR-Wendisch, Vor § 22, Rdnr. 12; Schairer, S. 182; i.E. ebenso KMR-Paulus, Vorb. § 22, Rdnr. 26.

[12] RGSt 29, 236, 238; BGH bei Pfeiffer / Miebach, NStZ 1984, S. 14; LR-Wendisch, Vor § 22, Rdnr. 12; KK-Pfeiffer, § 22, Rdnr. 16; eine Ausnahmekonstellation, in der das Beruhen ausgeschlossen werden konnte, lag der Entscheidung BGHSt 14, 265, 268, zugrunde.

[13] Anderenfalls könnte auch das Unterlassen des Schlußantrags entgegen der ganz h.M. (vgl. OLG Düsseldorf NJW 1963, S. 1167; OLG Köln GA 1964, S. 156; OLG Zweibrücken StV 1986, S. 51, 52; LR-Wendisch, Vor § 22, Rdnr. 12; Schlüchter, Rdnr. 561.3 (S. 609); KMR-Paulus; § 258, Rdnr. 9; a.A. KK-Hürxthal, § 258, Rdnr. 8, und Bohnert, S. 115) keinen revisiblen Verfahrensfehler darstellen.

Möglicherweise schwieriger zu beurteilen dürfte die Beruhensfrage dann sein, wenn der befangene Staatsanwalt nach vorbotswidriger Mitwirkung im Verlauf der Hauptverhandlung abgelöst und ersetzt worden ist oder an ihr nur in einzelnen Abschnitten verbotswidrig teilgenommen hat. Fehlen wird der von § 337 StPO vorausgesetzte Kausalzusammenhang zwischen der Gesetzesverletzung und dem Urteil dann, wenn der Teil der Verhandlung, der unter Mitwirkung des befangenen Staatsanwalts stattgefunden hat, in Anwesenheit eines unbefangenen Beamten der Staatsanwaltschaft wiederholt worden ist. In solchen Fällen der Heilung kann sich der ursprüngliche Verfahrensfehler im allgemeinen nicht mehr im Urteil auswirken[14]. Ist aber von einer Wiederholung des wegen Mitwirkung eines befangenen Staatsanwalts fehlerhaften Verfahrensabschnittes abgesehen worden, so kann über die Beruhensfrage nur unter Berücksichtigung aller für die Beurteilung maßgeblichen Umstände des Einzelfalls entschieden werden. Auch dabei handelt es sich aber wiederum um eine revisionsrechtliche Frage, zu der – zumal mit Rücksicht auf die große Bandbreite denkbarer Fallgestaltungen – hier nicht sinnvoll Stellung genommen werden kann.

Mit der Begründung, der Staatsanwalt im *Vorverfahren* sei befangen gewesen und hätte deswegen die Ermittlungen nicht betreiben dürfen, wird die Revision gegen ein Urteil in der Regel nicht erfolgreich eingelegt werden können[15]. Dabei handelt es sich um keine befangenheitsrechtliche Besonderheit. Vielmehr ist ganz allgemein davon auszugehen, daß ein Urteil regelmäßig nicht auf Verfahrensfehlern beruhen kann, die vor der Eröffnung des Hauptverfahrens unterlaufen sind[16].

2. Berufung

Da die Berufung eine zweite Tatsacheninstanz eröffnet, in der über den Tatvorwurf in tatsächlicher und rechtlicher Hinsicht umfassend neu verhandelt wird, kann die Rüge, der Sitzungsvertreter der Staatsanwaltschaft in der Hauptverhandlung erster Instanz sei befangen gewesen, im Berufungsverfahren grundsätzlich keine Rolle spielen. Nach der bis 1987 geltenden Fassung des § 328 Abs. 2 StPO wäre allenfalls fraglich gewesen, ob die Beteiligung des befangenen Staatsanwalts mit der Folge notwendiger Zurückverweisung einen schweren Verfahrensfehler darstellte. Seit der Streichung des früheren § 328

---

[14] RGSt 33, 75; BGHSt 30, 74, 75 m.w.N. zu unveröff. BGH-Entscheidungen; LR-Hanack, § 337, Rdnr. 261, 262; Kleinknecht / Meyer, § 337, Rdnr. 39; KMR-Paulus, § 337, Rdnr. 39, 41.

[15] Für die Beschränkung der Revisibilität auf den Fall der Mitwirkung des befangenen Staatsanwalts in der Hauptverhandlung auch LR-Wendisch, Vor § 22, Rdnr. 12 - 14; Frisch, Festschr. f. Bruns, S. 414; Bruns, Geb.gabe f. Grützner, S. 46; Schedel, S. 96; KMR-Paulus, Vorb. § 22, Rdnr. 25; a. A. nur Schlüchter, Rdnr. 66.1 (S. 62).

[16] BGHSt 6, 326, 328; KK-Pikart, § 337, Rdnr. 34; Kleinknecht / Meyer, § 337, Rdnr. 38.

Abs. 2 StPO durch das StVÄG 1987 kann dies dahingestellt bleiben, weil eine Zurückverweisung nur noch bei Unzuständigkeit des Richters erster Instanz vorgeschrieben und möglich ist.

II. Bedeutung der Befangenheit des Staatsanwalts für seine eigenen Entscheidungen und Prozeßhandlungen

Die Revisibilität eines Urteils ist zwar sicher eine für alle Beteiligten eines Strafverfahrens besonders wichtige und jedenfalls die am heftigsten diskutierte Rechtsfolge der Mitwirkung eines befangenen Staatsanwalts. Kaum weniger interessant – wenn auch wesentlich weniger beachtet[17] – dürften aber die Rechtsfolgen der Befangenheit des Staatsanwalts für seine eigenen Entscheidungen und Maßnahmen sein.

So wird man beispielsweise fragen können, wie das Gericht auf eine Anklageerhebung durch einen befangenen Staatsanwalt zu reagieren hat. Darf es die Anklage – hinreichenden Tatverdacht unterstellt – zulassen[18] oder muß es die Eröffnung des Hauptverfahrens stets ablehnen und eine Überprüfung der Entscheidung zur Anklageerhebung durch einen unbefangenen Staatsanwalt herbeiführen. Für diese Lösung könnte sprechen, daß die Erhebung der Anklage unter Umständen zugleich eine Entscheidung gegen eine Einstellung nach den §§ 153, 153a StPO oder auch eine Entscheidung gegen einen Strafbefehlsantrag bedeutet.

Nicht unproblematisch könnte etwa auch sein, ob die Bejahung des besonderen öffentlichen Interesses durch einen befangenen Staatsanwalt das Gericht bindet. Daß diese Entscheidung nach der vom Bundesverfassungsgericht[19] gebilligten Rechtsprechung des Bundesgerichtshofes[20] der gerichtlichen Kontrolle grundsätzlich entzogen ist, schließt nicht notwendigerweise auch die Überprüfung aus, ob die Erklärung zumindest von einem unbefangenen Staatsanwalt abgegeben worden ist[21].

---

17 Eine Untersuchung der Rechtsfolgen, allerdings auch nur für einzelne Prozeßhandlungen, findet sich lediglich bei Schairer, S. 177 - 181; s. ausführlicher oben B II. 1.

18 So Schairer, S. 180, gegen dessen Lösung aber eingewandt werden könnte, daß schon die Anklageerhebung als solche den Beschuldigten möglicherweise erheblich belastet, z.B. dadurch, daß ein Strafbefehlsantrag, der in Betracht gekommen wäre, nicht gestellt oder gar eine mögliche Einstellung nicht in Erwägung gezogen worden ist.

19 BVerfGE 51, 176, 183ff.

20 BGHSt 16, 225; in der Literatur str.; wie der BGH (angebl. h.M.) Lackner, § 232, Anm. 3c; Dreher / Tröndle, § 232, Rdnr. 4; die Gegenansicht, nach der das Vorliegen eines öffentlichen Interesses eine Verfahrensvoraussetzung bildet, die vom Gericht selbständig beurteilt werden muß, vertreten Schönke-Schröder-Stree, § 232, Rdnr. 3; Hirsch in LK, § 232, Rdnr. 16; SK-Horn, § 232, Rdnr. 4; ausführlich Kalsbach, S. 126ff., 128.

21 Der Verzicht auf den gerichtlichen Rechtsschutz ist – falls überhaupt – möglicherweise nur dann akzeptabel, wenn die Erklärung des besonderen öffentlichen Interesses

Nicht ohne praktische Bedeutung könnte sodann die Frage sein, ob Amtshandlungen des befangenen Staatsanwalts, soweit sie in § 78c StGB erfaßt sind, ungeachtet des Mitwirkungsverbots die Verjährung unterbrechen können[22].

Unterschiedlich beurteilen kann man möglicherweise ein Rechtsmittel, das ein befangener Staatsanwalt eingelegt hat. Muß es vielleicht als unzulässig zurückgewiesen werden[23]?

Wie steht es ferner mit den Entscheidungen des befangenen Staatsanwalts, die der Betroffene gerichtlich anfechten kann, wie etwa die Verhängung von Ordnungsmitteln gegen Zeugen wegen unentschuldigten Ausbleibens oder unberechtigter Aussageverweigerung[24] oder die Entscheidungen im Rahmen der Strafvollstreckung[25]?

Welche Bedeutung hat schließlich die Befangenheit des Staatsanwalts für eine von ihm verfügte Einstellung des Verfahrens gemäß § 153 oder 153a StPO[26] oder für die Erteilung der Zustimmung zur gerichtlichen Einstellung?

---

zumindest von einem unbefangenen Staatsanwalt abgegeben wird und jedenfalls insofern eine richterliche Kontrolle stattfindet.

[22] Zur verjährungsunterbrechenden Wirkung eines Eröffnungsbeschlusses, an dem ein ausgeschlossener Richter mitgewirkt hat, s. (bejahend) BGHSt 29, 351, mit insofern zustimmender Anmerkung von Meyer-Goßner, JR 1981, S. 379, 380; a. A. Nelles, S. 101, 102.

[23] Anders das BayObLG GA 1983, S. 327, dessen Schluß von der Wirksamkeit der Rechtsmitteleinlegung auf die Zulässigkeit des Rechtsmittels aber zumindest nicht zwingend ist. Daß das Rechtsmittel wirksam ist, besagt zunächst nicht mehr, als daß die angefochtene Entscheidung nicht rechtskräftig wird. Da auch die Einlegung des Rechtsmittels in das Ermessen der Staatsanwaltschaft gestellt ist (RiStBV, Nr. 147), liegt es – ähnlich wie bzgl. der Erklärung des besonderen öffentlichen Interesses – vielleicht nicht fern, die Entscheidung über die Einlegung des Rechtsmittels zumindest insoweit der richterlichen Kontrolle zu unterwerfen, als es die Unbefangenheit des Staatsanwalts anbelangt; hält man dies für richtig, so dürfte das schwierigere Problem darin liegen, ob das Gericht das von einem befangenen Staatsanwalt eingelegte Rechtsmittel als unzulässig zu verwerfen hat oder ob es eine – den Verfahrensmangel ggf. heilende – Überprüfung durch einen unbefangenen Staatsanwalt herbeiführen kann und muß.

[24] Wenn der befangene Staatsanwalt selber das Ordnungsmittel verhängt hat, wird eine Aufhebung durch das Gericht in Betracht kommen, dessen Entscheidung der Betroffene gemäß § 161a Abs. 3 StPO anruft. Ob – wie Schairer (s. o. B. II. 1.) meint – das Ordnungsmittel auch dann aufgehoben werden muß, wenn nur die Ladung des Zeugen von einem befangenen Staatsanwalt verfügt worden ist, erscheint jedenfalls dann zweifelhaft, wenn der Betroffene gegen die Ladung keine Einwände erhoben hat und diese auch nicht von Amts wegen rückgängig gemacht worden ist.

[25] Etwa Entscheidungen nach den §§ 459a (Bewilligung von Zahlungserleichterungen), 459e StPO (Vollstreckung der Ersatzfreiheitsstrafe); im Falle der Befangenheit des Staatsanwalts könnte eine Aufhebung durch das Gericht in Betracht kommen, das gemäß § 459h StPO über Einwendungen des Betroffenen zu entscheiden hat.

[26] Man denke etwa an den Fall, daß ein Staatsanwalt ein Strafverfahren wegen Ladendiebstahls gegen einen nahen Angehörigen gemäß § 153a Abs. 1 i. V. m. § 153 Abs. 1 Satz 2 StPO einstellt.

Schon die bloße Auflistung dieser Beispiele, die beliebig fortgesetzt werden könnte, läßt erkennen, daß die Frage, welche Bedeutung die Befangenheit eines Staatsanwalts für die von ihm getroffenen Entscheidungen hat, nicht einheitlich beantwortet werden kann. Die erforderliche differenzierende Betrachtung, die den materiell- und formellrechtlichen Besonderheiten der jeweiligen Entscheidung des Staatsanwalts Rechnung trägt, ist im Rahmen dieser Arbeit indes nicht möglich. Dies gilt um so mehr, als es für den Strafprozeß kein allgemeines Recht der Verfahrensfehlerfolgen gibt. Soweit einzelne Rechtsfolgen bestimmter Verfahrensverstöße erörtert werden, wird die Diskussion zumeist von leerformelhaften Begrifflichkeiten bestimmt. Es ist, ohne daß über die genaue Bedeutung der einzelnen Begriffe Einigkeit bestünde, beispielsweise die Rede von der Fehlerhaftigkeit, der Unwirksamkeit, der fehlenden Nichtigkeit, der Zulässigkeit oder Unzulässigkeit der verfahrensfehlerhaft ergangenen Entscheidungen und Maßnahmen.

Die rechtliche Bewertung der Entscheidungen und sonstigen Prozeßhandlungen des befangenen Staatsanwalts setzt eine gründliche Auseinandersetzung mit diesen Begriffen und den durch sie zum Teil verdeckten Sachfragen voraus. So bedarf es zum Beispiel einer grundsätzlichen Klärung, welche Voraussetzungen im einzelnen die Annahme der Fehlerhaftigkeit einer Entscheidung wegen eines Verfahrensmangels hat[27], welche Rechtsfolgen die Fehlerhaftigkeit auslöst[28] und ob und wie die Entscheidung, wenn sie nicht unmittelbar gerichtlich anfechtbar ist, richterlicher Überprüfung unterworfen werden kann[29]. Die Auseinandersetzung mit diesen Fragen ist aber nicht Thema dieser Arbeit. Davon abgesehen ist eine sinnvolle Stellungnahme auch deswegen nicht möglich, weil auch bei der Beurteilung einzelner typischer Entscheidungen des Staatsanwalts – nicht anders als bei der Frage der Revisibilität – zu viele unterschiedliche Fallgestaltungen und -variationen berücksichtigt werden müßten.

---

[27] Z.B. welche Bedeutung dem Gesichtspunkt des Beruhens insofern zukommt.

[28] Nichtigkeit? Anspruch auf Überprüfung? Anspruch auf Aufhebung durch die Staatsanwaltschaft oder das Gericht? Auch im Falle begünstigender Entscheidungen?

[29] Wie beispielsweise bzgl. der Anklageerhebung, der Erklärung des besonderen öffentlichen Interesses oder der Rechtsmitteleinlegung.

G. Schlußbetrachtung

Das wesentliche Ergebnis der Untersuchung ist: Dem Staatsanwalt ist die Mitwirkung am Strafverfahren aus verfahrensrechtlichen Gründen untersagt, wenn seine Befangenheit zu besorgen ist. Eine Ausschließung des Staatsanwalts in bestimmten Fällen von Befangenheit kennt das geltende Recht nicht. Der Betroffene hat kein Recht, den Staatsanwalt in einem formellen – gerichtlichen oder staatsanwaltschaftlichen – Verfahren wegen Befangenheit abzulehnen. Die formlose Geltendmachung der Befangenheit ist ihm unbefristet erlaubt; eine Rügepräklusion gibt es nicht.

In Anbetracht dieser Rechtslage wäre eine gesetzliche Regelung der Rechtsfragen, die der befangene Staatsanwalt aufwirft, zu begrüßen. Wünschenswert wären insbesondere die Beschreibung von Ausschließungsgründen und die Einführung von Präklusionsfristen für die Geltendmachung der Besorgnis der Befangenheit in anderen Fällen. Die Regelung eines formellen Ablehnungsverfahrens, dessen Fehlen mit Rücksicht auf die gestärkte Stellung der Staatsanwaltschaft vielfach bedauert wird, ist eine Frage gesetzgeberischer Zweckmäßigkeitserwägungen.

Literaturverzeichnis

Arloth, Frank: Zur Ausschließung und Ablehnung des Staatsanwalts, NJW 1983, S. 207ff.

— Verfahrenshindernis und Revisionsrecht, NJW 1985, S. 417ff.

Arzt, Gunther: Der befangene Strafrichter, Tübingen 1969.

— Anm. zu BGH JR 1974, S. 73ff., JR 1974, S. 75ff.

Besche, Wolfgang: Die Besorgnis der Befangenheit im Verwaltungsverfahren – insbesondere im Prüfungswesen, DÖV 1972, S. 636ff.

Bettermann, Karl August: Der gesetzliche Richter in der Rechtsprechung des Bundesverfassungsgerichts, AÖR 94 (1969), S. 263ff.

— Die Unabhängigkeit der Gerichte und der gesetzliche Richter, in: Bettermann, Nipperdey, Scheuner, Die Grundrechte, Handbuch der Theorie und der Praxis der Grundrechte, Dritter Band, 2. Halbband, Rechtspflege und Grundrechtsschutz, S. 523ff., Berlin 1959.

Birkmeyer, Karl: Deutsches Strafprozeßrecht, Berlin 1898.

Blomeyer, Jürgen: Die Stellung der Staatsanwaltschaft – Der Staatsanwalt als Vorrichter, GA 1970, S. 161ff.

Bohnert, Joachim: Beschränkungen der strafprozessualen Revision durch Zwischenverfahren, Frankfurt 1983.

Bottke, Wilfried: Rechtsbehelfe der Verteidigung im Ermittlungsverfahren – eine Systematisierung, StV 1986, S. 120ff.

Bruns, Hans-Jürgen: Ablehnung eines Staatsanwalts aus den Gründen des § 24 StPO, insbesondere wegen Besorgnis der Befangenheit, in: Geburtstagsgabe für Heinrich Grützner, S. 42ff., Hamburg 1970.

— Ungeklärte verfahrensrechtliche Fragen des Contergan-Prozesses, in: Festschrift für Reinhart Maurach, S. 496ff., Karlsruhe 1972.

— Anmerkung zu BVerfG JR 1979, S. 28, JR 1979, S. 28ff.

— Inwieweit unterliegt die Mitwirkung eines als befangen abgelehnten Staatsanwalts der revisionsgerichtlichen Kontrolle – Fortentwicklung der Rechtsprechung? JR 1980, S. 397ff.

— Anmerkung zu LG Mönchengladbach, JR 1987, S. 303ff., JR 1987, S. 305f.

Buckert, Sigurd: Der Rechtsanspruch des Bürgers auf Ablösung eines befangenen Staatsanwalts und seine Durchsetzung, NJW 1970, S. 847ff.

Canaris, Claus-Wilhelm: Feststellung von Lücken im Gesetz, 2. Aufl., Berlin 1983.

Claussen / Janzen: Bundesdisziplinarordnung, Handkommentar unter Berücksichtigung des materiellen Disziplinarrechts, von Hans-Rudolf Claussen und Werner Janzen, 5. Aufl., Köln, Berlin, Bonn, München 1985.

Dähn, Gerd: Strafrechtliches Ermittlungsverfahren, JA 1979, S. 363ff.

Dagtoglou, Prodromos: Befangenheit und Funktionshäufung in der Verwaltung, in: Festgabe für Ernst Forsthoff, S. 65ff., München 1967.

Dahs, Hans sen.: Wechsel des Staatsanwalts im Wiederaufnahmeverfahren, DRiZ 1971, S. 83ff.

— Die Ablehnung von Tatrichtern nach Zurückverweisung durch das Revisionsgericht, NJW 1966, S. 1691ff.

Dahs, Hans jun.: Handbuch des Strafverteidigers, 5. Aufl., Köln 1983.

Dose, Norbert: Der Sitzungsvertreter und der Wirtschaftsreferent der Staatsanwaltschaft als Zeugen in der Hauptverhandlung, NJW 1978, S. 349ff.

Dreher / Tröndle: Strafgesetzbuch und Nebengesetze, erläutert von Eduard Dreher, fortgeführt von Herbert Tröndle, 43. Aufl., München 1986.

Engisch, Karl: Einführung in das juristische Denken, 7. Aufl., Berlin, Köln, Mainz 1977.

Entwurf einer Strafverfahrensordnung, einer Friedensrichter- und Schiedsrichterordnung und eines Gerichtsverfassungsgesetzes, aufgestellt von der amtlichen Strafprozeßkommission des Reichsjustizministeriums, abgeschlossen am 27. Februar 1936 – als Manuskript gedruckt –.

Frisch, Wolfgang: Ausschluß und Ablehnung des Staatsanwalts, Festschrift für Hans-Jürgen Bruns, S. 385ff., Köln, Berlin, Bonn, München 1978.

Fuchs, Jürgen: Anmerkung zu OLG Stuttgart, NJW 1974, S. 1394ff., NJW 1974, S. 1396f.

Gerland, Heinrich: Der Deutsche Strafprozeß, Mannheim, Berlin, Leipzig 1927.

Geyer, August: Lehrbuch des gemeinen deutschen Strafproceßrechts, Leipzig 1880.

Gössel, Karl-Heinz: Überlegungen über die Stellung der Staatsanwaltschaft im rechtsstaatlichen Strafverfahren und über ihr Verhältnis zur Polizei, GA 1980, S. 325ff.

— Anmerkung zu BGH NStZ 1984, S. 419f., NStZ 1984, S. 420ff.

Grünwald, Gerald: Empfiehlt es sich, besondere strafprozessuale Vorschriften für Großverfahren einzuführen; Gutachten für den 50. Deutschen Juristentag, München 1974.

Hahn, Carl: Die gesamten Materialien zur Strafprozeßordnung und dem Einführungsgesetz zu derselben, Dritter Band, Erste Abtheilung, Berlin 1880.

Hamm, Rainer: Der gesetzliche Richter und die Ablehnung wegen Befangenheit, Diss. Frankfurt a.M. 1973.

Hanack, Ernst-Walter: Anmerkung zu BGHSt 21, 85, JR 1967, S. 229f.

— Anmerkung zu BGHSt 21, 142, NJW 1967, S. 580ff.

Henkel, Heinrich: Strafverfahrensrecht, 2. Aufl., Stuttgart, Berlin, Köln, Mainz 1968.

Heubel, Horst: Der „fair trial" – ein Grundsatz des Strafverfahrens? Berlin 1981.

von Hippel, Robert: Der deutsche Strafprozeß, Marburg 1941.

Horn, Ulrich: Der befangene Richter, Berlin 1977.

Hübschmann / Hepp / Spitaler: Kommentar zur Abgabenordnung und Finanzgerichtsordnung, bearbeitet von H. Paulick u. a., 8. Aufl., Köln 1976.

Jescheck, Hans-Heinrich: Buchbesprechung (betr. Geburtstagsgabe für Heinrich Grützner), ZStW 84, S. 834ff.

Joos, Bernhard: Ablehnung des Staatsanwalts wegen Befangenheit, NJW 1981, S. 100f.

Kalsbach, Till: Die gerichtliche Nachprüfung von Maßnahmen der Staatsanwaltschaft im Strafverfahren, Berlin 1967.

Karlsruher Kommentar zur Strafprozeßordnung und zum Gerichtsverfassungsgesetz mit Einführungsgesetz, hrsgg. von Gerd Pfeiffer, 2. Aufl., München 1987.

Keidel / Kuntze / Winkler: Freiwillige Gerichtsbarkeit, Teil A., erläutert von Theodor Keidel u. a., 12. Aufl., München 1987.

Kintzi, Heinrich: Plädoyer für eine Neuordnung des Amtsrechts der Staatsanwälte, in: Festschrift für Rudolf Wassermann, S. 899ff., Neuwied, Darmstadt 1985.

Kirchhof, Paul: Die Bedeutung der Unbefangenheit für die Verwaltungsentscheidung, Verw.Arch 66 (1975), S. 370ff.

Kissel, Otto-Rudolf: Gerichtsverfassungsgesetz, München 1981.

Kleinknecht / Meyer: Strafprozeßordnung mit Gerichtsverfassungsgesetz und Nebengesetzen, erläutert von Theodor Kleinknecht, fortgeführt von Karlheinz Meyer, 38. Aufl., München 1987.

KMR: Kommentar zur Strafprozeßordnung, 7. Aufl., hrsgg. von Hermann Müller, Walter Sax und Rainer Paulus, Darmstadt, Stand 1987; 6 Aufl., hrsgg. von Hermann Müller, und Walter Sax, Darmstadt, 1966 - 1971.

Knack: Verwaltungsverfahrensgesetz, Kommentar, hrsgg. von Hans-Joachim Knack, Köln, Bonn, München, 2. Aufl. 1982.

Knapp, Gottfried: Strafprozeß-Ordnung für das Königreich Württemberg mit erläuternden Anmerkungen, Stuttgart 1843.

Koffka, Else: Literaturbericht, ZStW 84, S. 666ff.

Kohlhaas, Max: Die Stellung des Staatsanwalts als Teil der rechtsprechenden Gewalt, Neuwied, Berlin 1963.

Kommentar zur Zivilprozeßordnung, Reihe Alternativkommentare, Gesamtherausgeber Rudolf Wassermann, Neuwied, Darmstadt 1987.

Kopp, Ferdinand O.: Verwaltungsverfahrensgesetz mit Erläuterungen, 3. Aufl., München 1983.

Krey, Volker: Studien zum Gesetzesvorbehalt im Strafrecht, Berlin 1977.

— Grundzüge des Strafverfahrensrechts, 8. Teil, JA 1984, S. 573ff., 9. Teil, JA 1985, S. 61ff., 11. Teil, JA 1985, S. 511ff.

Kuhlmann, Goetz-Joachim: Ausschließung und Ablehnung des Staatsanwalts, DRiZ 1976, S. 11ff.

Lackner, Karl: Strafgesetzbuch mit Erläuterungen, 17. Aufl., München 1987.

Larenz, Karl: Methodenlehre der Rechtswissenschaft, 5. Aufl., Berlin, Heidelberg, New York, Tokyo 1983.

Leibholz / Rinck / Hesselberger: Grundgesetz für die Bundesrepublik Deutschland, Kommentar anhand der Rechtsprechung des Bundesverfassungsgerichts, von G. Leibholz, H. J. Rinck, D. Hesselberger, 6. Aufl., Köln 1986.

Leipziger Kommentar, Strafgesetzbuch, hrsgg. von Hans-Heinrich Jescheck, Wolfgang Ruß, Günther Willms, 10. Aufl. (26. Lieferung, §§ 221 - 233 StGB), Berlin, New York 1981.

Löwe / Rosenberg: Die Strafprozeßordnung und das Gerichtsverfassungsgesetz mit Nebengesetzen, 24. Aufl., hrsgg. von Peter Rieß, Berlin, New York ab 1984; 23. Aufl., bearbeitet von Hanns Dünnebier u. a. Erster Band, Einleitung, §§ 1 - 111n StPO, Berlin, New York 1976; Fünfter Band, GVG, EGGVG, Anhang, Berlin, New York 1979.

Maunz / Dürig / Herzog: Grundgesetz, Kommentar von Theodor Maunz u. a., München 1986.

Meyer, Karlheinz: Anmerkung zu BGH JR 1984, S. 171ff., JR 1984, S. 173f.

Meyer / Borgs: Verwaltungsverfahrensgesetz, erläutert von Hans Meyer und Hermann Borgs-Maciejewski, 2. Aufl., Frankfurt a. M. 1982.

Meyer-Goßner, Lutz: Anmerkung zu BGHSt 29, 351, JR 1981, S. 379ff.

Mitterbacher / Neumayer: Erläuterungen zur Strafprozeßordnung vom 23. Mai 1873, von Julius Mitterbacher und Vincenz Neumayer, Graz 1874.

Mittermaier, E. J.: Die Mündlichkeit, das Anklageprinzip, die Öffentlichkeit, das Geschworenengericht in ihren Durchführungen in den verschiedenen Gesetzgebungen, Heidelberg 1845.

Nelles, Ursula: Die Revisibilität „fehlerhafter" und „unwirksamer" Eröffnungsbeschlüsse, NStZ 1982, S. 96ff.

Oppe, Wilfried: Wechsel des Staatsanwalts im Wiederaufnahmeverfahren, DRiZ 1971, S. 23ff.

Pawlowski, Hans-Martin: Methodenlehre für Juristen, Heidelberg, Karlsruhe 1981.

Peters, Karl: Strafprozeßrecht. Ein Lehrbuch, 4. Aufl., Heidelberg 1985.

Planck, Julius-Wilhelm: Systematische Darstellung des deutschen Strafverfahrens auf Grundlage der neueren Strafprozeßordnungen seit 1848, Göttingen 1857.

Referenten-Entwurf eines Gesetzes zur Änderung des Rechts der Staatsanwaltschaft (STAÄG) - Stand 2. 2. 1976.

Riedel, Joachim: Das Postulat der Unparteilichkeit des Richters – Befangenheit und Parteilichkeit – im deutschen Verfassungs- und Verfahrensrecht, Berlin 1980.

Roxin, Claus: Strafverfahrensrecht. Ein Studienbuch, 20. Aufl., München 1987.

Rüping, Hinrich: Das Strafverfahren, 2. Aufl., München 1983.

Sarstedt, Werner: Anmerkung zu BVerfG JZ 1966, 312ff., JZ 1966, S. 314ff.

Schairer, Martin: Der befangene Staatsanwalt, Berlin 1983.

Schedel, Dieter: Ausschließung und Ablehnung des befangenen oder befangen erscheinenden Staatsanwalts, Diss. Würzburg 1984.

Schletter, Hermann Theodor: Das Königlich Sächsische Strafproceßrecht nach der Strafproceßordnung vom 11. August 1855, Leipzig 1862.

Schlüchter, Ellen: Das Strafverfahrensrecht, 2. Aufl., Köln, Berlin, Bonn, München 1983.

Schmidt, Eberhard: Lehrkommentar zur Strafprozeßordnung und zum Gerichtsverfassungsgesetz, Teil I, Die rechtstheoretischen und rechtspolitischen Grundlagen des Strafverfahrensrechts, 2. Aufl., Göttingen 1964; Teil II, Strafprozeßordnung und Gerichtsverfassungsgesetz, Göttingen 1957; Teil III, Einleitung zum Gerichtsverfassungsgesetz und zum Einführungsgesetz zum Gerichtsverfassungsgesetz, Göttingen 1960.

Schönke / Schröder: Strafgesetzbuch, Kommentar, bearbeitet von Theodor Lenckner, Peter Cramer, Albin Eser, Walter Stree, 22. Aufl., München 1985.

Schorn, Hubert: Die Ausschließung eines Richters im Strafprozeß in Rechtsprechung und Schrifttum, GA 1963, S. 257ff.

Schultz, Dietrich: Die Neuordnung des Amtsrechts der Staatsanwälte, RuP 1977, S. 129ff.

Schweichel, Heinrich: Die Zukunft der Staatsanwaltschaft, ZRP 1970, S. 171ff.

Stein / Jonas: Kommentar zur Zivilprozeßordnung, bearbeitet von Wolfgang Grunsky u.a., 20. Aufl., 1. Band, Tübingen 1984.

Stelkens / Bonk / Leonhardt: Verwaltungsverfahrensgesetz, Kommentar, von Paul Stelkens, Heinz-Joachim Bonk, Klaus Leonhardt, 2. Aufl., München 1983.

Systematischer Kommentar zum Strafgesetzbuch, von Hans-Joachim Rudolphi, Eckhard Horn, Erich Samson, Band II, Besonderer Teil, Stand 21. Lieferung, Frankfurt 1987.

Teplitzky, Otto: Die Richterablehnung wegen Befangenheit, JuS 1969, S. 318ff.

— Probleme der Richterablehnung wegen Befangenheit, NJW 1962, S. 2044ff.

Ule / Laubinger: Verwaltungsverfahrensrecht, von Carl Hermann Ule und Hans-Werner Laubinger, 2. Aufl., Köln, Berlin, Bonn, München 1979.

Ullmann, Emanuel: Lehrbuch des österreichischen Strafproceßrechts, 2. Aufl., Innsbruck 1882.

Weiland, Bernd H.: Das Hauptverfahren in Strafsachen, JuS 1986, S. 290ff.

Welp, Jürgen: Zwangsbefugnisse für die Staatsanwaltschaft, Tübingen 1976.

Wendisch, Günter: Zur Ausschließung und Ablehnung des Staatsanwalts, in: Festschrift für Karl Schäfer, S. 243ff., Berlin 1980.

— Anmerkung zur LG Köln NStZ 1985, S. 230ff., NStZ 1985, S. 232ff.

Wimmer, Raimund: Der befangene Amtsträger im behördlichen Verfahren, MDR 1962, S. 11ff.

Zachariae, Heinrich Albert: Handbuch des deutschen Strafprocesses, 1. Band, Göttingen 1861.

FSC
www.fsc.org
MIX
Papier | Fördert gute Waldnutzung
FSC® C083411

Kolibri 360 GmbH
Ferdinand-Jühlke-Straße 7
99095 Erfurt, Deutschland
produktsicherheit@kolibri360.de

Druck:
CPI Druckdienstleistungen GmbH
im Auftrag der
Kolibri 360 GmbH
Ferdinand-Jühlke-Str. 7
99095 Erfurt